时代背景下大学生思想教育与行为引导研究

任 静 杨 蕾 贺 柯 著

中国言实出版社

图书在版编目（CIP）数据

时代背景下大学生思想教育与行为引导研究 / 任静，
杨蕾，贺柯著. -- 北京 : 中国言实出版社，2023.6
  ISBN 978-7-5171-4505-9

  Ⅰ．①时… Ⅱ．①任… ②杨… ③贺… Ⅲ．①大学生
-思想政治教育-研究-中国 Ⅳ．①G641

  中国国家版本馆 CIP 数据核字(2023)第 107679 号

时代背景下大学生思想教育与行为引导研究

责任编辑：郭江妮 邱 耿
责任校对：郭 伟

出版发行：中国言实出版社
  地 址：北京市朝阳区北苑路 180 号加利大厦 5 号楼 105 室
  邮 编：100101
  编辑部：北京市海淀区花园路 6 号院 B 座 6 层
  邮 编：100088
  电 话：010-64924853（总编室） 010-64924716（发行部）
  网 址：www.zgyscbs.cn 电子邮箱：zgyscbs@263.net

经 销：新华书店
印 刷：三河市悦鑫印务有限公司
版 次：2024 年 1 月第 1 版   2024 年 1 月第 1 次印刷
规 格：710 毫米×1000 毫米   1/16   14 印张
字 数：270 千字

定 价：79.00 元
书 号：ISBN 978-7-5171-4505-9

前　　言

　　大学生处于人生发展的重要时期，是由高中生到社会人的过渡时期。由高中较为单纯的学习生活，到大学毕业独自承担社会责任的成熟个体，大学生会面临多种问题和挑战。00后大学生的成长，伴随着网络平台尤其是自媒体的蓬勃兴起。网络以其开放性、共享性、丰富性、多样性等特点，深深吸引着年轻的大学生。大学生也是自媒体的传播者和主要受众，作为初入社会的年轻公民，大学生易收到自媒体的负面影响。对正处于人生重要过渡期的大学生而言，当网络给学习生活带来巨大便利的同时，也对大学生的思想和行为产生了深刻的影响。当前，自媒体已成为大学生学习生活、休闲娱乐、沟通交流等活动的重要平台，广泛地影响着大学生的思想观念和道德行为。自媒体以其传播媒介多样化、传播内容碎片化、传播方式自主化以及传播环境匿名化而快速改变着网络生态环境，深刻影响着大学生的思想与行为。使得00后大学生要在复杂多变的外部环境下，追寻自我价值，探寻人生真谛，面临前所未有的困难和挑战。这导致00后大学生思想发展更具复杂性、多变性等特点。为深入了解00后大学生，准确把握他们的思想状况和行为方式，研究组对00后大学生的生命意识、人生观、价值观、社会行为、心理健康状况等多个方面做了详细的调查研究。

　　一代人有一代人的精神印记，一代人有一代人的生活方式、一代人有一代人的价值追求。依循社会演进更迭的逻辑，不同代际均拥有各自独特的时代个性，如70后、80后、90后，不同的时代环境和生活方式，造就了不同的代际特征。社会大众对年轻人有一个角色期望：认为青年应该是朝气蓬勃、奋发向上的，而00后大学生却创造出新词"躺平"、"摆烂"等等，社会主流对00后大学生有批判、否定，也有担忧。作为社会未来的中坚力量，00后大学生的思想教育和行为引导应基于对其充分了解的基础上，以实事求是的态度，以真挚有效的方法去剖析和引导，这也是本研究的主要目的所在。

　　本书充分挖掘00后大学生思想动态和行为方式，通过问卷、访谈、走访等多种方式，尽可能全面客观地收集数据，以详细周全的调查研究，得出一些数据和结论。总体来看，00后大学生展现出了个性独立、崇尚自我、随遇而安的一些特征，但其追求个性解放、独立自主、敢想敢做的精神是值得我们赞赏和提倡的。

时代背景下大学生思想教育与行为引导研究

我们需要关注 00 后大学生的代际特征，不轻易贴标签，而是尽可能去了解他们、懂得他们、欣赏他们，再加以正确引导，相信在不久的将来，他们也会和 90 后毕业生一样，逐渐成为社会的中坚力量。研究结论显示，可以从以下方面着力进行思想教育和行为引导：

其一，调查显示，应高度关注大学生思想裂变，优化教育环境，赋予大学生成长以更澄净的外部环境。

其二，须坚守大学生思想政治教育主阵地。思想政治教育是大学生思想行为调适塑造的主要阵地，需要引进多种手段，创新教育方法，增进思想政治教育教学实效，使得思想政治教育深入大学生，内化于心、外化于行。

其三，需整体推进思想建设，拓展教育载体。时代背景下，大学生思想行为的引导可以整体建构、协同推进。从加强思想政治教育工作入手，着重推进社会主义核心理论观点教育，提高高校学生思想政治理论水平，发挥社会主义核心价值观和马克思主义理论在社会思潮中的引领作用，加强舆论环境建设等，避免大学生的价值观走上错误的道路，提升大学生行为引导成效。

00 后大学生是在全球化和信息化环境下成长起来的一代，社会多元化的蓬勃发展为他们提供了更开阔的视野和更广阔的平台，他们是数字生活空间的原住民，他们也是更为个性、自我、自由的一代，将来，他们也会是勇于创新、创造的一代。关注 00 后、走近 00 后、了解 00 后，这些研究探索为今后研究 00 后的思想行为和价值观念提供了不可或缺的学术文本。

本书涉及的观点、思想、方法等在不断推进的研究中会根据时代发展和社会变化在实践中不断的更新、迭代、完善和创新。思想政治教育改革创新永远在路上，本书的观点、结论等仅作为此次研究的样本和数据，以供同类研究参考。本书是团队成员在调查研究过程中的阶段性总结，囿于编者水平有限，书中不可避免存在疏漏和不足。真诚希望广大读者能够提出宝贵意见，以便本书内容得以更好地修订和完善。

作　者

目　　录

第一章　全方位全球化、消费主义、自媒体与大学生社会行为嬗变

第一节　全方位全球化中的中国改革开放时代背景下与快速后现代化社会

关于经济全球化，马克思、恩格斯在《共产党宣言》中说："大工业建立了由美洲的发现所准备好的世界市场。世界市场使商业、航海业和陆路交通得到了巨大的发展。这种发展又反过来促进了工业的扩展。""不断扩大产品销路的需要，驱使资产阶级奔走于全球各地。它必须到处落户，到处开发，到处建立联系。资产阶级，由于开拓了世界市场，使一切国家的生产和消费都成为世界性的了。""旧的、靠本国产品来满足的需要，被新的、要靠极其遥远的国家和地带的产品来满足的需要所代替了。过去那种地方的和民族的自给自足和闭关自守状态，被各民族的各方面的互相往来和各方面的互相依赖所代替了。物质的生产是如此，精神的生产也是如此。各民族的精神产品成了公共的财产。民族的片面性和局限性日益成为不可能，于是由许多种民族的和地方的文学形成了一种世界的文学。"但"全球化"一词于1930年才出现。到20世纪60年代，学术界开始广泛使用"全球化"一词，并且，将20世纪后半期看作全球化的起始阶段。然而，有些学者把起始于公元前4到1世纪的泛希腊化、罗马帝国、丝绸之路，以及公元8世纪到13世纪的穆斯林黄金时代，以及蒙古帝国和马可波罗游记看作古代全球化（archaic globalization）；把新大陆和新航线的发现看作原初全球化时代（proto-globalization）；将19世纪和20世纪初视为现代全球化第一阶段。[1] 南美马克思主义经济学家美安德烈·冈德·弗兰克（Andre Gunder Frank）则将公元前3000年的苏美尔和印度河流域文明也看作全球化。[2] 美国新闻工作者和作家托马斯·弗里德曼（Thomas L. Friedman）将全球化划分为全球

---

[1] Globalization from Wikipedia, the free encyclopedia，http://en.wikipedia.org/wiki/Globalization，2011年6月6日.

[2] Andre Gunder Frank, "Reorient: Global economy in the Asian age" U.C. Berkeley Press, 1998.

化一（1492—1800），即国家全球化；全球化二（1800—2000），即公司全球化；全球化三（2000—至今），即个人全球化。[3]从马克思到当代学者的相关论述来看，全球化首先指的是经济全球化，由经济全球化衍生出信息传播、文化和人员流动、人际交往的全球化，其核心是持续的跨国、跨洲人类活动。因而，将苏美尔和印度河流域文明、泛希腊化、罗马帝国、穆斯林黄金时代、蒙古帝国和马可波罗跨洲游记不应被看作全球化。弗里德曼将全球航行开始到18世纪，看作"全球化一"，但却忽略丝绸之路，有西方中心论之嫌。虽然环球航行比丝绸之路的开辟晚1600多年，但18世纪中叶以前的全球化却都没有超出中国古代四大发明的技术水平和交换传统自然物产和手工产品的商业活动。因此，将丝绸之路排除在早期全球化之外，是违背历史事实的。因而，我们使用新的全球化三阶段说，即早期全球化、有限全球和全方位全球化。早期全球化从丝绸之路开始，经中国皇权专制、西欧封建时代和文艺复兴，延伸到启蒙运动时期的跨洲贸易。有限全球化时代从18世纪中叶开始，延伸到20世纪80年代，率先实现工业化的国家向前工业国家和地区输入商品和资本是这一时期主要的跨国、跨洲经济活动。20世纪90年代，世界进入大多数国家参与全球交往的全方位全球化时代，国际经济往来在发达国家和发展中国家之间双向进行，信息化和跨国人员往来快速扩张。在全方位全球化时代，交通通信更加便利、互联网普及、跨国人口流动剧增。从而，民族国家的文化复合性特点更加凸显。

20世纪80年代末以来，越来越多的国家关注经济自由化所带来的文化同化（acculturation），即西方化和美国化，对于他们的文化的威胁。2001年，联合国教科文组织制定了《世界文化多样性宣言》，并将5月21日确定为对话与发展文化多样世界日。2005年10月20日，联合国教科文组织通过了《保护和促进文化表达多样性公约》。该公约主张将第三世界国家、少数和土著族群文化像非物质文化遗产一样来保护，但必须有利于国家主权，有利于可持续性发展，反对文化封闭和文化相对主义。因而，在全方位全球化到来之际，文化多元发展成为一种势不可挡的社会潮流，民族文化复合性增强。

中国的改革开放正是在这种全方位全球化的背景下启动的，而中国的改革开放也是全方位全球化的最重要的推动力之一。没有中国14亿人口参与的全球化，只能是有限的、片面的全球化。经过20世纪80年代的沿海开放、农村改革、城市放活和20世纪90年代的市场化，再到21世纪初的全面腾飞和深化改革，现在，中国进入中国特色社会主义新时代，在站起来、富起来的基础上，向着建设社会主义现代化强国，实现中华民族复兴的中国梦。国家统计局2021

---

3 Thomas L Friedman，"It's a Flat World，After All"，New York Times Magazine；Apr 3，2005.

年 1 月 18 日对外公布,2020 年我国经济社会发展主要目标任务完成情况好于预期,初步核算,2020 年国内生产总值 1015986 亿元,按可比价格计算,比上年增长 2.3%。按不变价计算比 1978 年增长约 40 倍,占世界经济比重从 1.7% 上升至 17% 左右,在全球主要经济体中名列前茅。纵向来看,新中国成立之初,我国人均 GNI 处于很低的水平,到 1962 年只有 70 美元,到 1978 年也只达到 200 美元。但改革开放后,人均 GNI 水平大幅提升。2010 年,我国人均 GNI 达到 4340 美元;2019 年,进一步上升至 10410 美元,比 1962 年增长 147.7 倍,首次突破 1 万美元大关,按世界银行标准,达到中高收入国家水平。2020 年,我国人均 GNI 继续保持在 1 万美元以上。横向来看,我国人均 GNI 在 1962 年仅相当于世界平均水平的 14.6%,2018 年相当于世界平均水平的 85.3%,比 1962 年提高了 70.7 个百分点。世界排名方面,2000 年,在世界银行公布人均 GNI 数据的 207 个国家和地区中,我国排名仅为第 141 位;2019 年,在公布数据的 192 个国家和地区中,我国上升至第 71 位,较 2000 年提高 70 位。

在疫情之前,国家统计在《改革开放 40 年经济社会发展成就系列报告》中,对 1978-2017 年的数据进行对比分析,发现改革开放以来的 40 年,中国国民经济大踏步前进、经济总量连上新台阶,成功地从低收入国家迈入中等偏上收入国家行列,综合国力和国际影响力显著提升。

改革开放以来我国对世界经济增长的贡献率超过 30%,日益成为世界经济增长的动力之源、稳定之锚。外汇储备大幅增长,实现了从外汇短缺国到世界第一外汇储备大国的转变。1978 年,我国外汇储备仅 1.67 亿美元,位居世界第 38 位。随着开放型经济水平的提升,我国经常项目盈余快速积累,吸引外资不断增加,外汇储备短缺成为历史。1990 年,外汇储备超过百亿美元,1996 年超过千亿美元,2006 年突破 1 万亿美元,超过日本位居世界第一位,2017 年末外汇储备余额达 31399 亿美元,稳居世界第一位。2017 年,高技术制造业和装备制造业增加值占规模以上工业增加值的比重分别为 12.7% 和 32.7%,分别比 2005 年提高 0.9 和 4 个百分点。服务业快速发展成为经济增长的新引擎。2012 年,第三产业增加值占国内生产总值的比重首次超过第二产业,成为国民经济第一大产业。2017 年,服务业比重提升至 51.6%,比 1978 年上升 27 个百分点,对经济增长的贡献率为 58.8%,提高 30.4 个百分点。

工业化进程提速,工业生产能力快速发展,技术水平和竞争力不断增强。2017 年,钢材产量 10.5 亿吨,比 1978 年增长 46.5 倍;水泥产量 23.4 亿吨,增长 34.8 倍;汽车产量 2902 万辆,增长 193.8 倍。移动通信手持机和微型计算机设备从无到有,2017 年产量分别达到 18.9 亿台和 3.1 亿台。交通运输建设成效突出,四通八达的综合运输网络已经形成。2017 年末,铁路营业里程达到 12.7

万公里，比 1978 年末增长 1.5 倍，其中高速铁路达到 2.5 万公里，占世界高铁总量 60%以上，以"四纵四横"为主骨架的高铁网基本形成。2017 年末，公路里程 477 万公里，比 1978 年末增长 4.4 倍，其中高速公路达到 13.6 万公里。邮电通信业快速发展，信息基础设施服务能力大幅提升。2017 年末，全国邮政营业网点 27.8 万处，比 1978 年末增长 4.6 倍；邮路总长度 938.5 万公里，增长 93.0%。高速、移动、安全、泛在的新一代信息基础设施建设突飞猛进。2017 年末，全国移动电话普及率达到 102.5 部/百人；建成了全球最大的移动宽带网，移动宽带用户达 11.3 亿户；光缆线路总长度达 3747 万公里。能源生产、供应保障水平不断提高。2017 年，中国能源生产总量达到 35.9 亿吨标准煤，比 1978 年增长 4.7 倍，年均增长 4.6%。2017 年末，全国发电装机容量 17.8 亿千瓦，比 1978 年末增长 30.1 倍。水电、风电、太阳能发电装机和核电在建规模稳居世界第一。西气东输、西电东送等能源运输大动脉建设取得巨大成就，极大地推动了东西部地区经济优势互补。1978 年货物进出口总额仅为 206 亿美元，位居世界第 29 位。随着对外开放的深度和广度不断拓展，特别是 2001 年正式加入世界贸易组织（WTO）后，贸易总量迅速增长。2017 年，货物进出口总额达到 4.1 万亿美元，比 1978 年增长 197.9 倍，年均增长 14.5%，居世界第一位。服务贸易快速发展。2017 年，服务进出口总额 6957 亿美元，比 1982 年增长 147 倍，连续 4 年保持世界第二位。

同时，中国成为吸引全球投资的热土。2017 年，我国实际使用外商直接投资 1310 亿美元，比 1984 年增长 91.3 倍，年均增长 14.7%。1979-2017 年，我国累计吸引外商直接投资达 18966 亿美元，是吸引外商直接投资最多的发展中国家。改革开放初期，中国只有少数国有企业走出国门。2017 年，我国对外直接投资额（不含银行、证券、保险）1201 亿美元，比 2003 年增长 41.1 倍，年均增长 30.6%。党的十八大以来，"一带一路"建设成效显著。目前，100 多个国家和国际组织以不同形式参与"一带一路"建设，80 多个国家及国际组织同我国签署了合作协议。2017 年，我国对"一带一路"沿线的 59 个国家直接投资额（不含银行、证券、保险）144 亿美元，占同期总额的 12%。在积极参与和推动经济全球化过程中，中国的全球经济治理话语权提升。1980 年 4 月和 5 月，中国先后恢复了在国际货币基金组织和世界银行的合法席位；2001 年加入世界贸易组织。2003 年以来，中国与亚洲、大洋洲、拉美、欧洲、非洲多个国家和地区建设数十个自贸区。中国倡议建立亚洲基础设施投资银行，设立丝路基金，主办了"一带一路"国际合作高峰论坛、亚太经合组织（APEC）北京峰会、二十国集团（G20）领导人杭州峰会、博鳌亚洲论坛等，在全球治理体系变革中贡献了中国智慧、中国方案。2017 年，我国研究与试验发展（R&D）经费支出 17606

亿元，比 1991 年增长 122 倍，年均增长 20.3%。我国研发经费总量在 2013 年超过日本，成为仅次于美国的世界第二大研发经费投入国家。2017 年，我国研究与试验发展（R&D）经费支出与国内生产总值之比为 2.13%，比 1991 年提高 1.53 个百分点。目前我国研发经费投入强度达到中等发达国家水平，居发展中国家前列。

科技队伍发展壮大，研发人员总量跃居世界首位。改革开放以来，国家加强科技队伍建设，创新完善人才政策，优化人才发展环境，科技队伍日益壮大，为国家发展汇聚强大智力支撑。2017 年，按折合全时工作量计算的全国研发人员全时当量 403.4 万人年，比 1991 年增长 5.0 倍。按折合全时工作量标准，我国研发人员总量在 2013 年超过美国，连续 5 年居世界首位。科技实力明显增强，关键领域取得重大突破。改革开放以来，我国在高温超导、纳米材料、古生物考古、生命科学、超级杂交水稻、高性能计算机等一些关键领域取得重要突破。近年来，又在载人航天、探月工程、量子科学、深海探测、超级计算、卫星导航等战略高技术领域取得重大原创性成果，C919 大型客机飞上蓝天，首艘国产航母下水，高铁、核电、特高压输变电等高端装备大步走向世界。在政策引导和改革推动下，全社会科技创新活力得到有效激发。2017 年我国发明专利申请量 138.2 万件，连续 7 年居世界首位；科技进步贡献率提高到 57.5%。创新驱动发展深入推进，发展新动能苗壮成长。创新是引领发展的第一动力。近年来，我国抢抓新一轮世界科技革命和产业变革机遇，持续推进大众创业、万众创新，新旧动能加快接续转换。2006-2017 年，装备制造业和高技术制造业增加值年均分别增长 16.2%和 16.6%，快于规模以上工业 3.2 和 3.6 个百分点。网络购物异军突起，电子商务、移动支付、共享经济等引领世界潮流，"互联网+"广泛融入各行各业。2015-2017 年，实物商品网上零售额年均增长近 30%，明显快于社会消费品零售总额年均增长。快速崛起的新动能，正在重塑经济增长格局，深刻改变生产生活方式，成为我国创新发展的新标志。

经济快速发展带来巨大的社会变革。城镇化进程显著加快。2017 年末，我国常住人口城镇化率为 58.52%，比 1978 年末上升 40.6 个百分点，年均上升 1 个百分点。以人为核心的新型城镇化持续推进。2017 年末，我国户籍人口城镇化率达 42.35%，与常住人口城镇化率的差距缩小到 16.17 个百分点。城乡居民收入差距持续缩小，2010 年以来农村居民收入实际增长连续 8 年快于城镇。1978-2017 年，我国就业人员从 40152 万人增加到 77640 万人，年均增加 961 万人。城镇登记失业率长期处于低位，城镇调查失业率低于全球平均水平。大量农村富余劳动力向第二、三产业转移，第三产业逐渐成为吸纳就业的主渠道。2017 年末，第二、三产业就业人员占比分别为 28.1%和 44.9%，比 1978 年末提高 10.8 和 32.7 个百分点。城乡居民收入大幅提升，居民财富不断增长。改革开放以来，随着经济快速增长，居民收入连续跨越式提升。1978 年，全国居民人均可支配收入仅 171 元，2009 年突破万元大关，达到 10977 元，2014 年突破 2 万元大关，达到 20167 元，目前正向 3 万元大关迈进。2017 年，全国居民人均可支配收入达到 25974 元，扣除价格因素，比 1978 年实际增长 22.8 倍，年均增长 8.5%。居民财产性收入由无到有、由少变多，2017 年全国居民人均财产净收入占全部可支配收入的比重达到 8.1%。居民生活条件不断改善，消费结构升级趋势明显。2017 年，全国居民人均消费支出 18322 元，扣除价格因素，比 1978 年实际增长 18.0 倍，年均增长 7.8%。消费层次由温饱型向全面小康型转变。2017 年，全国恩格尔系数为 29.3%，比 1978 年下降 34.6 个百分点。居住条件显著改善。2017 年，城镇居民、农村居民人均住房建筑面积分别比 1978 年增加 30.2、38.6 平方米。汽车进入千家万户。城镇居民、农村居民平均每百户拥有的家用汽车数量分别上升为 2017 年的 37.5、19.3 辆。

脱贫攻坚成效卓著，扶贫成就举世瞩目，农村贫困状况得到极大改善。按照 2010 年标准，改革开放之初，我国有 7.7 亿农村贫困人口，贫困发生率高达 97.5%。2017 年末，我国农村贫困人口减少为 3046 万人，累计减少 7.4 亿人，贫困发生率下降至 3.1%。我国扶贫力度之大、规模之广、成效之好、影响之深，举世罕见。社会保障事业持续推进，织就了世界上最大的社会保障网。40 年来，我国社会保障事业水平不断提高，目前已形成了世界上最大的社会保障安全网。2017 年末，全国参加城镇职工基本养老保险人数 40293 万人，比 1989 年末增加 34583 万人；参加失业保险人数 18784 万人，比 1992 年末增加 11341 万人；参加工伤保险人数 22724 万人，比 1993 年末增加 21621 万人；基本养老保险覆盖超过 9 亿人，医疗保险覆盖超过 13 亿人，基本实现全民医保。

教育事业成效显著，总体水平跃居世界中上行列。40 年来，坚持教育优先发展，以促进教育公平为基本要求、优化结构为主攻方向，教育事业取得巨大进步。国民受教育程度大幅提升。15 岁及以上人口平均受教育年限由 1982 年的 5.3 年提高到 2017 年的 9.6 年，劳动年龄人口平均受教育年限达到 10.5 年。义务教育进入全面普及巩固新阶段。2017 年，小学学龄儿童净入学率达 99.9%，初中阶段毛入学率为 103.5%，九年义务教育巩固率达 93.8%。高等教育向普及化阶段快速迈进。2017 年，高等教育毛入学率达到 45.7%，高于中高收入国家平均水平。文化事业长足发展，国家软实力逐步提升。古以文载道，今以文聚力。40 年来，坚持中国特色社会主义文化发展道路，推动文化事业和文化产业的迅猛发展。2017 年末，全国共有公共图书馆 3166 个，比 1978 年末增长 1.6 倍；博物馆 4722 个，增长 12.5 倍；广播、电视节目综合人口覆盖率分别达到

98.7%和99.1%。2017年，全国生产电影故事片798部，比1978年增长16.3倍，电影票房屡创新高。中华文化的国际影响力进一步提升。2017年末，全球146个国家（地区）建立了525所孔子学院和1113个孔子课堂。

公共卫生事业成就瞩目，公共卫生体系不断完善，国民健康水平持续提高。2017年末，全国共有医疗卫生机构98.7万个，比1978年末增长4.8倍；卫生技术人员898万人，增长2.6倍；医疗卫生机构床位794万张，增长2.9倍。公共卫生整体实力和疾病防控能力迈上新台阶，城乡居民健康状况显著改善。居民预期寿命由1981年的67.8岁提高到2017年的76.7岁，孕产妇死亡率由1990年的88.8/10万下降到2017年的19.6/10万。体育事业迭创佳绩，竞技体育和群众体育共同发展。体育强则国家强，国运兴则体育兴。1984年，新中国首次参加在洛杉矶举办的夏季奥运会，实现了我国奥运史上金牌"零"的突破。2008年，北京成功举办了第29届夏季奥运会，实现了中华民族的百年梦想，我国体育代表团所获金牌数首次位列奥运会金牌榜首。1978—2017年，我国运动员共获得世界冠军3314个。全民健身运动蓬勃发展。目前，全国体育场地总数已超过170万个，人均体育场地面积达到1.6平方米以上，近4亿人经常参加体育锻炼。

生态环境治理力度不断加大，环境质量由恶化转向逐步改善。清洁能源快速发展，能源结构调整优化。改革开放以来尤其是新世纪以来，我国水电、核电、风电、太阳能等清洁能源迅速发展。2017年，煤炭在能源消费中的比重为60.4%，比1978年下降10.3个百分点；天然气水核风电等清洁能源消费比重从1978年的6.6%提升至2017年的20.8%。节能降耗取得新进展。2017年，全国单位GDP能耗比2000年下降32.8%。环境污染治理全力推进，主要污染物排放强度大幅下降。全国上下不断深化对经济发展与环境保护关系的认识，围绕实现节能减排约束性目标，开展了大量卓有成效的工作，主要污染物排放量明显降低。2015年，全国化学需氧量（COD）排放量比2011年下降11.1%，氨氮排放量下降11.7%，二氧化硫排放量下降16.2%，氮氧化物排放量下降23%。空气质量总体向好，水环境质量明显改善。大气、水、土壤污染防治行动计划陆续实施，我国大气及水环境质量明显改善。持续打好蓝天保卫战，空气污染物浓度下降。2017年，全国338个地级及以上城市PM10平均浓度比2013年下降22.7%，京津冀、长三角、珠三角区域PM2.5平均浓度分别下降39.6%、34.3%和27.7%。地表水质明显改善。2017年地表水达到或好于Ⅲ类水体比例为67.9%，劣Ⅴ类水体比例下降到8.3%。生态修复持续推进，自然生态系统趋于改善。生态保护和监管不断强化，环境治理力度加大。森林覆盖率从2004年的18.2%提升至2017年的21.6%。2017年新增水土流失治理面积5.6万平方公里。生态修复工作力度继续加大，实施退耕还林还草、荒漠化及石漠化综合治理、京津风沙源治理等工程。2017 年，完成造林面积 736 万公顷，落实禁牧面积 8000 万公顷，草畜平衡面积 1.7 亿公顷。[4]

　　居民收入节节攀升，消费水平大幅提高。2017 年，全国居民人均可支配收入 25974 元，扣除价格因素，比 1978 年实际增长 22.8 倍，年均实际增长 8.5%。全国居民人均消费支出 18322 元，扣除价格因素，比 1978 年实际增长 18.0 倍，年均实际增长 7.8%。40 年间，我国居民用 31 年时间实现人均收入跨万元大关，用 5 年时间实现人均收入跨 2 万元大关，目前正向人均收入 3 万元大关迈进。城乡居民收入水平和生活水平较改革开放初期都有了明显的提高。城镇居民人均可支配收入从 1978 年的 343 元增加到 1991 年的 1701 元，年均实际增长 6.0%；人均消费支出从 1978 年的 311 元增长到 1991 年的 1454 元，年均实际增长 5.5%。农村居民人均可支配收入从 1978 年的 134 元增加到 1991 年的 709 元，年均实际增长 9.3%；人均消费支出从 1978 年的 116 元增加到 1991 年的 620 元，年均实际增长 7.5%。城镇居民人均可支配收入从 2001 年的 6824 元增长到 2017 年的 36396 元，年均实际增长 8.5%；人均消费支出从 2001 年的 5350 元增长到 2017 年的 24445 元，年均实际增长 7.4%。同期，国家先后出台了减免农业税、实行粮食直接补贴等一系列惠农举措，大大提高了农民的生产积极性，使农民的钱袋子更加殷实。农村居民人均可支配收入从 2001 年的 2407 元增长到 2017 年的 13432 元，年均实际增长 8.0%；人均消费支出从 2001 年的 1803 元增长到 2017 年的 10955 元，年均实际增长 8.6%。2009 年，居民收入在国民收入分配中的占比为 58.1%，比 2008 年提高 1.4 个百分点。党的十八大以来，各地政府努力增加居民收入，调整国民收入分配格局，居民收入在宏观收入分配中的比重稳步提高。2015 年，居民收入在国民收入分配中的占比为 61.6%，比 2010 年提高 3.8 个百分点。改革开放初期，工资性收入是城镇居民收入来源的绝对主体，但随着市场主体增多、实物分配货币化以及政府转移增加，城镇居民收入中工资收入比重下降。1978 年，城镇居民人均职工工资及得自单位的其他收入合计为 322 元，占城镇居民收入比重为 93.8%。2017 年，城镇居民人均工资性收入 22201 元，比 1978 年年均增长 11.5%；占比为 61.0%，比 1978 年下降 32.8 个百分点，但仍是城镇居民收入的主要来源。城镇个体经济的较快发展使得城镇居民经营收入占比上升。2017 年，城镇居民人均经营净收入 4065 元，比 1981 年年均增长 19.5%；占比为 11.2%，比 1981 年提高 9.9 个百分点。20 世纪 90 年代，利息是城镇居民财产性收入的主要渠道，进入 21 世纪后，投资渠道不断拓宽，财产

---

[4] 国家统计局：波澜壮阔四十载 民族复兴展新篇——改革开放 40 年经济社会发展成就系列报告之一。

性收入来源日益多元，收入水平大幅度提高。2017 年，城镇居民人均财产净收入 3607 元，比 1990 年年均增长 22.3%；占比为 9.9%，比 1990 年提高 8.9 个百分点。

改革开放以来，城乡居民的衣着需求发生了三个转变，即从"保暖御寒"向"美观舒适"转变，从"一衣多季"向"一季多衣"转变，从"做衣"向"购衣"转变。居民穿着更加注重服装的质地、款式和色彩的搭配，名牌化、时装化和个性化成为人们的共同追求，衣着消费支出大幅增长。2017 年，城镇居民人均衣着支出 1758 元，比 1978 年增长 40.6 倍，年均增长 10.0%；农村居民人均衣着支出 612 元，比 1978 年增长 40.5 倍，年均增长 10.0%。

改革开放初期，手表、自行车和缝纫机成为部分居民家庭婚嫁必备的"三大件"。1979 年，城镇居民平均每百户拥有手表 204 只，自行车 113 辆，缝纫机 54.3 架；农村居民平均每百户拥有手表 27.8 只，自行车 36.2 辆，缝纫机 22.6 架。当时，电视机还属稀缺消费品，直到 1980 年，城镇居民平均每百户拥有黑白电视机 32.0 台，农村居民平均每百户仅有 0.4 台。20 世纪 80 到 90 年代，随着改革开放的深入推进，家庭耐用消费品开始向电气化迈进，居民家庭青睐的"三大件"变成了冰箱、洗衣机、彩色电视机。1989 年，城镇居民平均每百户拥有冰箱 36.5 台，洗衣机 76.2 台，黑白电视机 55.7 台，彩色电视机 51.5 台；农村居民平均每百户拥有冰箱 0.9 台，洗衣机 8.2 台，黑白电视机 33.9 台，彩色电视机仅有 3.6 台。90 年代末，城乡居民交通出行方式开始有了多种选择。1999 年，城镇居民平均每百户拥有摩托车 15.1 辆，家用汽车 0.34 辆；农村居民平均每百户拥有摩托车 16.5 辆。

进入高科技迅速发展的 21 世纪，家庭消费也随之向现代化、科技化迈进，移动电话、计算机、汽车走入寻常百姓家。2017 年，城镇居民平均每百户拥有移动电话 235 部，计算机 80.8 台，家用汽车 37.5 辆；农村居民平均每百户拥有移动电话 246 部，计算机 29.2 台，家用汽车 19.3 辆。

改革开放初期，绝大多数城镇居民租住单位或房屋管理部门的房屋，只有少数居民拥有自己的住房。1984 年，城镇居民居住公房的户比重为 88.2%，而居住自有房的户比重仅有 9.4%。人口多、住房面积小、三代同居一室是当时住房较为普遍的现象。2017 年，城镇居民、农村居民人均住房建筑面积分别比 1978 年增加 30.2、38.6 平方米。2017 年，城乡居民居住在钢筋混凝土或砖混材料结构住房的户比重为 93.5% 和 65.0%，分别比 2013 年提高 1.7 和 9.3 个百分点。

城镇化稳步推进，城乡发展协调性增强，城乡居民的居住质量也明显提升。改革开放以来，在农村经济体制改革、户籍制度改革等系列政策推动下，城镇化进程显著加快。2017 年末，我国常住人口城镇化率为 58.52%，比 1978 年末上升 40.6 个百分点，年均上升 1 个百分点。以人为核心的新型城镇化持续推进。2017 年末，我国户籍人口城镇化率达 42.35%，与常住人口城镇化率的差距缩小到 16.17 个百分点。城乡居民收入差距持续缩小，2010 年以来农村居民收入实际增长连续 8 年快于城镇。2017 年，城乡居民住宅外道路为水泥或柏油路面的户比重为 93.4% 和 66.3%，分别比 2013 年提高 3.3 和 14.9 个百分点。城乡居民有管道供水入户的户比重为 97.7% 和 74.6%，分别比 2013 年提高 1.3 和 13.7 个百分点。尤其是习近平总书记就"厕所革命"作出重要指示后，城乡居民的厕所卫生条件明显改善。2017 年，城乡居民使用卫生厕所的户比重为 91.7% 和 45.0%，分别比 2013 年提高 2.4 和 9.4 个百分点。城乡居民使用本住户独用厕所的户比重为 93.5% 和 95.4%，分别比 2013 年提高 3.8 和 2.8 个百分点。

改革开放初期，城乡居民交通出行方式相对单一，通信方式主要依靠邮政传递，服务档次低，居民交通通信支出少。改革开放以来，交通通信行业发展迅速，城乡居民交通通信支出不断增加。2017 年，城镇居民人均交通通信支出 3322 元，1979—2017 年年均增长 18.0%；人均交通通信支出占比为 13.6%，比 1978 年提高 11.9 个百分点。2017 年，农村居民人均交通通信支出 1509 元，1986—2017 年年均增长 19.2%，人均交通通信支出占比为 13.8%，比 1985 年提高 12.1 个百分点。

改革开放初期，居民文化娱乐生活较为单调，相应支出较少。改革开放以来，随着物质生活水平的提高和居民休闲时间的增多，城乡居民对教育、文化、娱乐等发展性消费的投入不断加大。2017 年，城镇居民人均教育文化娱乐支出 2847 元，1979-2017 年年均增长 13.1%；人均教育文化娱乐支出占比为 11.6%，比 1978 年提高 4.2 个百分点。2017 年，农村居民人均教育文化娱乐支出 1171 元，1986-2017 年年均增长 15.3%；人均教育文化娱乐支出占比为 10.7%，比 1985 年提高 6.8 个百分点。

城乡居民获得的教育服务水平明显改善。2017 年，城镇地区有 98.5% 的户所在社区可以便利地上幼儿园或学前班，比 2013 年提高 1.8 个百分点；有 98.7% 的户所在社区可以便利地上小学，比 2013 年提高 1.9 个百分点。2017 年，农村地区有 84.2% 的户所在自然村可以便利地上幼儿园或学前班，比 2013 年提高 8.5 个百分点；有 86.0% 的户所在自然村可以便利地上小学，比 2013 年提高 5.2 个百分点。

改革开放初期，城乡医疗条件有限，居民医疗保障缺乏，大病小治、小病不治现象较为普遍，居民医疗保健支出较少。改革开放以来，城乡医疗条件得到改善，居民医疗保障水平不断提高，尤其是随着新型农村合作医疗制度在全国的推广建立，以及近年来基本医保和大病保险保障水平的提高，居民看病就医较以前更加便利，更多得到政府补助，居民医疗保健支出明显增加。2017年，城镇居民人均医疗保健支出1777元，1979—2017年年均增长16.7%；人均医疗保健支出占比为7.3%，比1978年提高5.9个百分点。2017年，农村居民人均医疗保健支出1059元，1986—2017年年均增长16.7%；人均医疗保健支出占比为9.7%，比1985年提高7.3个百分点。党的十八大以来，随着城乡医保并轨政策的深入推进，健康中国战略的全面实施，城乡居民能够享有的医疗公共服务水平逐步提高。2017年，城镇地区有85.1%的户所在社区有卫生站，农村地区有88.9%的户所在自然村有卫生站，分别比2013年提高5.4和7.3个百分点。[5]

中国在四十多年的改革开放中，走完了西方国家几百的现代化发展历程，并且，快速进入后现代社会。在这种社会背景下，消费主义和后现代生活方式在大学生中逐步流行。如果说，老年公民对于贫困时代的生活尚有记忆，仍然保持一些勤俭节约的生活方式，年轻的大学生则少有这种生活体验，易于接受消费主义和后现代生活方式。智能化、智能手机普及所带来的通讯传播和消费方式的巨大变化，同时，也使得学生易于陷入网上娱乐、游戏和不当交往的陷阱。全方位全球化和国际互联网大大地方便了国际交往、思想交流和跨国学习，推动文化交流和民族文化复合性的增强，使得民族文化更加开放，更具活力，但也为机械模仿西方生活方式，接受各种国外极端和不良思想，提供了条件。特别是在近三年受疫情冲击的背景下，中国经济没有出现结构失衡、恶性通胀及失业率大幅上升等情况，成为全球唯一实现经济正增长的主要经济体，人均GNI继续保持在1万美元以上，这进一步彰显了中国经济的韧性。

第二节　全方位全球化、后现代化与消费主义和中国大学生社会行为嬗变

关于发达工业化国家的社会形态，美国哈佛大学教授丹尼尔·贝尔于1959年提出"后工业"概念，并在1973年发表的《后工业社会》一书。法国哲学家、文学理论家利奥塔（Jean-Francois Lyotard）于1979年提出后现代主义。美国密

---

[5] 国家统计局：居民生活水平不断提高　消费质量明显改善——改革开放40年经济社会发展成就系列报告之四

时代背景下大学生思想教育与行为引导研究

歇根大学教授殷格哈特（Inglehart）依据自己对于世界价值观念的调查，将北美、西欧、北欧国家划归后现代国家，其他国家则被归入现代化起步国家和快速现代化国家。他认为，1970年以来，欧美发达工业国家发生的年轻人的生活观念发生了重大变化。马斯洛的需求阶梯次序发生错位。时代背景下的人们不太关注基本生活需求和安全需要，而却更多地追求自我完善和精神需求。[6]这些思想在不同程度上反映了发达工业社会人们的生活方式和思想行为的变化。中国的快速现代化和进入后现代社会，不可避免地带来人们的生活方式和行为观念的变化。在思想行为转型过程中，也不可避免地出现行为扭曲和异常。这种变化突出地表现成长中的大学生之中。消费主义流行在大学生中所导致的消费异化现象，对大学生健全人格形成的影响，反映后现代社会条件下，大学生思想行为的一个侧面。

消费异化人格所谓消费异化，是指在消费主义思想体系下，人们消费不是满足需要，而是为了满足占有欲和作为炫耀的资本。随着我国经济社会逐步与全球化对接，西方消费异化思潮也在我国大学校园里悄然蔓延，这对我国大学生的人格发展产生的消极影响是不容忽视的。

一、大学生消费情况调查结果

根据调研结果，当前大学生消费状况，基本上是理性的，但也存在消费异化现象，已经影响到了行为大学生健全人格的形成。当前大学生消费异化的表现形式主要有：

（1）盲从性攀比消费。盲从性攀比消费是目前大学生消费的一个重要特点。大学生不成熟的消费心理，在推崇世俗化物质享受的浪潮中，在群体模仿式的消费行为中成为俘虏，一些大学生就形成了攀比心理。别人有的我不仅要有，还要比别人好；你请客，我也要请客，而且，我请客的档次还要比你高。在传媒的鼓吹下，盲目追求商品的符号信息，再加上折扣、赠品等促销活动，看到好多人都在抢，不考虑对某一商品的消费是否必要，就"跟着感觉走"的消费了。

（2）炫耀性品牌消费。品牌消费本无可厚非，但对于主要经济来源基本在父母的大学生来讲，去追求品牌消费就有点炫耀的性质了。炫耀性品牌消费，重点不在使用，而在拥有，它带给消费者的心理价值远远超过实用的成分。不少大学生认为消费行为是身份的象征，他们视勤俭为寒酸，视浪费为慷慨，视奢侈为高雅。

---

[6] Inglehart. *Silent Revolution,*

（3）浪费性超前消费。在今天，"时尚和新潮"消费成为多数大学生的心理需求。但大部分学生没有固定收入，父母的收入是他们生活费的主要来源，然而，有些父母尽管经济拮据，也尽量满足孩子的消费需求，这使得浪费性超前消费成为当下大学生消费的另一特点。陕西某高校的调查，光娱乐消费就占学生年总消费的26.99%。高消费成为某些大学生引以为豪的资本，也使一些并不富有的学生成为"月光族"或靠信用卡透支的超前消费者。

二、消费异化对大学生健全人格形成的消极影响

在这里，我们主要从消费异化对大学生的需要、动机、兴趣、信念、理想方面的消极影响来分析消费异化对大学生人格形成的消极影响。

（1）消费异化使人的精神需要物质化。人为了求得个体的生存和发展，必然要求一定的物质和精神满足。其中，物质需要维持人的基本生存，是低层次的需要，而精神需要如自我实现的需要、尊重需要、社会需要、爱与归属的需要等是高层次的需要。目前，中国的经济发展水平，除了少数特殊贫困生外，大学生基本的物质需要是可以得到满足的，他们应该把主要的时间、精力、金钱放在学习知识、提高技能、服务社会、报效国家上。但在消费异化蔓延的校园，使得大学生们满足需要的前提不是努力学习知识提高技能或帮助他人贡献社会，而是把消费当作满足一切需要的前提和条件，把消费作为证明自己的凭据。所有这些精神需要都被物质化了，如何得到他人的尊重、如何实现自我价值、如何得到快乐，甚至爱情和友情都与物质挂上了钩。美国学者艾伦·杜宁指出："在消费社会中的许多人感觉到我们充足的世界莫名其妙的空虚，由于被消费主义所蒙蔽，我们一直在徒劳地企图用物质的东西来满足不可缺少的社会、心理和精神的需要"[7]在这样的消费理念和风气下，消费不是维持生存的手段，而是拿消费炫耀自己证明自己，是人生的目标。人的需求如果长期停留在物质享受层次上，异化消费试图使人立足于物质层面来理解和构筑人的精神需要，人的精神需要完全被物质化了。

（2）消费异化削弱了大学生的学习兴趣和动机。人对科学知识的消费本来是为了提高人的科学文化素质，完善人类自身。可如今的大学校园，消费主义泛滥，人的科学文化素质成为人用交换的筹码，学习成了部分学生为了生存，为了劳动、工作而进行的精神消费。他们的兴趣全在于如何赚钱、如何消费，如何用这些奢侈品来证明自己的身价，对学习完全失去兴趣。所以，大学课上睡觉听音乐，课下逛街上网也就不足为怪了。动机作为推动全体从事某种活动

---

[7] 艾伦·杜宁：《多少算够瞧？一消费社会与地球的未来》，长春：吉林人民出版社，1997.

内部的动力，相当程度上是靠需要、兴趣、信念等来增强的。可以想象，在对学习失去兴趣的情况下，他们的学习动机是什么样子。不是为了国的需要，社会的需求，不是自己的爱好，而是为了"找到一个好工作"或者为了"赚更多的钱"，他的学习（精神消费）是在金钱和物质消费的诱导下进行的。

（3）消费异化使大学生理想信念模糊。理想信念是人的心灵世界的核心。追求远大理想、坚定崇高信念，是大学生健康成长、成就事业、开创未来的精神支柱和前进动力。大学校园本应该是治学求真的净土，然而异化消费也浸染了这块圣洁的土地，消费异化使人成为物的奴隶，丧失对人生意义和价值的追问能力。他们只关注自己眼前的消费和物欲的满足，而没有长远筹划，没有对人生意义和价值的追求。他们割断了自身同未来的肯定性关系，"只留下以关心当前的满足来掩盖的自恋人格。"而"当人们随着丧失对人类未来的信心，也丧失从前对任何传统形式的宗教信仰时，就会陷入及时行乐的境地。⁸消费异化的结果是他们离消费的欲望越来越近，离理想却越来越远。他们失去了理想的鼓舞，变得空虚而渺小。所以他们没有了坚定的信念，做事情没有长远打算，只顾眼前享受，不想将来；所以他们易于急求成，不愿意吃苦受累，一点点困难和挫折，就可能使他们半途而废。

（4）消费异化使大学生迷失自我。马尔库塞在《单向度的人》中描述现代人："在商品中识别出自身，他们在他们的汽车，高保真音响、设备、错层式房屋、厨房设备中找到自己的灵魂"。⁹社会利用各种方式去诱发人们的物质需求，并通过社会各种传媒铺天盖地地冲击和刺激大众的消费欲望，大学生又处于尚未完全踏上社会的心理年龄阶段，其模仿倾向和从众心理对其思想影响相当明显。所以在大众媒介的诱导之下，有些同学就完全迷失了自己的方向，完全跟着社会宣传所引领的潮流走。在这种模仿、媚俗消费的同时，还有追求消费的差异性、炫耀性消费，有时甚至表现为怪诞的消费方式以引起别人的注意来展现自己的存在和价值。他们在这种异化的消费中逐渐丧失了感觉、判断力、意义价值和创造力，逐渐丧失了真实的自我，变成了物质追求的奴隶，变成失落自己的个性，只图贪婪的消费人。"我所占有的和所消费的东西即是我的生存"，他们已经找不到真正的自我了。

（5）消费异化影响到了大学生的幸福感。美国学者艾伦·杜宁认为，幸福与人们消费的财富的绝对数量没有直接的关系，而与消费的相对数量有关。他说："生活在 90 年代的人们比生活在上一世纪之交的他们的祖父母们平均富裕四倍半，但是他们并没有比祖父母幸福四倍半。心理学的研究表明，消费与个

---

8 [美]大卫•格里芬，《后现代精神》，北京：中央编译出版社，1998.
9 [美]马尔库塞，《单向度的人》[M]．重庆：重庆出版社，1988.

人幸福之间的关系是微乎其微的。"[10]在今天的大学校园，攀比性消费比比皆是。他们的眼光总是指向比自己的现实消费更高的消费。因此，无论今天消费多少，与明天的更高的消费或者比消费得更多的他人消费相比都是一种不满足状态。而这种不满足对于现实消费来说，没有满足人的心理期待，因而感觉不幸福。他们总是幻想着达到更高消费时就会有幸福，但是一旦达到了更高的消费水平之后，在自己的身旁又会出现比自己消费得更高的消费者，因极力与他人攀比而产生的自负、怠惰和挫折感，这同样会让人感到不幸福。而这尤其是对于那些家境贫困的学生来讲，其实更为严重。他们的思想已经同化，可经济上又达不到这样的标准，所以自卑、孤僻，甚至认为社会不公平，仇恨社会，都更容易在他们身上体现出来，他们就更难感觉到幸福了。所以，以消费的绝对数量来作为幸福的标准，人很难感到幸福。"幸福就是这样一个踏轮，每个人都用谁在前面和谁在后面来判断他们自己的位置。"

鉴于以上所述，社会、学校、家庭包括大学生本人如果不及时采取相应的措施，我们如果不创新大学生人格教育机制，来消除消费异化对大学生健全人格形成的消极影响，那我们高校的大学生人格教育，将很难收到满意的效果。

第三节　全方位全球化、后现代化与意识形态多元化和中国大学生社会行为嬗变

改革开放近40多年来，社会自由的初步扩展，为各种思潮面世提供了最低限度的宽容，使我们能够触摸到各种思潮大致的逻辑和边界。透视当前语境下能够在大众传媒上公开进行论述和博弈的社会思潮，有助于我们认识中国的过去和现在，也有助于我们探知中国的未来。首先，对当代社会思潮进行界定，然后，对当代社会思潮影响高校学生的主要特点、影响高校学生的当代社会思潮典型性观点、当代社会思潮对高校思政课立德树人的影响进行了分析，最后提出引导高校学生应对各种社会思潮的对策。

一、当代社会思潮的界定

社会思潮是指反映某种现实利益诉求，具有较大受众基础、产生较大社会

10　[美]遊利希•弗洛姆，《占有还是生存》，上海：三联书店，1989.

影响，与主导社会价值观念相对应的社会意识形态和观点。有些社会思潮在社会上产生一定影响和传播，但对高校师生影响并不大，如恐怖主义、达尔文主义，有些社会思潮虽然在改革开放初期和 20 世纪末在高校师生影响较大，但进入新世纪后，影响甚微，比如人本主义思潮，新权威主义思潮。所以，我们把当代社会思潮界定为进入新世纪以后的时期出现的在高校产生一定影响，造成一定思想混乱的社会思潮，如新自由主义、民主主义、民族主义、历史虚无主义、个人主义、普世价值观、文化保守主义、后现代主义等。

二、当代社会思潮影响高校学生的主要特点

高等学校是各种社会思潮最容易聚集传播的地方，也是社会思潮的辐射地。高校学生是思维最活跃，没有历史包袱和坚实的思想理论基础，且容易接受新事物的群体，他们是各种社会思潮的易感人群，他们像镜子一样折射出社会思潮发展变化的特征。

（1）当代高校学生并不主要通过课堂教学和理性方式系统把握，而是更多通过课外渠道、以活动或感性的方式，通过多样化的方式接触社会思潮。报刊书籍、课堂教学、网络、影视是当代高校学生了解社会思潮的主要渠道。

（2）各种社会思潮并不以观点的正确性，理论的完整性等内在原因来吸引高校学生，而是以理论观点的新奇性等外在外因来吸引高校学生。

（3）各种社会思潮影响的相互渗透性加强，高校学生接受社会思潮也是相互糅杂，反映综合性的特点。高校学生并不是从单一地对某种思潮的深入了解来接受某种思潮，各种社会思潮也并不是以单一的方式进行传播，有各种表现形式。

（4）各种社会思潮发展呈现出阶段性特点，社会思潮有时以显性方式出现，有时以隐形方式出现，具有很长时间的潜隐形。

个人主义是改革开放以后一直处于显性影响高校学生的社会思潮，民主主义、民族主义是随着改革开放和中国特色社会主义道路的形而成为主要影响高校学生的社会思潮，新自由主义、民族虚无主义是伴随着金融危机爆发而逐渐成为非主要影响高校学生的社会思潮，后现代主义是一种新的影响高校学生的虽不主要但影响重要值得关注的社会思潮。

（5）学生对社会思潮的态度日益趋于客观理性，但理论基础的缺乏使得对社会的实质缺乏足够的认识。

统治阶级的思想是一个社会占统治地位的思想，而非统治阶级的思想一般处于被统治地位，并不能构成社会的主流思想或主导思想。我国社会，只有体现工人阶级和广大劳动人民需求和需要的马克思主义思想和在此基础上的社会

主义核心价值体系是一种占主导地位，同时也是一种主流的思想观点。在一定程度上，社会思潮是作为主导价值观念相对立的思想特点而产生，对社会主导价值观念具有冲突、抵消和消解作用。所以当代社会思潮的实质都是资产阶级自由化思潮在新的历史条件下的一种反应和表现，主要目标是对社会主义意识形态进行抵消和消解，个人主义思想倾向，与当前倡导的社会主义集体原则相背离，与社会主义核心力量观点存在明显的负相关关系。高校学生对马克思主义理论基础相对薄弱，也呈现出对社会思潮的分析鉴赏能力相对较弱。

（6）高校学生对用马克思主义引领各种社会思潮认识不足。

毛泽东说，"马克思主义也是在斗争中发展起来的"。"马克思主义必须在斗争中才能发展起来，不但过去是这样，现在是这样，将来也必然还是这样。正确的东西总是在同错误的东西做斗争的过程中发展起来的。"就是说，一方面，马克思主义理论的产生和发展是在同各种错误的社会思潮的不断斗争中发展起来的，提供观点对立面也是为马克思主义理论的发展提供思想素材。另一方面，马克思主义理论又与各种社会思潮存在此消彼长的双向互动关系。马克思主义必须不断吸收各种社会思潮的有益的积极成果，以丰富和完善自己的理论，马克思主义也需要不断以各种社会思潮为对立面来批判、超越进而不断形成和发展自己的理论。

三、当代社会思潮对高校思政课立德树人的影响

由于社会思潮具有多元化和复杂化的特点，对大学生的影响是多方面和多角度的，既有积极影响也有消极影响。积极影响是，大学生通过深入了解社会思潮，可以了解和认识当前社会存在的各种问题，明确不同阶层和群体的主张，从而更全面更客观地透视社会整体。也对大学生自我价值判断与自我意识的发展带来积极促进和调整作用。新媒体时代，现实生活中的大学生很难规避社会思潮的消极影响，使思政课的教育教学面临挑战。

（1）混淆大学生的理论认知和价值判断。西方发达国家，借助网络技术手段，对西方的生活方式、文化思潮和价值观念大肆传播，无形中对中国传统的道德文化和价值观念产生巨大威胁。加上社会思潮立场与观点是多变、隐蔽的，传播过程中也有一定的多变、隐蔽性，对于思想不成熟、理论辨别能力弱的大学生而言，更有隐蔽性和欺骗性，价值判断可能会出现偏差，价值观明显受到很大干扰。在后现代主义影响下，一些大学生开始注重对个人主义和享乐主义的追求，对大学生的成长产生严重的负面性。新自由主义思潮鼓吹的自由化、私有化思想，与大学生的迷惘心理往往能够高度契合，甚至使得部分学生无法形成对我国社会主义建设的正确认识，认为社会主义民主是抽象民主，是不公

正的民主，从而对社会建设产生严重的不良影响。

（2）消解大学生的文化认同。虽然我国在不断进步与发展，但是我们在某些领域在某种程度上还是落后西方发达国家。西方国家凭借其强大的物质基础，在国家上掌握着更多话语权，尤其是随着西方思想在网络上的渗透，部分舆论失真甚至失控，有些大学生被过分影响，对本民族的文化缺乏认同感，缺乏文化自信。

（3）冲击、淡化、动摇大学生马克思主义信仰的确立。当代各种社会思潮在非马克思主义、反马克思主义中国的思想领域引起了广泛的影响，对马克思主义指导地位的挑战，对中国特色社会主义道路进行曲解，对近代史进行歪曲，是对社会主义核心价值体系的冲击。社会思潮传播的多媒体化，容易导致大学生与多种社会思潮形成"亲密接触"。当代大学生思想和行为具有明显的独立性和批判性特征，对新鲜事物的接受程度相对较强，有明显的批判意识和个性化的思维方式，对新媒体有较强的认同感和归属感，对教材和课本上的知识持怀疑心理，对主流意识的认同感偏低，导致大学生对马克思主义信仰逐渐弱化，影响大学生的信仰选择。尤其是历史虚无主义思潮，会弱化大学生建设国家和民族的历史使命感。

四、引导高校学生应对各种社会思潮的对策

当代社会思潮对高校学生的影响是客观存在的，有的在一定程度上得到较高认同，对社会主义核心价值观念起了冲淡和消解作用。因此，我们应针对当代大学生受社会思潮影响的特点提出有针对性的精细化的教育对策。

（1）客观认识各种社会思潮的来源和实质，提高对各种社会思潮批判引导的重要性和紧迫性的认识，深入研究，客观认识。

加强解读社会思潮的现实性和丰富性，消解非马克思主义的负面影响。通过分析各种社会思潮的根源，帮助大学生认识现实社会的主要矛盾，保证大学生客观面对社会思潮，避免被虚假伪善的思潮吸引，进而提高大学生辨别能力，保持对主流意识形态的认同，树立正确的价值观。

（2）加强社会主义核心理论观点教育，提高高校学生思想政治理论水平。

就社会思潮造成的疑惑、纷争向学生提出问题，引导学生增强问题意识，帮助学生规避错误思想的影响。用马克思主义世界观和方法论分析社会思潮，辨明纷繁复杂的社会思潮的政治倾向和立场，有针对性地消解错误社会思潮的消极影响。创新马克思主义理论教育教学的话语体系和表达方式，使话语体系更具道义感召力和思想穿透力，讲好中国故事，实现时代化和生活化。

（3）发挥课堂教学主渠道作用，积极拓展思想政治理论教育渠道。

高校各门思政课要结合各种社会思潮的典型性观点，在具体的教学中有针对性地进行教学设计与教研，以试图消解各种非马克思主义观点对马克思主义指导地位的冲击。树立大的课程观和教育观，深入研究课外摄取渠道，报刊书籍、网络、影视渠道、家长、朋友、文化娱乐等，加强课程设计开发。充分利用微信、微博、QQ 等移动平台，建立高校思政教育圈或"微信学习公众号"，推送一些理论、社会热点等，培养学生明辨是非能力，加强理论信念教育，发挥高校社会主义意识形态的凝聚力和引领力。

（4）针对当代大学生与各种社会思潮互动的特点，积极探讨教育引导的新方式。说理的方式，显性与隐形教育相结合，理性教育与活动教育相补充，课内与课外相整合，直接与间接相衔接。

在道德教育中，及时将网络信息中传递的时事引入课堂，既可以扩大学生视野，增广见闻，增强立德树人教育的时事针对性，也体现了立德树人的与时俱进，与现代社会发展紧密联系性，提高道德教育的实效性。

（5）加强社会舆论环境建设，为高校学生正确认识社会思潮营造良好的环境。比如利用校园网、校园公众号传播主流社会思潮。高校重视做好社会主义核心价值观的宣传工作，促使学生能够运用社会主义核心价值观的标准，对多元化社会思潮做出判断与认知。需要运用各类校内文娱活动、社会实践活动提升社会主义核心价值观在高校文化建设中的渗透成效，从而推动社会主义核心价值观在大学生群体入脑入心。

因材施教，根据不同类型学生特点，分层次有针对性地进行教育引导。及时与学生沟通，了解大学生的思维动态，及时帮助思想偏激的学生，促进他们的心理健康。并为大学生提供帮助，帮助大学生解决疑惑性问题更正他们错误认识。

综上所述，在社会思潮多元化发展背景下，面对各种社会思潮不断争夺大学生群体的认同，高校教育工作者要积极应对这一问题，不仅需要了解社会思潮在大学生中的典型性观点，当代社会思潮影响高校学生的主要特点及对大学生行为所带来的影响，在此基础上，加强社会主义核心理论观点教育，提高高校学生思想政治理论水平，发挥社会主义核心价值观和马克思主义理论在社会思潮中的引领作用，发挥课堂教学主渠道作用，积极拓展思想政治理论教育渠道，加强舆论环境建设等，避免大学生的价值观走上错误的道路，提升大学生行为引导成效。

第四节　全方位全球化、后现代化与智能化、自媒体和

中国大学生社会行为嬗变

　　全方位全球化与互联网普及相偶合。现在，这种跨越空间的传播手段已经演变出自媒体。互联网，特别是自媒体传播手段的个性化、分散化也与后现代的反传统精神相一致。所以，互联网，特别是自媒体，也是一种后现代现象。中国改革开放以来的快速现代化和进入后现代，也表现为快速接纳和推广互联网和自媒体。根据中国互联网络信息中心发布的第 44 次《中国互联网络发展状况统计报告》显示："截至 2019 年 6 月，我国网民规模为 8.54 亿，手机网民规模达 8.47 亿，占我国网民总数的 99.1%；我国网民以 10—39 岁群体为主，其中 20—29 岁年龄段的网民占比最高，而学生群体占整体的 26.0%。"

　　什么是自媒体？MBA 智库百科说，自媒体指私人化、平民化、普泛化、自主化的传播，即以现代化、电子化的手段，向不特定的大众或者特定的单个人传递规范性和非规范性信息的新媒体的总称，也叫"个人媒体"，包括 BBS（电子布告栏系统），Blog（博客），Podcasting（播客），Group Message（手机群发）等。自媒体平台包括但不限于个人微博、个人日志、个人主页等，其中最有代表性的托管平台是美国的 Facebook 和 Twitter，中国的 QQ 空间、新浪微博、腾讯微博、微信朋友圈、微信公众平台、人人网、百度贴吧等。还有众多科技博客（主要指专注互联网和科技的新闻资讯网站），有的脱胎于门户；有的是传统媒体人出来做的；有的脱胎于传统媒体，但是因为团队的局限，所以特色并不明确。自媒体分广义的自媒体和狭义的自媒体，广义的自媒体可以追溯到 20世纪末，当时的个人主页、BBS 个人专辑都可以叫自媒体，然后就是博客、微博等。而狭义的自媒体则是可以微信公众号为标志，再加上之后的百度百家、搜狐、网易、腾讯等自媒体写作平台。2002 年，美国作家丹·吉尔默（Dan Gillmorr）出版 We the Media 一书，描述这种传播手段，被看作自媒体概念的首次出现。著名传播学家麦克卢汉提出"媒介即讯息"的相似理论，即是说，媒介本身才是真正有意义的讯息，即人类只有在拥有了某种媒介之后才有可能从事与之相适应的传播和其他社会活动。媒介最重要的作用就是"影响了我们理解和思考的习惯"。因此对于社会来说，真正有意义、有价值的"讯息"不是各个时代的媒体所传播的内容，而是这个时代所使用的传播工具的性质、它所开创的可能

性以及带来的社会变革。因而，互联网，特别是自媒体意味着一种划时代的传播变革和社会变革。

有学者指出，自媒体的特性包括交互性、平等性、多样性、虚拟性、开放性、复杂性。[11]在自媒体传播中，普通大众通过网络等途径向外发布信息，经由数字科技与全球知识体系相连之后，提供、分享日常生活信息和社会新闻的途径。自媒体有别于由专业媒体机构主导的信息传播，它是由普通大众主导的信息传播活动，由传统的"点到面"的传播，转化为"点到点"的一种对等的传播概念。同时，它也是指为个体提供信息生产、积累、共享、传播内容兼具私密性和公开性的信息传播方式。自媒体爆发出巨大的能量和对传统媒体的威慑力，从根本上说取决于其传播主体的多样化、平民化和普泛化。普通大众从新闻传播的旁观者转变成为传播者，每个平民都可以拥有一份自己的网络报纸（博客）、网络广播或网络电视（播客）。"媒体"仿佛一夜之间"飞入寻常百姓家"，变成了个人的传播载体。人们自主地在自己的媒体上想写就写，想说就说，每个"草根"都可以利用互联网来表达自己想要表达的观点，传递自己生活的阴晴圆缺，构建自己的社交网络，自己的媒体。在像新浪博客、优酷播客等所有提供自媒体的网站上，用户只需要通过简单的注册申请，根据服务商提供的网络空间和可选的模板，就可以利用版面管理工具，在网络上发布文字、音乐、图片、视频等信息，创建属于自己的"媒体"。自媒体的进入门槛之低，操作运作之简单，让自媒体大受欢迎，发展迅速。没有空间和时间的限制，得益于数字科技的发展，任何时间、任何地点，我们都可以经营自己的媒体，信息能够迅速地传播，时效性大大的增强。作品从制作到发表，其迅速、高效，是传统的电视、报纸媒介所无法企及的。自媒体能够迅速地将信息传播到受众中，受众也可以迅速地对信息传播的效果进行反馈。自媒体与受众的距离是为零的，其交互性的强大是任何传统媒介望尘莫及的。

在自媒体时代，各种不同的声音来自四面八方，冲击主流媒体的声音，推动信息获取途经多元化，个人之间和群体之间传递的信息，有助人们获得更多对事物做出判断的参照系，但也为误导和谣言的传播提供了更加方便的途径。个人有千姿百态，代表着个人的自媒体也有良莠不齐。人们可以自主成立媒体，当媒介的主人，发布的信息也完全是按照自己的意愿随心所欲地编辑。优秀的自媒体可以让受众得到生活的启发或者有助于事业的成功，让人们发现生活的意义与价值。但大部分的自媒体只是一些简单的网络移植，记录一些不痛不痒的鸡毛蒜皮的内容，甚至是一些不健康的东西。网络的隐匿性给了网民"随心

---

[11] 吕帅，刘子高：《自媒体影响大学生思想政治教育的因素研究——基于ＳＥＭ的实证分析》，《扬州大学学报（高等教育版）》2018 年第 6 期第 26 页.

- 21 -

所欲"的空间，降低其可信度低。有的自媒体过分追求新闻发布速度或者说为了追求点击率而忽略了新闻的真实性，导致部分民间写手降低了自身的道德底线。让个体声音得到充分释放的同时，势必也会让一些与宪法、社会道德规范相悖的声音得以散播。

大学生也是自媒体的传播者和受众。作为初入社会的年轻公民，大学生易于受到自媒体的负面影响。当前，自媒体已成为大学生学习生活、休闲娱乐、沟通交流等活动的重要平台，广泛地影响着大学生的思想观念和道德行为。自媒体以其传播媒介多样化、传播内容碎片化、传播方式自主化以及传播环境匿名化而快速改变着网络生态环境，深刻影响着大学生的网络道德。有调查显示，学生对于互联网法律意识淡薄。2017年6月1日实施的《中华人民共和国网络安全法》，是我国第一部全面规范网络空间安全管理方面问题的基础性法律，但在被调查的大学生中仍有 21.7%表示"从来没有听说过和网络道德有关的法律法规"。第三，对网络活动利弊的价值判断不正确。在问及"您认为下列网络行为是否属于不道德行为？"这一问题时，分别有18.9%、42.2%、10.9%的被调查者认为"从网上下载抄袭论文""上课时使用手机上网"和"浏览色情网站"是个人的自由权利，不属于不道德行为。由此可见，大学生在涉及学术不端、过度依赖网络、不合理使用网络方面的价值判断出现偏差。调查显示，每天上网时间超过 3 个小时的大学生占比 64.9%，虚拟的网络世界成为大学生日常生活的重要组成部分，"低头一族""刷屏一族"随处可见。访谈中发现，部分大学生有过自媒体平台上发表一些暴力、粗俗、具有攻击性的语言对他人进行人身攻击的行为，侵犯他人隐私，损害他人名誉，对他人身心发展产生了不良影响；二是侵犯他人知识产权。调查显示，有近 50%的大学生习惯于从网上下载、传播、使用盗版软件，73.4%的大学生有过从网上抄袭他人成果，引用下载资料而未注明的网络行为。有23.8%的大学生表示偶尔会浏览色情网站。29.7%的大学生曾经浏览过色情不良网站，40.3%的大学生经常沉溺于网络游戏。29.3%的大学生曾经使用低俗语言进行恶搞，在贴吧、论坛、直播间等自媒体平台发表恶意的语言攻击。81.1%的大学生认为造成网络道德问题的原因是"缺乏有效的网络监管"。66.8%的大学生听说过一些有关网络道德的法律法规，21.7%的大学生从来没有听说过相关法律法规。我国先后颁布了一系列网络立法，但是由于宣传力度不到位，许多大学生对于有关网络道德的法律法规鲜有闻，不能起到科学有效地规范和引导作用。如教育部早在 2016 年就出台了《高校处理学术不端行为办法》，明确规定学术抄袭与剽窃将会受到相应地处罚，然而仍有 73.4%的大学生承认在撰写论文时会直接抄袭他人成果。我国《著作权法》也明确规定制造、销售使用盗版软件需要承担侵权的法律后果，但是仍有 42.2%的被调查者下载使用盗版软件。38.2%的大学生表示所在高校没有开设有关网络道德的专门课程。[12]

有调查显示，大学生平时上网缺乏目的性和计划性。根据调查结果，大学生平时上网主要是与别人联络，其次是娱乐游戏、打发时间，利用网络来学习、查资料和获取新闻、关注时事所占的比例只占分别 16.51%和 6.31%。在是否会指定明确的上网计划这个问题上，56.72%上网没有目的性，只是看网站推荐或是听别人推荐；29.58%的人表示有目的，但常会受到其他内容的干扰；有明确目的，达到目的后才去浏览其他内容的占 13.7%，而有明确计划目的性，并能严格执行的比例竟然为 0。

在对于网络的认知方面，超过一半的大学生认为自己媒介素养水平一般，占 57.85%。在是否听说过"网络媒介素养"这个词时，58.79%的大学生表示听说过但不知道其具体含义，听说过并且很了解只有的 12.82%，28.39%从来没听说过。进一步问及"所在高校进行过有关如何使用网络的培训教程？"的问题时，50.67%的人表示只是听周围的人提过一些使用网络的建议，22.48%的人表示"学校有过很系统的培训"，其余的人则完全靠自己摸索，没有任何人指导过。对媒介信息真实性的认知。网络对于大学生而言是有着一定的信任度的，他们对于网络信息的真实性会进行适当的质疑，但在怀疑网络信息的时候主动去查实求证的只占很小一部分。调查发现，21.14%的大学生对网络上传播的信息的真实性经常怀疑，54.09%的人表示会根据报道内容而定，从不怀疑的人只占0.47%。于是一步问及，"当你怀疑网络上某些内容的真实性时，你会怎么做？"时，36.44%的人表示会继续关注，但不深究，主动从更多的媒体了解核实的人占 34.09%。

大学生的信息辨别能力及安全意识、评判能力网络信息的辨别能力较低。在"哪个网络问题更困扰你"的问题上，选择"网络中的暴力或色情内容对自己身边的人有害、伪专业文章误导受众、新闻报道真假难辨、观点太多难以取舍、很多内容难以理解"分别占 33.15%、23.02%、20.2%、12.75%、10.87%。说明目前网络中的力或色情内容对大学生使用网络造成了困扰。网络中不良信息的认知情况较好。在"对网络色情、暴力等内容的垃圾信息持什么态度"的问题上，52.21%的人表示会举报，反感但不会举报的占 34.9%。并且 72.48%的人表示对这些垃圾信息很反感，但不影响自己的使用。对于网络匿名发表评论，近一半的大学生表示"虽然是匿名的，但通过 IP 可以泄露个人信息，所以还是保守点较好"，怕遭攻击，留言评论等都有所顾忌的占 13.09%，仅 4.56%的人认

---

[12] 卢育强：《自媒体时代大学生网络道德现状调查及对策研究》，《青少年学刊》2020 年第 1 期第 45-46 页.

为"反正是匿名的，可以大胆自由地发表评论。"[13]

近日，中共中央、国务院印发了《时代背景下公民道德建设实施纲要》(以下简称《纲要》)，指出要从"加强网络内容建设、培养文明自律网络行为、丰富网上道德实践和营造良好网络道德环境"四个方面抓好网络空间道德建设，为时代背景下加强网络道德建设指明了方向。自媒体时代推进大学生网络道德建设，要贯彻落实《纲要》的四点要求，具体需要国家、高校、家庭和大学生自身齐心合力，形成"四位一体"的协同机制，有效提升大学生网络道德素养。

---

[13] 周小单：《自媒体时代高校大学生媒介素养提升机制研究》，《传媒论坛》第 3 卷第 4 期，第 24 页.

第二章 时代背景下大学生思想政治状况嬗变研究

第一节 时代背景下大学生生命意识及生命观研究

改革开放以来，社会风气急剧变革，个人对自我价值有着过高的期望。社会风气过于急躁，伴着根深蒂固的急功近利的思想影响，使得教育这个原本教书育人的作用被无限地扩大成不切实际的社会功能和发展自我的功能。因而，一种被人习惯但却不正确的社会现象弥漫开：作为教育基点的个体生命被遮盖，被忽视。这是很大的教育误区，造成了生命教育长时间的缺席。

而在当下我国社会发展的快速转型期，物质生活极大富饶的同时，生命教育长时间的缺席也引发了精神生活的复杂化趋势，尤其是影响到了正处于不断社会化过程中的大学生群体。近些年大学校园中相继出现的自杀、谋杀以及伤害别人等现象引发社会广泛的舆论关注，也给大学生群体带来了更多消极的社会舆论，这极大损害了大学的生活状态，扭曲了一部分大学生的心理和价值的取向。

近几年，一些思想政治教育和心理学的研究学者随即开始对大学生生命教育路径的选择做着尝试性研究。从德育视角去关注大学生生命意识现状，研究生命价值观培育是解决以上问题的一种方法。本文尝试探析大学生生命意识现状，并就大学生生命价值观培育提供了几条路径选择，这些路径具有一定的可行性，为大学生解决学习生活中的心理问题提供了理论基础。大学生是具有强大的生命力和创造力的一个群体，是我国发展的动力储备，对他们进行的德育层面的生命价值观引导显得尤为重要。

学者们对生命意识的看法各有千秋，目前主要有两大主流观点：一是指个体对生命存在和生命价值的认知与感悟；二是将生命意识分三个阶段，即生命认知、生命情感和生命意志。马克思也由关于生命意识的相关阐述，他明确指出"有意识的生命活动把人同动物的生命活动直接区别开来。"[1]本文认为，生命意识是个体认识、理解、对待生命的方式，是对自身生命的行动阐释，它应该[2]包括生命安全意识、生命责任意识、生命价值意识、死亡意识。

---

[1] 马克思. 1844 年经济学—哲学手稿[M]. 北京：人民出版社，1979：50.

时代背景下大学生思想教育与行为引导研究

一、时代背景下大学生生命价值观培育的目标

（一）认识生命

认识生命，不是简单地知道生命的来源和含义，关键在于认识生命的本质。在培育大学生生命意识时，应让大学生首先认识到生命不仅仅是个体生命或自然生命，它也是一种社会生命，完整的生命是自然生命和社会生命的统一，引导大学生在珍爱自然生命的基础上不断发展社会生命，在思想和行动上完善自己，提升自身生命境界，探寻生命存在的意义和价值。这就需要引导大学生主动参与到社会当中，积极承担起对自己和他人生命负责的重担，做一个对社会有价值的人。其次，要引导大学生认识到生命的不可逆，学会珍爱生命，不做危害生命安全的事，以敬畏之心对待每一个生命。大学生只有全面系统地认识生命，才能在社会实践中反思生命，重新审视自身生命，以积极向上的人生态度面对人生，怀着一颗感恩的心回报父母及社会，促使大学生真正成为一名合格的社会主义接班人，未来的继承者和开拓者。

（二）尊重生命

引导大学生在深刻认识生命后，学会自觉尊重生命。这不仅意味着尊重自我生命，还意味着尊重他人什么和自然界中一切生命。要让大学生充分认识到每一个生命在本质上都是平等的，无高低贵贱之分，这不仅是大学生生命价值观培育的主要目标之一，更是大学生道德层面的基本要求。大学生在懂得尊重他人生命的同时，自己的生命也会得到尊重。

（三）珍惜生命

珍惜生命作为大学生生命价值观培育的目标之一，有两个层面的要求，一是引导大学生珍爱自我生命，不随意伤害自己，不做危害生命安全的事，不漠视生命。遇到苦难和挫折时，能积极寻求解决问题的正确方法，及时化解消极情绪，避免影响身心健康。能自觉地学习保护生命安全的基本常识，熟练掌握基本生存技能，自觉提高安全防范意识。二是引导大学生在珍爱自我生命的同时，积极保护他人生命安全，不随意捕杀动植物，不破坏生态平衡，无论任何情况下都不做破坏生命完整性的事情。

（四）发展生命

培育大学生生命价值观的终极目标是引导大学生不断发展生命、超越生命，引导他们在珍爱生命的基础上积极探求社会生命的本质，充分发挥榜样示范作用，鼓励大学生不断拓展生命的广度、增加生命的厚度。

二、时代背景下大学生生命意识及生命观现状调研

为了能够真实、客观地了解大学生生命意识现状，本文设计了"大学生生命意识现状调查问卷"（问卷一）；受 2020 年疫情影响，为了解大学生在突发事件面前的生命意识状况，又增加了"新冠肺炎疫情防控期间大学生生命意识调查问卷"（问卷二）。问卷一共设计了 25 道题，包括大学生安全意识、责任意识、自我价值与社会价值的实现认识以及生命意识问题等，于 2020 年 3 月和 4 月利用"问卷星"平台发放调查问卷。两次问卷共收回有效问卷 638 份。

通过对问卷结果的分析可以看出，大学生整体生命意识态势良好，大多数大学生能够正确认识生命、珍爱生命、发展生命，但不少学生对于正确的生命价值观认识不够准确、不全面，正确的生命意识不能与人生观、价值观紧密对应与结合，这应该是大学生生命意识领域存在的主要问题。

（一）突发公共事件会强化大学生生命价值认知

通过调查问卷可以看到，突发公共事件会引发大学生关于生命的思考，进而增强生命价值认知，但其关于生命的思考和生命价值认知正确与否会收到个体自身生命意识的影响。当问及"此次疫情让您对生命的认知和行为有改变吗"，69.83%的大学生认为"有，更加觉得生命的宝贵"，9.09%的大学生甚至表示"疫情期间已经开始规划自己的人生"。

（二）不少大学生生命认知不准确

从问卷中可以看出，大多数学生对个体生命有一个正确的认知，尤其是在新冠肺炎疫情期间，能深刻认识道个体生命不仅仅属于自己，还与父母和社会有着不可分割的联系，懂得应该珍爱生命。但仍有部分大学生有自我中心主义的认知倾向。当问到"您如何理解生命"这个问题时，90.5%的大学生赞同"生命只有一次，应好好珍惜"；有 6.2%的大学生赞同生命是父母给予的，应倍加爱惜；然而，仍有少数大学生对生命持消极态度，他们认为"一切生命的最终目标乃是死亡""人生就是受苦受难，随时可以放弃"，这属于典型的忽视生命社会属性的倾向，这些大学生往往不能系统、全面地认识生命，是生命价值观引导的重点所在。

（三）部分大学生生命安全意识不足

新冠肺炎疫情使得大学生开始正视生命，可以清楚地感知到生命的宝贵，因此，在问卷调查中，有 72.31%的学生赞同"人的生命很脆弱，所以要特别注意个人安全"。但是大多数学生的生命安全意识仅停留在初级层面的认知上，对于学习安全防护技能，全面提升安全防范意识还是比较欠缺。当被问到"您对

生存技能和逃生技能掌握程度如何"时，87.19%的大学生对生存技能和逃生技能的掌握程度一般，只有 2.48%的大学生表示熟练掌握生存技能和逃生技能。当被问及"在疫情期间的自我保护常识您了解吗"时，只有51.24%的学生表示"非常关注疫情进展，明白感染控制和防控手段"，占相当大比例的 48.35%的学生表示"比较关注疫情进展，知道要戴口罩、少出门"，更有个别学生表示"我不太关注疫情，知道的不多"。

（四）生命责任意识淡薄

当被问及"您对自己的人生有明确规划吗？3.72%的大学生认为有合理的人生规划，42.17%的大学生有短期目标，40.11%的学生对人生方向暂未考虑，13.24%的大学生表示没有考虑过人生规划，8.68%的大学生听从父母的安排。可以看到，多数学生对生命有一定的责任意识，但认识显然不够深入；而仍有不少大学生缺乏个体生命责任意识，不能为自己的生命负责，依靠、依赖他人来决定自己的人生方向。

（五）生命社会价值意识缺失

当被问及"个人的生命价值体现在什么方面"时，60.74%的大学生选择"挑战、超越自我，实现自我价值；7.02%的学生认为是奉献社会；23.97%的学生认为是人生意义的追寻。当被问及"如果您自己所在地区或城市疫情严重时，您是否会去其他地区或城市暂避"时，有 11.57%的学生给予了肯定的回答。可以看到，大多数大学生对自我价值的关注超过社会价值，大学生社会价值意识缺失成为普遍现象，这应该引起我们的重视。引导大学生正确认识生命的自我价值和社会价值，才能帮助他们确立科学的生命价值意识。

三、时代背景下大学生生命意识及生命观的引导与培育

社会的发展已经进入后工业化的时代，过去传统教育的弊端显现出来，唯有选择正确的教育路径才能对大学生的生命价值观产生正确的引导，这呼唤生命教育在德育层面的重视和实践。生命教育，这是近几年发展并被高校采用的一种较为新颖的教育理念，而在德育层面去看生命教育的路径选择上就有着行之有效的方法，因为着眼于思想政治教育会将生命价值观的教育全方面地渗透到人的教育的所有环节中。生命价值观的有效引导和培育需要实施一定的学科建设以及教育、师资、观念的更新。

（一）学校在生命教育中起重要作用

学校需要在思想政治教育下建立健全生命教育的课程设置，并探索大学生

需要接受的生命教育的内容。生命教育是贯穿一生的，应该从学生小的时候的教育就开始抓起，但是作为学生与社会最大的交界处大学显得尤为重要，因此大学必须开设有关于生命教育的课程，来加强学生们心理抗压的能力结合我国高校的实际运行体制和学生的发展状况，笔者认为生命教育可以贯穿大学四个年度的学习，每个年度的学习周课时可以为两节。生命教育内容涵盖四个方面：生存健康教育、生命伦理教育、生命价值教育、生涯规划教育。

1. 第一阶段重点引导大学生认识自然生命

要形成合理的性心理和性道德观念；掌握自我保护能力，学会用合适的方法保护自己的合法权益；培养大学生树立正确的生命意识，学会尊重生命，珍惜生命。在心理弹性阶层可以教导学生用弹性的思维理解生命的含义，让学生们知道生命的定义并不固定的，是可以随着自己所处的环境发生改变的。

2. 第二阶段要开设生命伦理教育课

这个阶段要切实增强大学生掌控其他生命体与自己的关系，要感受到如何调控自己与社会和谐相处的能力，要学会相互包容，要与其他生命个体和谐相处。关注人性与心理弹性的关系，此时要从心理遏制住不好的心理状态的发展，如冷血、麻木等。此时的大学生们应该学着对生命产生敬畏之心，学会关爱其他的生命个体。

3. 第三个阶段是生命价值的课程

要增强大学生责任感和忧国忧民的意识。大学生心理的承受能力和意志会得到磨砺。大学生的积极性会被激发出来，能够主动地创造生命的价值，对社会有所贡献。学着将生命的价值扩展。

4. 第四个阶段要开始生涯规划的教育

此时的大学生已经熟悉了大学的生活，开始思考人生以后的方向，这个时候要教育大学生规划好自己的职业方向，要梳理好自己的人生。引导大学生客观地评价自己，培养出他们的急迫感和危机感，此时他们不仅仅注意生命的价值，还会注意到生命的质量。

（二）更新教育工作者的教育理念

教师是学生从大学走向社会重要的领路人，因此要注重培养生命教育的师资。教育本身就是一项长久的大计，而生命教育也是需要用很长时间才能看出效果的一项任务。"育人者必先接受教育"。教师在生命教育中扮演极其重要的作用，所以，在教育未来师资的时候需要对他们进行一定的心理培训，使他们能够激发出大学生心理的潜能，能够在面对压力时从容不迫地了解它们。要培养教师的生命的情怀，让他们在教育中渗透着对生命正确的思考，实施生命的教育方式。以往的教育中缺少教师与大学生的沟通，更不要说是生命层面地交流了，因此要加大教师与学生之间交流的能力，不仅仅是在课堂上教会学生理性的东西，更应该在课堂外教给学生感性的认知。要将生命教育的架势集中起来进行严格系统的生命教育的培训，并辅助以心理弹性学者的教育。这样学生不再是单向地被动接受，而变成了双向的主动交流，这样能够使大学生更加深刻的了解到生命的价值，生命的质量也将变得更高。一个学校里若是有这么支出色的师资队伍，就会带动整个学校生命教育的发展，以个人的能力扩大到整个学校的范围。我们还必须提高教师的心理弹性水平，只有高质量的老师才能教育出更加出色的学生。

学校注重师资力量的建设，虽然在短时间难以见到明显的改进，但是从长远来说这是可以改变学校风貌的一项措施，大学生与教师之间的交流会更加便捷。使生命教育变成了一种自觉的行为，这样大学生思想政治教育中渗透生命教育才能真正地取得成功。我国的大学教育中几乎没有生命教育的研究中心，因此笔者认为需要先在高校建立这么一个研究中心，能够组织相关的专家和学者从各个方面考虑后制定出来大学生生命教育的课程的标准，并同时发出教学大纲，以规定性的文件确保生命教育在高校能够有力地实施下去，而不是变成了一些学者获得研究经费的一个幌子，让大学生变成真正的受益者。

（三）提高课堂教学的有效性

思想政治教育中在突出马克思主义基本常识的时候还需要强化能力、态度、情操等方面，要加强学生健全心理健康，人格健康的教育。生命教育不同于其他的学科教育，他是一种综合性的教育活动，它不仅仅靠理性的知识来完成的，更多的是靠着教学课堂上的积极互动配合来实现教育的目的。不论是学生还是老师，都应该让他们在课堂上有着享受的感觉，让他们享受自己在课堂上所做的事情，这样才能发挥学生和教师的潜力，心理弹性自然也就随之提高，要营造好良好的是师生气氛，让学生和老师之间相互信任，相互欣赏。我国以往是采取直接灌输的方式进行教导任务的，但是国外多项研究已经表明直接灌输的方式是有很多缺陷存在的，这些缺陷会损害到大学生的心理，而不利于心理弹性向着较高的方面发展。合理地运用心理弹性理论的研究就可以提升大学生应对心理压力时的承受能力。

同时要加大大学生对生命的认知和理解，要让他们对生命存有敬畏，这样才能使他们珍惜难得的生命，然后使他们形成较高的心理弹性，这样方能在以后的生活中妥善的解决心理上的问题。目前我国的生命教育处在起步的阶段，心理教育也是处在萌芽的重要时期，因此将两个课程有机的集合起来未尝不是一种好的想法。

提高课堂上的有效性能够更加切实地完成生命教育的任务，学生学得快，教师教得好，这对学生心理素质的提高是很有帮助的，可以减少大学生对高校的抱怨，树立他们积极向上的心态。

（四）大学生生命教育同时也需要争取广泛的社会支持

生命教育需要社会营造一个良好的气氛，让每一个人都是生命教育的学生，这样爱护生命，敬畏生命的社会氛围便自然而然地形成，同时要推动大学生之间有关于生命教育团体的建立，这样团体内的大学生就会有一个积极向上的健康环境，这与心理弹性教育也是不谋而合的，更加有助于大学生形成坚强，自强不息的精神。还需要将大学生的生命教育纳入到法制法规中，众所周知的是只有有着法律的支持，一项新的教育方式才能顺利的推广下去，并切实地实施。最后，各种的传播信息的渠道也需要积极的报道生命教育的意义，舆论的导向会让大学生生命教育的空间不断地滋生和萌芽。

我国高校在追求高质量的教学任务是也应该注意营造一种"氛围"，这样才能使教学任务取得事半功倍的效果，大学生在人生的成长中会不可避免地遇到自己暂时理解不了的困惑，这些困惑会长时间地影响大学生的心理健康，甚至影响到他一辈子的成长，这就要求我们一定要加强对大学生思想政治教育中的生命教育。激发大学生心理的主动性，增进他们的参与热情度，让教育工作者和大学生之间产生心灵阶层的共鸣，从而将更高尚的道德价值的准则转化为大学生能够接受的意识。学校通过开设生命教育课程，旨在形成大学生生命教育内容的完整性、形式的系统性、实施的有效性。与此同时注重其他学科的生命教育渗透则能起到画龙点睛、推波助澜的作用。

人类是有着理性认识的，但是人又并非纯粹的理性，很多时候冲动会充斥在理性的间隙中，而思想政治教育就是要妥善地解决这些冲突，引导人们采用多重方式使理性与感性相结合，不再产生巨大的矛盾，让大学生的思想更加纯洁友善。文章中指出的路径中：建立完善的课程可以迅速地使生命教育普及；建立强大的师资力量可以把整个学校的氛围带动起来，让学校所有师生都成为生命教育的施教者和受教者；提高课堂的有效性可以节约大学生的时间，让他们有更多的时间去体会生命价值的真谛；而形成全社会学习生命教育的氛围可以让大学生有着尊重生命，珍惜生命的大环境。这能帮他们树立正确而科学的价值观，增强了他们的生活的生存技能，形成合理完善的人格，为社会主义的发展塑造高素质的人才，成为我国日后发展的动力源泉。

第二节　时代背景下大学生人生观研究

大学生人生观教育是一个老话题，也是一个长谈常新的话题。树立正确人生观是加强大学生思想政治教育的现实要求，更是促进大学生健康成长的内在要求，是时代背景下思想政治教育工作的新使命。现实中，受到一些错误观点的影响，大学生人生观产生了实用主义、功利主义、个人主义、享乐主义和悲观消极等错误倾向，需要通过改善影响大学生人生观形成和发展的外部环境，从学校、家庭、社会角度开展三位一体的人生观教育，促进大学生形成科学的人生观。

一、时代背景下大学生人生观现状调研分析

本文针对不同性别、不同年级大学生的人生观状况进行了调查，共发放问卷 400 份，收回 382 份，有效率为 95.5%。在本调查问卷中，主要设计了调查对象基本情况、人生观认知、人生观选择、人生观追求等四类问题。通过对这些问题的调查，旨在了解时代背景下大学生的人生观总体状况，从而为时代背景下人才培养等方面提供一些参考。

（一）时代背景下大学生人生观认知水平分层化

随着改革开放和社会主义市场经济体制的深入发展，人生观多元化思潮日益流行。大学生人生观也受其影响，人生观认知水平分层化态势日趋明显。根据对大学生人生观认知进行的初步调查看：整体来看回答表明有"很高认知水平"的人数，占受调查人数的 70.4%；回答表明有"比较高认知水平"的人数，占受调查人数的 16.6%；回答表明有"很低认知水平"的人数，占受调查人数的 13%。其中男生回答表明有"很高认知水平"的人数，占受调查人数的 65.4%；回答表明有"比较高认知水平"的人数，占受调查人数的 18.4%；回答表明有"很低认知水平"的人数，占受调查人数的 16.2%。女生回答表明有"很高认知水平"的人数，占受调查人数的 80.4%；回答表明有"比较高认知水平"的人数，占受调查人数的 8.5%；回答表明有"很低认知水平"的人数，占受调查人数的 11.1%。这说明大学生人生观整体认知水平的占比呈现按照"很高认知水平""比较高认知水平""很低认知水平"比例逐渐降低的分层结构。其中男生的人生观"很高认知水平"人数比例有所减少，比较高认知水平"和"很低认知水平"人数比例有所增加。其中女生的人生观"很高认知水平"人数比例

有所增加，比较高认知水平"和"很低认知水平"人数比例有所减少。

（二）大学生人生选择更趋功利化

根据对大学生人生观选择进行的初步调查看：整体来看回答表明有"功利性目的"的人数，占受调查人数的72.5%；回答表明有"中间性目的"的人数，占受调查人数的15.6%；回答表明有"非功利性"的人数，占受调查人数的11.9%。其中一年级学生回答表明有"功利性目的"的人数，占受调查人数的62.4%；回答表明有"中间性目的"的人数，占受调查人数的20.6%；回答表明有"非功利性"的人数，占受调查人数的17%。二年级学生回答表明有"功利性目的"的人数，占受调查人数的68.4%；回答表明有"中间性目的"的人数，占受调查人数的21.1%；回答表明有"非功利性"的人数，占受调查人数的10.5%。三年级学生回答表明有"功利性目的"的人数，占受调查人数的71.4%；回答表明有"中间性目的"的人数，占受调查人数的19.6%；回答表明有"非功利性"的人数，占受调查人数的9%。四年级学生回答表明有"功利性目的"的人数，占受调查人数的75.4%；回答表明有"中间性目的"的人数，占受调查人数的17.7%；回答表明有"非功利性"的人数，占受调查人数的6.9%。这说明上高校大学生人生观选择更趋功利化。整体上看选择"功利性目的"人数远远大于"非功利性目的"，"中间性目的"比例占比较小，呈现典型的"倒金字塔结构"。从年级状况看，随着年级结构的提升，大学生选择"功利性目的"的比例越来越高，选择"非功利性目的"的人数比例越来越低。这也说明随着年龄增加，大学生人生观越来越现实化和功利化趋势。

（三）大学生人生追求更趋理想化

根据对大学生人生观追求进行的初步调查看：整体来看回答表明有"理想化"的人数，占受调查人数的90.4%；回答表明有"中间化"的人数，占受调查人数的6.3%；回答表明有"非理想化"的人数，占受调查人数的3.3%。其中男生回答表明有"理想化"的人数，占受调查人数的88.5%；回答表明有"中间化"的人数，占受调查人数的7.2%；回答表明有"非理想化"的人数，占受调查人数的4.3%。女生回答表明有"理想化"的人数，占受调查人数的93.9%；回答表明有"中间化"的人数，占受调查人数的3.3%；回答表明有"非理想化"的人数，占受调查人数的2.8%。这说明上高校大学生人生观追求更趋理想化。整体上回答表明有"理想化"人生观人数比例远远高于有"非理想化"人生观人数比例和有"中间化"人生观人数比例。从性别结构看，男女生人生观追求呈现明显趋同性。男女生回答表明有"理想化"人生观人数比例都远远高于有"非理想化"人生观人数比例和有"中间化"人生观人数比例。这也说明了高校多数大学生都向往"理想化"的人生追求。

二、影响大学生人生观的主要因素分析

（一）人生观认知和选择的现实困境

首先，意义感与价值感缺失，导致人生观认知和选择迷失。正如潘明芸等人所言："总的来说，中国传统的以社会为本位的价值观受到了冲击，大学生更加强调个人的重要性，在个人和社会面前，更加追求实际，认为个人应该处于更本位、更中心的位置。"传统以社会为本位的人生观在大学生人生观排序中受到了巨大冲击，而以个人为本位的人生观越来越成为主流人生观。很多大学生都致力于多获得些资格证书，以此创造便利于个人发展的条件，而很少有人去读哲学书，思考自己为什么而活着；选择学习课程的内容和学习的积极性大多与未来回报率呈极强正相关性。这也说明了当人本身的意义感和价值观降维，以人为表现的物的意义感和价值感升维，对大学生所造成的人生观选择困境。其次，功利感和焦虑感并存，致使一些大学生出现人生观认知和选择困境。在物质文明高度发展的现代世界中，成功的标准被量化为金钱和物质财富的占有量。这使一些大学生将成功限于物质成功、事业成功和他人眼里的"成功"，甚至将"成功"作为人生全部的奋斗目标，为了"成功"不停地忙碌奔波。但当他们在获得短暂地收获后，却很快又陷入更多的沮丧和迷茫中，因为他们时常感受到生活中有许多的无奈，有时甚至觉得自我很渺小，会被社会所抛弃等。这些社会观念和现实存在会通过各种方式挤压进大学生的思维观念中，成为他们人生观认知和选择的阻力。再次，人际关系隔膜化和虚拟化强化了大学生人生观认知和选择困境。当人与人的依赖关系向物与物的依赖关系转化时，人的孤独感、物质财富欲就会增加，人的人生观认知、选择就会发生异化。现代化的通信设施日渐增多，从电话电报到传真、电子邮件，从报纸电台杂志到互联网、"聊天室"，人与人之间的交流变得越来越隔离化、虚拟化。现代化的网络技术在重塑传统的人与人之间的社会关系、情感纽带、物质利益关系、社会组织结构等等。它正在从原有社会结构内部重新构建起新的社会基石，无疑技术进步促使和加剧了"个体原子化"倾向。这种倾向反映在大学生人生观中，就是现实人生观和理想人生观的激烈冲突。

（二）"三维立体结构"转型剧烈冲击

人的观念是后天植入，而非先天生成。大学生的人生观问题必须回溯到观念的形成空间中才能被理解和认知。首先，经济结构是时代背景下大学生人生观变化的基础。随着我国社会主义市场经济体制建立完善，极大地调动了整个

社会的生产积极性，使资源的社会价值不断被人们发现和认识，使个体人生观在更多元化的微观经济结构中反复被实践，个体的自我意识、权利意识、价值追求、人生理想等等，得到了进一步展现的机会，人们对现代社会中竞争、公平、法治、开放等多元理念的理解更加深入。这些由经济结构变迁所催生的价值理念，逐渐成为高校大学生人生观的思想元素，在不断刷洗他们的人生观。同时，市场经济具有的盲目性、功利性、工具性等，又容易导致优胜劣汰、财富分配不平等、竞争失序、垄断等各种复杂社会问题。这又让大学生对新经济结构中催生的社会观念存在选择性焦虑。其次，观念结构是大学生人生观变化的中层。市场经济的引入必然伴随着社会各个领域深层次的制度变迁。制度变迁影响着人们对于物质利益的认识、对行为方式的定位、对人生观的构建。市场经济的效率性要求社会资源尽量"非公有化"，人与人之间的交往关系要以物质资源流转和交易为载体，这使得"个体原子化"倾向更加凸显。这种社会关系的交易化或者金钱化极大地影响了大学生人生观的生成。最后，观念结构是大学生人生观变化的上层。人的观念主要来源于传统文化习俗和现实社会生活实践。传统的经济结构以及社会关系和现有的经济结构和社会关系发生明显断裂或者急速转化，新旧社会观念必然形成激烈冲突，人们的行为选择必然呈现失范性，价值标准和价值权威必然被弱化。新旧社会观念在各自势力范围内相互撕扯着社会整体，现代社会的高流动性和可接触性使社会观念冲突动荡不安。谁是对的，在现实中像量子一样纠缠不清。一个不是问题的问题却成为一个重大的问题。这些复杂的社会观念基因向幽灵一样缠绕着当代大学生的头脑。唯一的区别是这些元素以什么样的组合和比例在塑造着他们的人生观。

（三）高校大学生人生观深度教育匮乏

教育的核心问题是培养什么人的问题。现行的教育制度体系是以社会主义初级阶段的国情为基准构筑而成。社会主义初级阶段意味着国家要进行大规模的工业化扩展，需要学校以最快的速度批量化生产出知识结构相似、拥有基本知识技能、遵守基本制度规则的低成本的工业化人才。这对我国的高等教育提出了很高的要求。在教育资源有限的情况下，为了满足批量化的市场需求，教育制度体系只能确保基本教育功能的实现。这必然会形成以最大限度降低教育成本，促进教育规模扩大的粗放型教育模式。我们的教育制度体系主要是生存型教育或者产品型教育，缺乏对人的存在意义的深度教育。高校多数的考核要求和价值导向都是以学生学习绩效为标准，但很少将学生的人生观健康状况作为评价教育质量和学生学习状况的标准。这种教育制度体系中培养出的学生人生观必然存在功利性。这种教育模式很容易使大学生将人生量化为具体的分数、金钱、权力、地位等等。当人生的价值感和意义感被具体化、测量化，其他的价值感和意义感就被无形中剔除掉了。人生只剩下不断的奔波、竞争、获取、占有、失去、空虚。人将属于人的东西托付给变动的物质循环，在得到和失去中人进行着自己的非人化。"何以为生"的教育制度体系在不断物化着人，在按照物的尺度塑造着人，这必然导致高校对大学生人生观教育的深度匮乏。这种教育制度体系培养的物化的人，由于受到传统文化的自发教育，又能保证国家工业化初期，对人的基本素质的低成本需求。但是随着经济发展，分工的细密，合作规模的升级，社会财富积累，人陷入了人生观陷阱，这促使人对"为何而生"的人的本质问题进行深入思考。这在客观上要求高校的教育制度体系进行变革，更加重视人的人生观教育。

三、时代背景下大学生树立正确人生观的路径

（一）以制度规范引导大学生重塑科学人生观

人生观要解决的是为什么而活着的问题。如果将人生观建立在纯粹物质利益基础上，必然形成"物化"的人生观，使人成为物的奴隶，使人退化为非人。如果将人生观建立在人的本质追求基础上，必然形成"人化"的人生观，使人成为物的主人，使人成为人自身。科学人生观就是要完成物化的人到人化的人的救赎使命。因此，大学教育中应该组建专门的人生观教育组织机构，配备人生观教育专业化教师团队，制定相应的人生观教育制度规范，开设专门的人生观教育课程，定期展开人生观教育的测评活动和主题教育等。只有通过学校规范化、系统化的制度安排，才能将科学的人生观根植于学生的思想深处。同时，要引导大学生积极投身社会实践，把科学人生观和实践相结合，在实践中内化科学人生观。列宁指出"现在一切都在实践，现在已经到了这样一个历史关头：理论在变为实践，理论由实践赋予活力，由实践来修正，由实践来检验。"这是说，获得科学人生观的获得必须借助于实践中介，在实践中反复体会、对比、修正、构建自己的人生观。大学生只有在处理复杂的社会关系、物质利益关系中，才有可能现实地、感性地、深刻地体会到，以何种人生观来看待社会现实和人生问题。事实上每个人的现实生活往往是多种人生观的综合体现。其中充满着各种人生观的纠缠、较量和竞争。不同的人生观催生出不同的人生选择，塑造着不同的人生寄遇。高校应该为学生提供更多的社会实践机会和平台，促使大学生能更好地在实践中内化科学人生观。比如，高校可以通过校企联合、与社会慈善机构合作、建立人生观教育基地、人生观教育比赛、人生观精准扶贫等模式，不断提升大学生的科学人生观素养。

（二）以思政课助推大学生重塑科学人生观

思政课是我国高等教育的重要组成部分，承担着为社会主义培养合格建设者和接班人的历史重任。思政课也是培养大学生科学人生观的主课堂和主阵地。因此，必须在传授知识的同时强化思政课的育人功能。首先，思政课教师不仅要传授学生知识，更要交给学生认识世界的科学方法。只有掌握了认识世界的科学方法，才能真正了解人生、社会和世界，才有可能树立科学人生观。时代背景下的大学生生活在互联网的时代，他们从来都不缺知识和信息。他们通过电视、广播、报纸、杂志、电脑、手机等可以获得源源不断的知识和信息。这是一个知识过剩的时代，也是一个知识匮乏的时代。匮乏的原因是知识过剩带来的知识碎片化，使大学生无法更好地识别信息真伪、判断社会问题性质。这就要有科学的认识工具和方法，来帮助大学生认识复杂的社会现象。思政课教师要注意通过传授方法来帮助大学生树立科学人生观。其次，思政课教师要根据大学生的成长规律和思想特征，增强马克思主义理论的说服力、感染力和吸引力。思政课教师要通过深邃的理论知识，透彻的理论分析，揭示事物的本质规律，增强学生的认同感。最后，思政课教师要积极探索课堂教学改革，针对不同专业、不同年龄大学生采用的多样化教学模式，运用大学生喜闻乐见的形式，来承载抽象深奥的理论内容。这样才能使大学生在接受知识同时人生观得到升华。

（三）以核心价值观引领大大学生重塑科学人生观

社会主义核心价值观是社会主流意识形态的重要组成部分。社会主义核心价值观是社会主义经济基础在意识形态领域的体现。它是国家民族凝聚力、向心力的重要精神保障，直接影响着公民人生观的形成。高校大学生人生观呈现认知水平分层化、人生选择更趋功利化、人生追求理想化等特点，很容易使他们在面对人生问题时，出现人生观选择困惑，导致理想和现实之间的激烈冲突。首先，高校应增强社会主义核心价值观的宣传力度。高校可以通过校园广播、校园官方微博、学校网站、班级 QQ 微信群等方式，定期推送社会主义核心价值观文章视频等内容。其次，高校应通过制度建设将社会主义核心价值观转化为价值成果。比如，将核心价值观融入到学生公寓制度管理、学校食堂制度管理、学校日常教学管理、学校考试制度管理、学校保卫安全制度管理等具体的管理活动。通过社会主义核心价值观引领学校制度建设，改善和提升学校教学管理水平。再次，高校应将社会主义核心价值观融学生的教学实践活动。比如，通过主题班会、校外实习、社团活动、文艺晚会、志愿者活动、读书会等实践活动形式，充分展现社会主义核心价值观的内容。最后，通过发挥思政课主渠道作用，促使社会主义核心价值观入脑、入心。思想课可以充分利用师资队伍强、理论功底深、实践经验丰富等优势，向学生系统展示社会主义核心价值观的精神实质和内在要求。

第三节　时代背景下大学生爱国主义研究

随着信息技术的不断革新与发展，以互联网为载体的博客、微博、微信、论坛等网络"微阵地"成为大学生获取社会资讯、了解国内外形势变化以及地方新闻的主要工具。然而，博客、微博、微信、论坛等自媒体的信息传播具有零门槛、低成本、交互性强、非线性传播的主要特性，这些特性决定了用户发布的信息内容不完全受网站的控制，以致发布的信息存在片面的、失真的状况，甚至传播一些异端邪说的观点、愤世嫉俗的主张，散布一些祸国殃民、反党反国的歪理。这些信息在很大程度上严重地腐蚀大学生正确的世界观、人生观和价值观，使得大学生正确的立场和原则发生动摇，使得高校爱国主义教育面临极其严峻的挑战。大学生爱国主义教育是大学生思想政治教育工作中不可分割的重要部分，研究网络时代下的大学生爱国教育有利于促进大学生思想政治教育理论的发展，从而为大学生思想政治教育实践起到引领作用。

一、网络"微阵地"应用于时代背景下大学生爱国主义教育的必要性

（一）自媒体传播的爱国主义内容有利于大学生接受

由于现在大学生普遍配备电脑、手机、平板电脑和其他可穿戴设备，新媒体工具在大学生群体中广泛传播，普及率非常高。因此大学生也是新媒体的主要面对群体之一。过去，学生所受到的爱国教育主要来自学校和老师，所获得的关于国家社会的资讯也主要通过电视、报刊等权威媒体，这些信息往往积极向上，真实性和可信度也有所保障。但是其缺点在于，这种方式往往是一种自上而下的知识灌输，学生以被动的方式接受信息，也缺乏自我表达的渠道，因此传统爱国教育容易引起学生反感。相比之下，自媒体传播则拥有其优越性。首先，在自媒体平台下，所有人的身份平等，因此学生不是被动地去接受，而是主动地进行选择，这可以极大调动学生的积极性。其次，在自媒体传播方法下，学生不仅仅是信息的接收者，他们也可以自由地进行评论与转发，这种全面参与的方式更能引起学生的兴趣与关注。所以，教育者应该利用自媒体这个平台和学生进行近距离的沟通交流，用更容易被学生接受的方式去传播爱国主义价值理念。

（二）自媒体的快速传播特性有利于提高大学生爱国主义教育的时效性

在对爱国主义教育和思政工作进行评价时，其中一个非常重要的标准就是教育初始目的的实现程度。所以，爱国主义教育的最终目的是让大学生发自内心自己去主动接受、认可爱国主义理论体系，并付诸行动。教育者可以结合最新的时事热点，或是当下引起热议的话题，与学生一起讨论。这样的讨论既能够吸引学生的注意和参与，更能够结合生活实际，引导学生将爱国主义理念引用到当下的具体生活之中。另外，如果网络或现实中有错误的、消极的思想广泛传播，教育者也可以利用实时的自媒体平台进行特定话题的引导和教育，这对于大学生爱国主义教育工作的效率和效果都大有帮助。

（三）自媒体传播手段的互动性有利于焕发大学生的爱国主义情结

传统的传播方式，无论是课堂、大众媒体还是宣传活动，学生都只是被动的接收者，他们并未真正参与爱国主义教育的互动。这主要源于教育者们的思维惯性，他们认为爱国主义教育就是向学生传递、教导爱国主义理念。但是，在自媒体时代下，教育者应该摆脱这样的思维惯性。因为网络"微阵地"里没有"权威者"，每个人都有言语自由，可以自由地发表自己的观点。以微博平台为例，大学生们可以直接在发布的信息下面进行流言，与信息发布者（教育者）进行直接的沟通，或与其他读者相互交流。他们还可以结合自己的观点将信息进行编辑转发，这又是一个再创造的过程，这种自主创造的过程结合了个人的思考，其记忆效果和接受程度都是最好的。同时在多方互动交流的过程中，思维的碰撞也有利于真理的传播与各自的进步，最终提高爱国主义教育的质量。

（四）网络"微阵地"平台的匿名参与方式有利于大学生表达自己的爱国主义情怀

微阵地平台允许人们不公布自己的真实身份进行参与。大学生非常愿意在自媒体平台表露自己的心声、传达自己的观点。即便教育者与接受者并不在同一个地方，也可以通过自媒体工具轻松达到促膝谈心的效果。允许匿名参与的自媒体平台有着传统教育方式所不具备的优点，能够让学生放下心中的顾虑，全情投入、畅所欲言，这既能够促进学生的学习热性，也可以增进爱国主义教育的教学效果。

（五）微阵地平台的开放性有助于大学生爱国主义教育资源的传播和分享

爱国主义教育本身面向所有国民，对于人群没有特定要求，也不进行筛选。自媒体平台作为公开透明的平台，可以向所有人群开放而不受限制，有利于爱国主义教育在社会大众的普遍传播。另外，开放的自媒体平台信息充分，并且紧贴时代步伐，追踪社会热点与最新时事，大学生们能够立刻获得最新的资讯，也可以立刻获得教育者所发布的最新消息，这样的开放平台节省了知识教授与传达的时间，提高了爱国主义教育的效率。在自媒体这个开放的平台下，爱国主义教育从单向变成双向，从消极变成积极，从单调变成多样。在这里，每个人拥有平等的身份和地位，这在一定程度满足了大学生要求平等身份和话语权的心理需求，也更容易建造一个相互信任的氛围和平等交流的环境，这样的沟通和教育比之传统模式将更为有效有用。

二、网络"微阵地"下大学生爱国主义教育有效性提升面临的挑战

随着新媒体的不断发展，自媒体平台的使用门槛越来越低，普通大众都可以轻而易举地在网络发布各种信息，而网站和相关部门则难以对此进行逐一监管与控制。结果导致许多不真实、不准确、不健康的信息在网上恶意传播，这些信息和高校的爱国主义价值和思想政治教育往往背道而驰，容易对学生的思维体系和个人发展造成不良影响。不仅如此，随着西方自由主义思想在国内的广泛传播，越来越多人追求个人自由和思想开放，一些极端者甚至完全摒弃传统的伦理道德，当这些人在网上传播这样的价值理念时，社会经验尚欠而好奇心颇深的大学生就容易受到影响，这不利于大学生塑造良好的道德品质和社会责任感，也不利于大学生的身心发展和价值体系的形成。

（一）高校爱国主义教育的主题受到一定冲击

过去的高校学生爱国主义教育往往采用报告、授课、谈话的形式，课下则结合电视和报刊等权威媒体展开。这些爱国主义教育虽然内容较正式、渠道较为单一，但是却有着一个较大的优点：可控性。因为教育者或信息发布者可以对于信息由足够的掌控权，确保信息的质量与可靠程度。但是自媒体平台发展爱国主义教育则与之完全相反，虽然这种新方法内容丰富、渠道多样，但是对于相关部门和教育主体而言，它并不能得到有效控制。因为任何一个人在任何一个有网络的地方都可以随意发布信息，操作简单，即时生效。即便人们发布了不负责任的言论，或是传播了不合法不正当的信息，也可以匿名掩藏自己身份，而不会受到追究。网络举止不当或犯罪的成本比之现实生活低了许多，所

以许多人利用高超的科技手段进行自我掩饰，随意在网上传播不健康、不正当的资讯。虽然我国法律法规正在逐步完善对于自媒体平台的监管，加大对于犯罪行为的惩处，但是仍然不能杜绝自媒体平台上这些哗众取宠或蓄谋已久的恶言。它们与高校爱国主义教育完全背道而驰，动摇了学生的爱国情操、民族精神与传统伦理到，对于大学生的恶劣影响应该得到充分重视，大学生爱国主义教育和思政工作也因对此充分考虑。

（二）有悖于传统伦理道德的资讯在自媒体平台广泛传播

由于自媒体是一个完全公开的平台，任何人都可以自由地传播发布信息，因此里面的资讯无所不包，质量也是良莠不齐，虽然有许多正面的、良好的、充满正能量的信息，但是也有许多不道德的、不正确的、充斥负能量的资讯，而后者对于逐渐形成自己世界观和道德体系的大学生而言将来带不可估量的恶劣影响。不良信息在互联网的便捷传播向来是个令人头疼的问题，即使有关部门屡屡发力，却仍旧屡禁不止。监管部门面对数量极其庞大的自媒体信息，难以进行及时、有效的监督和管理。如"郭美美"之流往往喜欢吹耀自己的生活水平，以夸张的言语吸引眼球和群众关注，其本质是对于金钱的崇拜主义以及对奢华享受理念的吹捧，这完全背离了传统的爱国主义价值理念和中华民族吃苦耐劳、勤俭节约的传统美德。然而它们更容易诱惑到尚未完全进入社会、自制力较弱并且对生活充满美好想象与期待的大学生，从而歪曲他们正确的价值理念与道德判断，甚至淡薄他们的法律意识和伦理道德。这一些与大学生爱国主义教育理念南辕北辙，为高校开展爱国主义教育思政工作带来许多难题，也不利于教育效果的实现以及爱国主义思潮的传播。

（三）互联网的快速发展给传统爱国主义教育方法带来严峻考验

传统的爱国主义教育往往采用课堂、讲座的形式，内容往往是举大旗、喊口号、讲道理。在这个教育与交流的过程中，大学生往往被动地以单一形式接受固定内容，教育者往往借助自身的权威和公信力使得接受者信服，并在某种程度上实现自我的成就感。然而这种传统教育方法正在逐步受到新媒体技术的挑战。然而，在新媒体平台下，高校学生爱国主义教育则面对完全不同的环境。一方面，借助自媒体平台，爱国主义教育不再仅限于特定的时间和地点完成，内容也可以更丰富多彩，展现方式更多样。这种新技术手段与传统爱国主义教育结合将能否得到积极的影响，这仍需要进一步的研究和长期的观察；另一方面，与自媒体平台的个性化、多样化相比，传统教育课堂同时面对许多学生，内容往往较为相似严肃，越来越难以引起学生兴趣。如果再不进行积极改革，学生对于传统爱国主义教育课堂的兴趣和热情将会越来越低，这将直接影响爱国主义教育的成果。因此，如何将新的自媒体平台与爱国主义教育结合，以及如何对传统教育方法进行变革都是当下教育者所面临的急需解决的问题。

（四）自媒体平台内容的多样性为教育工作者带来新的挑战

过去，大学生主要通过教育者和电视、报刊等大众传媒获得构建价值观的基本信息，教育者自身的权威和公信力在教育过程起到无可比拟的重要作用。然而，随着自媒体平台的普及，学生可以自由地获取自己感兴趣的信息，他们的视野之宽广、信息量之巨大完全超过祖辈。这在一定程度削减了教育者的权威和作用。另外，在信息技术时代下，年轻人往往比他们的祖辈父辈更容易学习接受进的技术。因此，在自媒体平台下，学生或许比自己的老师更加得心应手。他们能更加充分地发挥自媒体平台的各种作用，迅速接触到最新的事物，而教育者往往因为技术的落后或思想的不重视而落后一步，这同样为教育者的工作带来许多挑战。

三、守护"微阵地"，维护并创新时代背景下大学生爱国主义教育

（一）创新教育理念，不断推进自媒体时代大学生思想政治工作

自媒体已经成为人们日常生活中极为重要的一部分，是人们对外信息化时代的发展是大势所趋，在"互联网+"的时代，大胆创新教育理念，将自媒体平台和高校爱国主义教育进行有机结合。利用自媒体平台的信息丰富、形式多样的优点，增加爱国主义教育内容的趣味性和可阅读性；利用自媒体平台传播范围广、速度快的特点，将爱国主义教育深入到学生群体；利用自媒体平台双向交流的特点，认真倾听学生的反馈意见，与学生进行充分、有效的沟通。

高校教育者可以充分利用自媒体平台进行爱国主义宣传教育，传播社会主义主流价值观和传统价值伦理观念；可以通过发布线上活动鼓励学生积极主动参与到服务人民社会的实践当中；也可以利用交流平台和学生进行深刻交流，鼓励学生说出内心深处的困惑，及时与学生交流思想的问题。只有改革创新教育理念，大胆实事求是地将自媒体平台与高校爱国主义教育相结合，才能在时代背景下中充分发挥学生的主观能动性，让他们高质高效地接受爱国主义教育，并将民族精神、传统美德等渗透于日常的生活实践当中。

（二）不断增加爱国主义教育的自媒体渠道

随着信息技术的不但发展，自媒体在学生群体的广泛传播与深刻影响，各高校应该响应教育部的号召，在推行爱国主义教育和思想政治工作时，要进行

有力的教育改革和方法探索，尝试新型网络平台和自媒体渠道，促进爱国主义教育取得积极成果，提高爱国主义教育的效率和质量。

　　首先，搭建思想政治教育相关网站。借助网站传播爱国主义教育相关资讯，通过视频、音乐、图像等多种形式的结合，让爱国主义教育的内容更为生动。在网站搭建好后，还要实时进行更新，既可以汇报近期的工作成果，也可以表彰先进人物和事迹，还能够对近期的热点事件进行分析评论。为了促进思想政治教育网站的传播，可以在学校主页和论坛设置链接入口。其次，在课堂上应用信息科技技术，增加与学生的交流互动，鼓励学生参与到课堂之中。现在，许多公司研发了多媒体课堂的软件。通过这些软件，教育者可以对课件进行直播或点播，还可以结合视频、音乐、图像等有创意的编辑方式，如此生动多样的形式更能够吸引大学生的注意，也有利于他们以轻松愉快的方式进行学习，并调动身体所有感官配合记忆。建立集体的短信群、微信群和 QQ 群，这也在一定程度加强了教育者与学生的情感交流，还可以增强学生个体对于集体的归属感。

（三）重视校园网络的管理工作

　　在自媒体时代，高校教育工作者可以利用搭建思想教育网站、在课堂上应用信息科技技术、鼓励学生打造集体博客、建立集体的短信群和微信群等方法增加爱国主义教育的自媒体渠道。同时高校还应该重视校园内部的网络舆论引导管理和文化建设。教育者应当加强学生爱国主义教育和思想政治教育的前瞻性，积极开展校园网络的管理引导和校园网络文化的建设工作，主动了解学生动态与信息舆论的发展状况，才能及时对于校园舆论进行积极的引导。

　　总之，在网络飞速发展的今天，信息技术正在不断变革传统的思想政治教育的模式，微阵地为爱国主义教育的深化发展提供了有利的条件，信息的丰富性、传播的便捷性、交流的互动性等特点，加强了时代背景下下大学生爱国主义教育的手段、方式更加多样化。通过自媒体这个平台，以传递爱国精神为目的，增强师生间的交流，让时代背景下大学生能够更好地传承民族精神、热爱自己的祖国。

第四节　时代背景下大学生社会主义思想研究

党的十八大以来，以习近平同志为核心的党中央以巨大的勇气和责任，提出了我国已经进入了时代背景下的伟大论断，但是，我们要清楚，虽然时代发生了变化，但是我们国情没有变，即我国还是社会主义初级阶段的社会，我们的发展水平仍然有待进一步提高。基于此，浅析"两个必然"理论，对于当代大学生更好的理解时代背景下的社会，对于大学生自身的历史使命，以及新的要求和培育目标，对于大学生今后的艰巨任务会更加明确，从而具体化了对社会主义思想认知的研究，拓宽了研究领域和视角。

一、加强时代背景下大学生社会主义思想认知的深远意义

基于马克思提出的"两个必然"理论，对于时代背景下大学生科学、全面、深刻理解时代背景下和把握时代背景下具有一定的理论意义和现实意义，对于我们今后更好地构建和谐社会和实现伟大复兴的中国梦具有一定的启迪意义。

（一）可以明确时代背景下对大学生提出的新要求

首先，可以使大学生正确认识中国特色社会主义理论。理论在每一个时代都彰显着它的时代性。列宁说过："没有理论，革命派别就会失去生存的权利，而且不可避免的迟早注定要在政治上遭到破产"。时代背景下大学生要理解，从毛泽东思想、邓小平理论、"三个代表"重要思想、科学发展观，到习近平新时代中国特色社会主义思想，足以充分说明，社会主义的发展与理论的创新不是一蹴而就的，更不是轻轻松松就可以实现的，正是基于对"资本主义必然灭亡"，但是资本主义在完全释放出它的生产力水平（潜力）之前，是不会退出历史舞台的科学理解和全面把握。因此，时代背景下大学生在任何时刻都要基于实际，了解中国的具体国情，做到理论联系实际，才能更好地把握眼前和将来，为中华民族伟大复兴而努力。

其次，使大学生正确认识中国社会的主要矛盾。时代背景下大学要认识到，当前的社会矛盾已经转化，由原来的人民日益增长的物质文化需要和落后的社会生产之间的矛盾，已经转变成了人民对美好生活的需要和发展的不平衡不充分之间的矛盾，基于此，时代背景下大学生要基于"两个必然"和"两个绝不会"理论，在准确理解主要矛盾的基础上，找准自己的定位，自觉担负起自己应该承担的建设未来繁荣复兴的国家的责任，尽力做到从实际处出发，坚定自

己的理想信念，以更加宽广的视野，更加长远的眼光来看待当前和今后的问题，科学、理性地面对眼前和以后的困难，用辩证法的思维来审视和思考，用社会主义必然胜利的信念来支持和引领自己的未来，更好的规划未来，把自己的未来和祖国的未来结合起立，把短期目标和长期目标结合起来，更好地为社会主义服务。

再次，可以使大学生正确认识中国道路。基于"资本主义必然灭亡，社会主义必然胜利的"理论。作为时代背景下大学生，必须毫不动摇地坚持中国特色社会主义道路，必须明确实现中华民族伟大复兴必须独立自主的走自己的道路，必须深刻认识到只有中国特色社会主义才能发展中国。目前我国实行的是以公有制为主体，多种所有制经济共同发展的经济模式，由此导致了贫富差距的两极分化，由此导致了一些学生对"两个必然"理论的怀疑。对此，大学生们必须清醒地认识到，社会主义的实现不是一蹴而就的，更不是轻松易得的，相反，是一条充满了坎坷和挫折的道路，是需要我们几代人甚至几十代、几百代人去努力的，是前进性和曲折性的统一。

因此，就要求时代背景下大学生应该走自己的道路，坚定中国特色社会主义道路是社会主义现代化的必由之路，是创造人民美好生活的必由之路，是实现自己人生目标，向自己提供更广阔平台的必由之路。从而使大学生增加社会认同感和民族认同感，对社会主义道路更加自信，时刻以领跑的姿态推进社会前进，推动社会发展，时刻以充满自信的姿态实现自己的人生目标和价值追求，更好造福于社会。

（二）明确时代背景下大学生的使命担当

时代不断向前发展，赋予了大学生新的使命和担当，时代背景下大学生要正确认识自己的使命担当。

首先，时代背景下大学生是实现民族伟大复兴的时代新人。习近平在十九大报告中指出，要以培养担当民族复兴大任的时代新人为着眼点，因而大学生的历史使命就被赋予得清晰而明确——实现中华民族伟大复兴，这就需要时代背景下大学生们接续奋斗，不懈努力，用深厚的专业知识、浓厚的道德底蕴、强壮的身体素质等武装自己，使自己内心无比坚定，坚定社会主义必然胜利的自信心。

其次，时代背景下大学生是把个人命运和国家命运相结合的时代新人。时代背景下大学生应该明确个人命运和国家命运是融为一体的，明白自己所肩负的历史使命和沉重责任，把实现自己的人生价值和满足社会的需求相结合。

现如今，时代背景下大学生处于改革开放和经济水平及综合国力明显提升的时期，大学生是改革开放的最大受惠者，在享受着改革开放带来巨大红利的同时，也担负着沉重的历史使命。中国的革命史和改革史不断告诉我们，只有国家兴旺发达，家才能和谐安康，个人才能更好地发展。时代背景下大学生要牢牢坚定对"两个必然"的自信，自觉主动地树立起自己的使命担当，把自己的命运同国家的命运、民族的命运紧密结合，用更严的要求、更高的目标约束自己，用长远的眼光、宏大的眼光审视和处理眼前的困难，以强烈的使命担当和责任积极投身于社会主义现代化建设中来。

再次，时代背景下大学生是社会主义核心价值观的引领者、践行者和信仰者。社会主义核心价值观集中体现为大学生使命担当中的价值追求，时代背景下大学生应该在学习、生活及未来的工作中，在坚定"两个必然"的前提下，自觉遵守和学习社会主义核心价值观，自觉主动地将核心价值观内化于心，外化于行，通过学习和践行社会主义核心价值观，并将其转化为自己的自觉行动，和行为习惯，将社会主义核心价值观深入头脑，指导实践，自觉履行时代背景下大学生的使命担当。

二、时代背景下大学生社会主义思想认知现状

当前时代背景下，基于"两个必然"理论，大学生的社会主义思想认知存在一定的问题，需要认真探索和发现其存在的问题，才能更好地促进其社会主义的思想认知。

（一）复杂的思想认知环境

首先，伴随着"世界多极化、经济全球化"的发展，逐渐开放和复杂的国际环境给大学生的思想认知带来了一定的挑战。由此导致大学生对马克思提到的社会主义必然胜利的理论有所失色和暗淡。在经济全球化的影响下，各种文化相互交流和相互碰撞，对时代背景下的马克思主义认知、社会主义认知带来了一定的冲击和影响，致使部分学生会对共产主义社会产生动摇的念头；此外、受西方文化的影响，部分学生还会产生崇洋媚外的思想，认为西方的月亮要比东方的月亮圆，比东方的月亮大，这些都不利于大学生的健康成长和未来的积极投身于社会主义现代化的建设。

其次，市场经济让大学生正确的思想认知观受到挑战。致使大学生对由于市场经济的发展所带来的贫富差距而对社会主义必然胜利的信念有所弱化。市场经济的发展的确给中国的发展带来了巨大的进步，但是，也带来了贫富的两极分化，从而使大学生认为资本主义社会优于社会主义社会，容易使大学生对资本主义必然灭亡的理念产生怀疑，容易倾向于资本主义。从而容易产生拜金主义、享乐主义及个人主义等。这必然会导致一部分学生在价值取向上出现偏差和失误，出现价值观扭曲，道德沦丧等，从而冲击着为人民服务的思想和理

念，给大学生三观的形成带来一定的冲击。

（二）教育目的的过于理想化

教育目的一定要贴近实际和生活，但是，对大学生社会主义思想认知的教育却呈现出了过于理想化和片面化的现状。很多学校一谈到教育目的，就会想到要树立远大理想和目标，却忽略了对学生具体目标的树立，从而使很多学生在涉及理想目标时过于泛泛而谈，过于空和大，缺乏理论联系实际的思想和源于实际的理念，从而导致自身对社会主义的思想认知缺乏一定的理论根据，对未来的社会主义及至共产主义社会的实现充满未知和不确定因素。

此外，部分学校和教育者一味单向度的强调时代背景下大学生社会的认知功能，社会功能，一味给学生强调教育目标的统一性，而忽略了教育对象的差异性和层次性，缺乏具体的有效可行的措施，一味使用统一的方案来归定其发展。这种做法忽略了学生的个性特征和不同需求，难以使学生完全认同社会主义思想，产生共产主义远大理想。

（三）教育内容的过于片面化

当前部分学校的教育者由于对教育内容过于片面，仅仅追求马克思主义基本理、世界观、社会主义远大理想等理念，一位侧重于系统的理论体现和原则灌输，使学生感到枯燥和乏味，缺乏与实际的联系，缺乏对生活的联系，致使大学生的社会主义思想认知和联系生活中断，

从而造成了理论上的学习难以继续，也无法把其应用于实际中。比如在实际生活中、学习中，学生不能很好地把其中遇到的困难和未来的共产主义社会的必然胜利相结合去思考。

三、加强时代背景下大学生社会主义思想认知的现实路径

首先，要优化时代背景下大学生的认知环境。伴随着西方思想的传入，大学生的社会主义思想认知受到了极大的挑战，对马克思所提出的"两个必然"产生怀疑，因而，在任何时候，我们都要坚持中国特色社会主义的共同理想，积极引导大学生弘扬中国梦，坚信社会主义一定胜利，坚信资本主义必然灭亡。引导大学生坚定社会主义道路自信、理论自信、制度自信、文化自信，坚信在实现社会主义的完全胜利的过程中，遇到的困难和挑战都是暂时的，我们是有理由有能力克服的。

其次，丰富大学生社会认知的教育内容。要引导大学生在基于马克思"两个必然"理论的基础上，深入贯彻和学习习近平新时代中国特色社会主义理想。恩格斯曾经说过："一个民族要想站在科学的最高峰，就一刻也不能没有理论思

维。"现如今，中国特色社会主义进入了时代背景下，中国共产党取得了重大的理论创新，形成了习近平新时代中国特色社会主义思想。因而，当前对大学生进行社会主义认知教育，应当把其作为主基调去渗透、去教育，从而进一步丰富大学生社会主义思想认知教育的内容，扩充其所含范围，扩大教育的内涵和外延，真正把对大学生的思想认知教育和当前的主流理论结合起来，在基于"两个理论"的基础上，推进认知教育向前发展，从而更好地为中华民族伟大复兴培育有效、有用、合格、健全的人才。

第三章 时代背景下大学生政治法律认同状况研究

第一节 时代背景下大学生国家认同状况研究

习近平总书记指出："经过长期努力,中国特色社会主义进入了时代背景下,这是我国发展新的历史方位。"2012年党的十八大以来,改革开放和社会主义现代化建设取得历史性成就,我国发展站到了新的历史起点上,中国特色社会主义进入新的发展阶段,党的执政方式和执政方略、发展理念和发展方式、发展环境和发展条件、发展水平和发展要求、社会主要矛盾、奋斗目标、国际地位等都发生了重大变化。面对这些变化,面对8年以来高校思想政治教育工作的推进。深入了解时代背景下大学生国家认同状况,显得尤为重要。

一、国家认同的基本理论

国家认同是政治学研究的重要领域,其所要回答的是"我们是谁"这样一个任何国家都必然要面对和必须解答的现实问题。全球化的时代背景、网络化的现实境遇以及改革开放以来我国社会环境的新变化等使得我国面临着国家认同危机和国家认同建构的重大任务。理解国家认同的基本理论是我们研究的基础。

(一)国家认同理论的内容

第一,国家认同的内涵,国家认同是指在有他国存在的语境下,个人在与国家互动的过程中建构起来的对某一国的立场感和归属感,其具有以下的内涵:首先,他国存在是本国国家认同的参照。"认同感的形成,源于自我和他者的区分"[1],认同亦具有认异的特点,"从国家特性的视角看,国家认同实质上就是'国家认异',即认同本国相对于其他国家的差异性"[2],通过对他者的认异,确认了自我与我们。认异与认同是一个硬币的两面,他国的存在就成为本国国民国家认同产生和强化的参照。其次、国家认同是个人在与国家互动的过程中建构起来的,这种建构具有相互体认的二元建构过程。最后,国家认同是形成

---

[1] 吴玉军. 论国家认同的基本内涵[J]. 中国特色社会主义研究,2015(01):48-53.
[2] 马升翼. 国内学术界关于国家认同研究述评[J]. 中共天津市委党校学报,2014(04):62-66.

递进层次的综合心理感受。这种感受是由以他国为参照对自身独特性体认的异同感与边界感、对具有自身独特性的共同体—国家的归属感与忠诚感、对自身身份确认和国家形象的理想感与立场感[3]等构成。

第二，国家认同的要素，"国家认同感的建构，需要从制度、文化、民族不同层面进行，政治（制度）认同、文化认同和民族认同构成了国家认同不可或缺的三个基本维度。"[4]国家认同的内容要素应包括三个方面：国家的基于社会政治经济体制基础上的政治认同、基于历史文化传统上的文化认同和基于族群血缘关系上的族群认同基础上的民族认同。国家认同与政治认同、文化认同、民族认同之间既存在同向建构又存在一定的张力。

第三，国家认同的功能主要体现为，激励、规范和整合等三大功能，激励功能即是在国家认同的建构过程中，使公民产生对自己国家的归属感和使命感，在国民潜意识中形成向心力，激励各成员为国家富强而奋斗；规范功能即是国家认同可以通过道德的手段去约束利益群体的行为，弥补制度和法律上的不足，起到规范作用；整合功能即是使不同的民族、集团和阶层的人们在国家认同之上，形成高度的一致，提高国家的凝聚力[5]。

第四，强化国家认同的路径选择主要有通过强化对现有政治体系的认同、对现有的文化的认同、对民族的认同即多元一体格局的认同。

第五，国家认同是一个不断建构的动态过程，其中既有旧有认同的消解或强化，又有新的认同的融入。

（二）中国梦教育：时代背景下国家认同教育的主题

1. 中国梦教育的基本内容

2013 年 04 月中宣部、教育部、共青团中央在京召开深化中国梦宣传教育座谈会上，刘云山说："深化中国梦的宣传教育，要同中国特色社会主义宣传教育结合起来，同社会主义核心价值体系建设结合起来，同做好当前各项工作结合起来，引导人们坚定理想信念、构筑精神支柱，积极投身实现中国梦的生动实践。要把中国梦的宣传教育融入各级各类学校教育教学之中，融入未成年人思想道德建设和大学生思想政治教育之中，融入校园文化建设之中，做到进教材、进课堂、进学生头脑。"此后中国梦教育受到了各高校重视。

中国梦教育主要可以从以下方面来理解：第一，中国梦教育的基本内涵就

---

[3] 杨桃莲. 微博主国家认同的自觉建构——以新浪"中国梦"微博文本为考察对象[J]. 当代传播，2016（05）：110-112.
[4] 吴玉军. 论国家认同的基本内涵[J]. 中国特色社会主义研究，2015（01）：48-53.
[5] 刘淑萍. 全球化背景下民族国家的伦理认同与伦理困境[J]. 学海，2012，（5）.

是中国梦教育主体针对中国梦教育对象通过有目的、有计划、有组织地把中国梦的内容内化为社会和个体发展所需要的精神追求的实践活动。教育主体和教育对象在一定程度上可以相互转换角色，即教育主体自身也是受教育的对象，如高校的教师，尤其是思政课教师，另一方面，教育对象也能成为教育主体，即当教育主体掌握了一定程度的中国梦理论后，内化为其行动，主动成为中国梦理论的传播者。第二，中国梦教育的主要内容。中国梦教育的主要内容包括：理想教育即中国梦教育首先就是要通过教育使每一个中华儿女将国家富强、民族振兴、人民幸福作为自己的理想，即其首先是以国家富强、民族振兴、人民幸福理想为根本目标的理想教育；价值观教育，即将社会主义核心价值观内化为广大人民群众的核心价值观，社会主义核心价值观作为中国特色社会主义的主流意识形态，它是社会主义国家建构的在社会精神生活领域占主导和引领地位的价值观念体系和行为规范体系，是社会主义意识形态的本质体现，是全党全国各族人民团结奋斗的共同思想基础。它的实质是社会主义国家的制度化的思想体系和"观念形态的国家机器，是国家的重要软权力；责任意识教育，即将民族振兴、国家富强、人民幸福、个人出彩、社会和谐为核心的中国梦的作为广大人民群众的自觉承担的责任；激励教育，即要促使广大人民群众的树立和增强对中国特色社会主义的道路自信、理论自信、制度自信、文化自信，坚定不移沿着正确的中国道路奋勇前进；实践路径教育，即始终坚持走中国道路、弘扬中国精神、凝聚中国力量是实现中国梦的必由之路。

2. 中国梦教育的实质：时代背景下国家认同的建构

中国梦是我党重大的理论创新，2013 年中宣部、教育部、共青团联合推进要求把中国梦的宣传教育"要融入各级各类学校教育教学之中，融入未成年人思想道德建设和大学生思想政治教育之中，融入校园文化建设之中，做到进教材、进课堂、进学生头脑。"此后中国梦教育在各高校开始以各种形式开展。但由于中国梦理论正处于丰富和深化发展之中，中国梦教育也处于探索推进过程中，所以准确把握中国梦教育的实质显得尤为重要。

准确把握中国梦教育的实质具有重大的理论和实践意义，那么中国梦教育的实质是什么？应该如何认识和把握？笔者认为对中国梦教育的实质，可以从以下几方面来认识和把握：

（1）从近代以来中国社会发展来看，中国人追逐和实践中国梦的过程也是中国人国家认同构建的过程

争取国家独立、民族解放、国家富强、人民幸福是近代以来是中国社会的主题，习近平总书记把这一过程概括为实现中华民族伟大复兴的中国梦。梁启超在《新史学》中指出中国人"知有朝廷而不知有国家，知有个人而不知有群

体，知有陈迹而不知有今务，知有事实而不知有理想"。虽然中国古代创造了灿烂的文明，为中国和世界的发展做出了卓越的贡献，但长达两千多年的封建社会并未顺利成长为现代的民族国家，并未构建起现代意义上的国家认同。鸦片战争以后，随着西方列强的不断入侵，中国由独立的封建社会逐步沦为了半殖民地半封建社会，民族独立、人民解放和国家富强、人民富裕成为中国人面临的历史任务，从此先进的中国人开始了探寻救国之道、强国之路的艰辛征途，也开启了构建现代意义上的国家认同的征程。地主阶级中的改革派洋务派领导进行了"师夷长技以自强"的洋务运动，希望通过学习西方的技术，兴办近代军事工业，开办企业，建立新式武器装备的陆海军、兴办新式学堂、派遣留学生等，达到镇压农民起义、打败西方侵略者以维护和巩固封建统治的目的，但中日甲午战争中北洋水师全军覆没宣告了其以失败而告终。太平天国运动通过学习西方的宗教来建立地上天国，义和团运动"扶清灭洋"以求打败帝国主义，但因其阶级局限性而失败。康有为、梁启超领导的资产阶级戊戌维新变法运动希望通过学习西方的政治制度建立君主立宪政体，发展资本主义使国家富强，但遭到以慈禧太后为首的顽固派的扼杀而仅昙花一现。孙中山为代表的资产阶级革命派放弃改良的幻想，广泛联合革命力量，发动多次武装起义，终于通过辛亥革命，领导中国人民推翻了清王朝，建立了"中华民国"，使民主共和观念深入人心，民族国家观念产生并发展，"中华民族的多元一体结构实现了两个转折，一是中华民族的政治实体实现了从王朝国家到国民国家的转折；一是中华民族自在民族实体向宪法承认和保护的自觉实体转化"[6]但辛亥革命的成果最终被北洋军阀袁世凯篡夺，中国重新堕入黑暗之中。陈独秀、李大钊等领导的新文化运动，开启民智，特别是五四运动使民众看清了西方列强的真面目，推动了民众对国家认同的强化，并认识到了马克思主义的真理性。中国共产党以马克思主义为指导，走出了农村包围城市的革命新道路。日本的全面侵华战争，促使国共两党合作，建立了抗日民族统一战线，中华民族成为自觉的实体。经过八年的浴血奋战，中国人民取得了抗日战争的伟大胜利。但国民党蒋介石政府违背民意发动了内战，最终中国共产党领导中国人民打败了国民党反动派建立了新中国，并通过三大改造而走上了社会主义道路，实现了民族认同、政治认同、文化认同与国家认同的统一，完成了现代意义上的国家认同的初步建构。改革开放以来，中国人民在中国特色社会主义道路上取得了举世瞩目的成就。中国共产党能够领导中国人民取得辉煌的成就就是因为广大人民群众认可了中国共产党的救国方案，认可了中国共产党，认可了中国特色社

---

6 高翠莲. 试论中华民族多元一体格局发展的阶段划分[J]. 中南民族大学学报（人文社会科学版），2004（04）：55-60.

会主义道路。

施莱辛格认为：“民族国家（或其他的文化）认同之精炼，是一个长时间的过程。”[7]在这个漫长的过程中，中国梦是对近代以来中国人民奋斗历程的最具传播性的凝练。纵观近代以来中国人民探寻中国梦的过程，一方面是一个客观中国人民奋斗的过程，另一方面也是一个主观的认识过程，是中国人民不断总结经验教训、深化认识的过程，而这主客观统一于国家认同的建构过程，是旧的天下认同、王朝认同消解，新的国家认同逐步确立的过程。中国梦教育首先就是要让广大中国民众深刻理解中国梦的实践历史，从而理解中国梦背后深刻的国家认同，从自发的国家认同向自觉的国家认同转变，为开创时代背景下中国特色社会主义新局面奠定强大的心理基础。

（2）从中国梦理论的形成背景来看，中国梦理论是对中国国家认同危机的回应

改革开放以来中国社会发生着深刻的转型，这种转型表现为中国社会经历着前所未有的改变，变得越来越流动、越来越开放、越来越多元化、越来越分化。虽然还有农村与城市的二元制户籍结构，但是随着城镇化进程的进一步发展，现在农村与城市之间的差别是越来越模糊。另外，越来越多的农村劳动力进入了城市，而又有很多农村劳动力在自己的努力打拼下融入了城市，成为城市的一份子，也有一部分农村劳动力在有一定积蓄后返回农村老家。可以说，中国正在经历一个前所未有得越来越流动的社会。改革开放前的中国，劳动力主要集中在公有制经济中的国有企业和农村中，而随着改革开放的进一步深入和经济的放活，经济主体除了公有制之外，私营经济、个体经济、外资经济等多种经济主体的出现，与之相应地出现了不同的社会阶层。多种社会阶层的出现，必然带来各种不同的利益需求，使我国社会呈现出越来越多元化的特点。80年代初，即便是当时的世界银行提出的报告都认为中国是相对公平的。而今天我们的基尼系数，已经超过了警戒线，地区之间、行业之间、城乡之间的收入差距越来越大，社会阶层在收入上呈现出越来越分化的现象。互联网的普及带来了信息的快速传播，也加速了网民与外界的沟通，中国网民人数2013年已稳居世界第一。这些方面的变化使得中国社会面临着比较严重的认同危机，而国家认同危机是其中表现比较突出的。“从个体与群体关系来看，呈现出集体主义后退，个人中心主义明显滋长并逐渐超出正常的边界、从个体与政府的关系来看由原来的政府崇拜、政府公正无私向权贵政府私利政府转变呈现出比较严重的排斥态势、从人民与民族国家的关系来看由利益代表相爱相依向抗争对立

[7] [英]汤林森著，冯建三译：文化帝国主义[M]，上海人民出版社1999年版：174.

争取权益转变，群体性事件增多。"[8]在这样的社会背景下，需要有一个理论来凝聚人心，重构国家认同。2012年11月29日，习近平同志参观《复兴之路》基本陈列时讲话指出："每个人都有理想和追求，都有自己的梦想。现在，大家都在讨论中国梦。我以为，实现中华民族伟大复兴，就是中华民族近代以来最伟大的梦想。这个梦想，凝聚了几代中国人的夙愿，体现了中华民族和中国人民的整体利益，是每一个中华儿女的共同期盼。"

（3）从中国面临的世界环境来看，中国的崛起需要中国树立新的国家形象，而树立新的国家形象的过程，就是构建新的国家认同的过程

鸦片战争以后，随着西方列强的不断入侵，中国由独立的封建社会逐步沦为了半殖民地半封建社会，同时先进的中国人通过向西方学习而寻求救国之路、强国之路，中国的"老大帝国"形象确立，遭受侵略和欺侮的弱国形象，以及与此相联系的国人受害者心态和缺乏民族自信心与自豪感，在逐步崛起过程中所走的处于极少数派的中国特色社会主义道路，这一切，在以西方价值观和文化为主导的全球化时代，中国的国家形象未能赢得广泛的正面评价。国家形象阻碍了中国的国际认同。国际认同即其他国家（包括个人、组织和政府）对该国的综合评价和总体印象，这种形象主要包括物质、制度和精神三个方面的要素，目前中国虽已成世界第二大经济体，物质有了极大增长，中国模式也受到世界关注和认可，但中国的精神因素，软实力尚待提升，"中国崩溃论"和"中国威胁论"还有很大的市场。从中国的立场和角度来说，就是面临着国家认同的新的建构。中国梦的提出，使得中国既对近代以来中国社会的主题进行了概括和凝练，契合了中国的实际，凝聚了人心，又使中国突破了以往自说自话的话语体系，获得了与世界其他国家共同的话语体系，能够展开较好的对话，从而构建起中国国家的新形象。中国梦教育不仅仅立足于国内，还需要立足于国际，通过国际化的中国梦教育，来让其他国家和人民来真正理解中国，理解和接受中国给世界提供的独特的价值，消解外国给中国实践中国梦所造成的阻碍。

（4）从中国梦的实践主体和中国梦教育的主体与对象来看，中国梦教育的起点和归宿是国家认同的建构

中国梦的实践主体是以实现中国梦为目标的各族人民群众，是有着自己个人梦的数以亿计的热血个人，而这些人同时又是中国梦教育的主体和对象。有着不同习俗、说着不同语言各民族，既有着显性的独特民族身份，又有着隐性的民族共同身份，而这种隐性的民族身份，是近代以来在反抗外来侵略、追逐

---

8 刘包产，杜会平：当代中国转型社会新生代大学生价值认同状况分析——网络庸俗文化狂欢的心态解读，2012（12）251-253.

中国梦的过程中逐渐形成的——中华民族，这个包含着 56 个民族的共同身份，与国家认同及其建构紧密相连，成为其不可分割的一部分。中国梦无论从起点还是归宿上都要求通过强化民族认同来建构国家认同。

综上所述，不论从近代以来中国社会发展来看，从中国梦理论的形成背景来看，还是从中国面临的世界环境来看，从中国梦的实践主体和中国梦教育的主体与对象来看，中国梦教育的实质是国家认同的建构，亦即中国梦教育具有国家认同建构的功能。

3．中国梦教育的国家认同建构功能

中国梦教育的实质是国家认同的建构，那么其作为国家认同建构的一种形式，中国梦教育具有什么样的国家认同建构功能呢？对此可以从以下四个方面来分析：

（1）中国梦教育有助于从时间维度上深化国家认同

时间维度的国家认同关注的是国家的过去、现在和未来之间的纵向联系，研究的是集体记忆与国家认同之间的关系，探讨的是国家如何用历史书写和历史叙事来创造合法性。[9]在国家认同的建构过程中，对历史特别是"辉煌"和"苦难"的国家书写和叙事是一种极为重要的策略，中国梦教育第一次实现了对"辉煌"和"苦难"的统一和超越，其不仅通过近代的苦难和新中国成立以来尤其是改革开放以来的辉煌来构建国家和政权的合法性、增强国民的认同感，更是将近代的苦、现当代的辉煌延伸到对未来的美好展望，这种展望能够容纳更广泛的群体、能形成更持久的激励。这种由"苦难"构建的自我反省机制、"辉煌"构建的激励机制、"梦想"构建的指引机制，在实现中华民族伟大复兴的中国梦中实现了统一。

（2）中国梦教育有助于从国家、民族、人民、个人统一性方面弥合国家认同、国族认同、族群认同、身份认同、政治认同、利益认同之间的张力

中国梦由国家富强、民族振兴、人民幸福、个人出彩四个方面构成，而这四个方面分别体现着国家认同、国族认同、民族认同、身份认同、阶级认同、政治认同、利益认同，国家富强涉及国家认同与公民身份的认同、民族振兴涉及国族即对中华民族的认同和种族认同即 56 个民族对各自所属的自然民族的认同、人民幸福则涉及政治认同和身份认同特别是阶级身份与公民身份的认同、个人出彩则涉及利益认同、国家认同、身份认同。现代国家认同是对民族国家的认同，中国是一个多民族构成的以中华民族为国族的以马克思主义为指导的社会主义国家。中国国家的富强、民族振兴、人民幸福、个人出彩是通过以马

---

9 殷冬水．论国家认同的四个维度[J]．南京社会科学，2016（05）：3-61．

克思主义为指导、走中国特色社会主义道路、坚持和发展社会主义制度、建设富强、民主、文明、和谐、美丽的现代化国家过程中不断实现的，在这一过程中，有辉煌又有挫折、有对旧问题的解决又有新问题的产生、有的发展绝对提升又存在发展的相对剥夺、这必然带来国家认同与政治认同、身份认同、民族认同、利益认同等之间的张力，当然这种张力是动态的、是无法消除的，但要把这种张力控制在一定的范围，使其能最大限度地发挥积极作用。中国梦教育则有助于从国家、民族、人民、个人统一性方面弥合国家认同、国族认同、族群认同、身份认同、政治认同、利益认同之间的张力。

（3）中国梦教育有助于消解国民对以美国梦为代表的发达国家的盲目认同

在全球化时代，没有一个国家能独善其身，每个国家都处于全球竞争当中，发展中国家和不发达国家在竞争中处于不利地位。这种不利地位不仅反映在政治、经济、文化、社会等方面，更反映在国民的国家认同上——他国的存在是本国国民国家认同产生和变化的参照。美国作为世界上唯一的超级大国，其在发展过程中形成和构建起来的"美国梦"具有世界影响力、吸引力。中国改革开放以来，一些国人对美国的盲目崇拜和对美国梦的追捧，形成了持续的出国热和移民潮，出现了大量的"香蕉人"。中国梦以国家富强、民族振兴、人民幸福、个人出彩为核心，强调集体与个人辩证统一；而美国梦以强调个人主义为基础，以个人自由奋斗为核心，二者有很大的不同。认同暗含着不认同的存在，不认同是认同的另一面。对美国梦的认同，暗含着对中国梦的否定，同样对中国梦的认同暗含着对美国梦的不认同。中国梦教育必然有助于消解国民对以美国梦为代表的发达国家的盲目认同。

（4）中国梦教育有助于通过话语体系创新来优化原有的国家认同建构体系

在原有的国家认同话语体系建构中，我国的话语体系建构整体呈现的特点为：在政治性方面，强调阶级性，强调人民性，而不太强调个体性，在语言风格上呈现出庄重有余而鲜活不足，虽然曾经多次强调"让人民群众喜闻乐见"但事实却恰恰相反。中国梦的提出，使我国国家认同构建的话语体系呈现出新的特点和趋势：在政治性方面，强调国家性、民族性、人民性与个体性的统一，阶级性后隐；在语言风格上更加生活化、平民化，更接地气。中国梦"升华为一种生活方式和生活理念，打通了学术话语与政治话语、民间话语与官方话语、中国话语与外国话语之间的隐性阻隔"，"中国梦将中国社会的共同理想更加形象化、通俗化地表达出来，在话语体系上实现了创造性转换"[10]。这种话语体系的转换，一方面有助于提升国家认同的效果，另一方面有助于提升国家认同的话语体系创新，从而实现从整体上优化国家认同建构体系。

---

10 李雪，李江源：中国梦与中国共产党执政话语体系新的内涵，理论导报 2013（11）：8-9.

总之，中国梦教育国家认同构建的实质，使中国梦教育具有从时间维度上深化国家认同、从国家、民族、人民、个人统一性方面弥合国家认同、国族认同、族群认同、身份认同、政治认同、利益认同之间的张力、消解国民对以美国梦为代表的发达国家的盲目认同、通过话语体系创新来优化原有的国家认同建构体系等功能。

二、时代背景下大学生国家认同状况分析

本次调查采用了问卷调查与访谈调查相结合的方式对 9 所高校的学生展开了调查，本调查通过网络发放问卷 5000 份，收回有效问卷 4250 份，收回有效问卷占比 85%，通过线下发放问卷 1000 份，收回有效问卷 950 份，收回有效问卷占比 95%，共计发放问卷 6000 份，收回有效问卷 5200 份，收回有效问卷占比 86.7%，深度访谈 100 人。调查对象中男大学生占 49%，女大学生占 51%；理工科学生占 52%，文科学生占 48%；汉族占 97%，少数民族占 3%；党员占11%，团员占 60%，群众占 29%。其基本状况如下：

第一，大部分学生对中国梦有所了解，十分了解和不了解的大学生比较少，校园文化活动和课堂教学、网络等新媒体是大学生获取中国梦相关知识的主要途径。调查中，92%的学生对中国梦有所了解，其中十分了解的为 12%、、了解的为 50%、了解不多为 30%，不了解的为 8%，而选择不了解的学生 90%为大四学生。对于解中国梦相关内容的主要途径，30%的大学生选择网络等新媒体；10%的大学生选择电视媒体；16%的大学生选择报纸杂志；30%的大学生选择"校园文化活动和课堂教学"；14%的大学生选择身边同学和朋友交流。这说明网络新媒体是当代大学生获取资讯的重要手段，要重视和利用网络等新媒体，课堂教学和校园文化活动在中国梦教育方面有待于进一步加强。

第二，所有高校都开展了中国梦教育活动，其教育形式以名师讲座和文体活动为主，组织开展的部门主要有思想政治理论课教研部和校团委，效果最好的为校团委，原因是校团委的活动内容和形式比较丰富。调查中，选择了名师讲座的为 96%、选择文体活动的为 82%、选择校园竞赛的为 30%，选择设计创新类的为 1%。贵校组织开展了多次中国梦教育主题活动的部门，30%大学生选择了思想政治理论课教研部，70%的同学选择了以上都不是，即大部分高校中国梦教育活动的连续性比较差，重视度不够。

第三，大部分学生认为高校应该开展中国梦教育，但大部分学生对母校所开展的中国梦教育活动的整体效果不满意。对于高校开展中国梦教育，70%的同学选择了必要，30%的同学选择了不必要，对母校所开展的中国梦教育活动的整体效果 65%的同学选择了不太理想，15%的同学选择了十分差，11%的同学

选择了比较好，9%的同学选择了十分好。

第四，大部分同学认识到中国梦教育的实质是国家认同的建构，也认为中国梦教育活动对自己的国家认同度的促进作用。对于中国梦教育的实质，35%的同学选择了国家认同建构，26%的同学选择了政党认同，26%的同学选择了政治认同，13%的同学选择了价值认同。对于中国梦教育活动对自己的国家认同度的促进作用，18%的同学选择了有很大提高，45%的同学选择了有很大提高有所提高，25%的同学选择了没有提高，12%的同学选择了不知道。

综上所述，许多高校开展了中国梦教育活动，但教育内容比较薄弱、形式比较单一、效果不太理想，其建构国家认同的功能未能得到较为充分的发挥。

三、时代背景下大学生国家认同存在问题的成因分析

针对高校中国梦教育内容比较薄弱、形式比较单一、效果不太理想，其建构国家认同的功能未能得到较为充分的发挥等问题，究其原因主要有以下几个方面：

（一）高校对以中国梦教育为主题的国家认同教育的重要性认识不足，重视不够、开展不力

中国梦是新一届领导人提出的重大战略，其理论正处于发展的过程中，尚未成熟，从2012年习近平在参观复兴之路时，提出中国梦到现在，也仅仅不到三年时间，尽管三年间，研究中国梦的文章数以万计，但重复性、解释性、总结性文章较多，原创性和获得共识性的相对较少，所以尽管2013年之后各高校开始开展中国梦教育，但大多数高校对中国梦教育的重要性认识并不深刻，尤其是对中国梦教育的国家认同建构的实质把握不准，教育的思路不清晰，必然导致所开展的中国梦教育走过场的比较多，教育的连续性比较差。

（二）以中国梦教育为主题的国家认同教育的内容未能找到比较好的以一种润物细无声的方式融入高校教育的方式

中国梦教育的主要内容包括：理想教育即中国梦教育首先就是要通过教育使每一个中华儿女将国家富强、民族振兴、人民幸福作为自己的理想，即其首先是以国家富强、民族振兴、人民幸福理想为根本目标的理想教育；价值观教育，即将社会主义核心价值观内化为广大人民群众的核心价值观，社会主义核心价值观作为中国特色社会主义的主流意识形态，它是社会主义国家建构的在社会精神生活领域占主导和引领地位的价值观念体系和行为规范体系，是社会主义意识形态的本质体现，是全党全国各族人民团结奋斗的共同思想基础。它

的实质是社会主义国家的"制度化的思想体系"和"观念形态的国家机器"，是国家的重要"软权力"；责任意识教育，即将民族振兴、国家富强、人民幸福、个人出彩、社会和谐为核心的中国梦的作为广大人民群众的自觉承担的责任；激励教育，即要促使广大人民群众的树立和增强对中国特色社会主义的道路自信、理论自信、制度自信、文化自信，坚定不移沿着正确的中国道路奋勇前进；实践路径教育，即始终坚持走中国道路、弘扬中国精神、凝聚中国力量是实现中国梦的必由之路。这些方面的教育在原来的思想政治教育体系中是有的，但在表述和体系结构上有较大的差异，这种差异的存在导致未能较好的将中国梦教育融入高校教育，尤其是融入高校思想政治理论课的教学过程中。

（三）对以中国梦教育为主题的国家认同教育的主体和对象缺乏深刻认识

高校中国梦教育的主体主要是高校的教师，而且并不仅仅是高校中的思政课教师、辅导员，应该包括每一个高校教师。那么必然要求这些教师对于中国梦理论掌握比较全面、准确、深刻、高度认同，能够承担起中国教育的重任。但现实情况是承担着高校教学主力和骨干的是在改革开放后成长起来的80后，这些教师特别是理工科和艺术类教师，本身在成长的过程中对思想政治理论课不太重视，思想政治理论素养相对较差，而高校尤其是高校并未大规模的对其进行中国梦教育。

高校中国梦教育的对象是在中国市场经济快速发展、网络逐渐普及的过程中成长起来的90后甚至00后，90后可以称作为新生代大学生，主要是因为其成长环境、价值取向等方面和以前的大学生有较大的差异。新生代大学生处在社会大变革、大转型之际，其对自身在这样的处境中所处的地位、所扮演的角色、所赋予的追求的有了不同以往的矛盾、分裂的认知，其展现出较严重的国家认同危机，特别是一部分学生呈现出价值虚无、人格异化、潜规则迷信、政治冷漠、极端利己主义等等特征。

四、构建时代背景下大学生国家认同的路径选择

（一）推动中国梦教育与高校思想政治教育的融合

中共中央、国务院下发《关于进一步加强和改进大学生思想政治教育的意见》明确指出："新时期高校思想政治教育要以理想信念教育为核心，深入进行正确的世界观、人生观和价值观教育；以爱国主义教育为重点，深入进行民族精神教育，以基本道德规范为基础，深入进行公民道德教育；以大学生全面发展为目标，深入进行素质教育。"而中国梦教育的主要内容包括：理想教育即中

时代背景下大学生思想教育与行为引导研究

国梦教育是以国家富强、民族振兴、人民幸福理想为根本目标的理想教育；价值观教育，即将社会主义核心价值观内化为广大人民群众的核心价值观；责任意识教育，即将民族振兴、国家富强、人民幸福、个人出彩、社会和谐为核心的中国梦的作为广大人民群众的自觉承担的责任；激励教育，即要促使广大人民群众的树立和增强对中国特色社会主义的道路自信、理论自信、制度自信、文化自信，坚定不移沿着正确的中国道路奋勇前进；实践路径教育，即始终坚持走中国道路、弘扬中国精神、凝聚中国力量是实现中国梦的必由之路。从教育目标来看，中国梦教育与思想政治教育有比较高的契合度，所以推进中国梦教育融入高校思想政治教育是发展的必然。

推进中国梦教育融入高校思想政治教育的具体路径主要有：首先，中国梦教育融入高校思想政治理论课，进教材，进课堂，进头脑。思想政治理论课主要包括《思想道德修养与法律基础》、《中国近现代史纲要》、《毛泽东思想和中国特色社会主义理论体系概论》、《马克思主义基本原理概论》、《形势与政策》，这些课程都能比较容易找到与中国梦教育的契合点。以《中国近现代史纲要》为例，《中国近现代史纲要》，这不是一门单纯的历史课程，而是重要的思想政治理论课程，主要通过中国近现代史的考察讲授中国人民为什么选择马克思主义，为什么选择中国共产党，为什么选择社会主义，为什么选择改革开放？习近平关于中国梦是近代以来中国人民最伟大梦想的历史内涵的深刻分析，启示我们对中国近现代史上这四个"为什么选择"还要进一步归结与聚焦到中国梦上。中国之所以选择马克思主义、选择中国共产党、选择社会主义、选择改革开放，是为了民族独立和人民解放，为了国家富强和人民幸福，归根结底是为了民族复兴的中国梦。四个历史性选择是中国梦的要求，只有坚持四个历史性选择、坚定不移走中国道路，才能实现中国梦。当然，思政课的教材要加紧修订，不仅要把中国梦的相关内容融入教材中，更重要的是通过中国梦理论来优化思政课的教材内容体系和话语体系，使其变得更生动、更鲜活、更接地气。其次，推进中国梦教育融入党团活动。党团活动是高校思想政治教育的重要组成部分，党组织是高校教师和学生中的精英和模范，把中国梦教育融入党组织的活动，能够扩大中国梦教育者的队伍，提高其素质，增强其引领大学生践行中国梦的效果。共青团和其领导的社团，是以学生为主体的组织，将中国梦教育融入其活动是中国梦教育的内在要求，也是实践和总结中国梦教育经验的试验田。最后，推进中国梦教育融入学生日常生活。随着移动网络的普及，网络、手机等新媒体已经深深地融入了学生的日常生活，"手机控""网络控"随处可见，对此可以借助网络、手机等新媒体的传播优势，为"中国梦"与思想政治教育的结合搭建有效载体。

（二）引导高校深刻认识中国梦教育的重要性，大力推进高校中国梦教育的实践

认识是行动的前提，认识越深刻，行动越有力。对此要强化对高校各级领导的中国梦教育，促使其深刻认识中国梦教育的重要性，准确把握中国梦教育的国家认同建构实质，从而推动高校中国梦教育的改进。首先，要加强对高校各级领导的中国梦教育。要通过中国梦教育意义、内容、教育手段、教育成本等方面的培训，使其明确中国梦教育的国家认同建构实质，深刻理解中国梦教育对国家、社会、高校自身具有的重大意义；要针对高校的实际为高校领导指明中国梦教育的方式方法，特别是从成本收益的角度提出有效引导。其次，要从国家层面出台相应的配套政策，强化对高校的评估引导，是高校有压力、有动力、有能力开展中国梦教育。

（三）建立和优化高校中国梦教育的体制和机制

首先，体制和机制建设是加强中国梦教育强化其国家认同功能发挥的重要举措，也是重构和强化新生代大学生国家认同的保证。对此可以从以下方面开展：首先，建立中国梦教育的相关规章制度，落实职责。中国梦教育是个涉及方方面面的系统工程，高校作为中国梦教育的小系统，必须规章制度建设搭起中国梦教育的基本架构，明确校内各个组织在中国梦教育中的任务和职责，形成以党委为领导，思政课教师、社团、专业课教师、行政部门、教辅部门共同发力的体系。

其次，建立中国梦教育联动机制。中国梦教育联动机制包括队伍联动和组织联动。队伍联动是指学校思想政治教育一线队伍的紧密联合，主要是指思政课教师、辅导员、专业教师等各方面的联动，共同开展"中国梦"宣传教育活动。思政课在传授"中国梦"主题知识的同时与理想信念教育结合起来，引导青年学生加强理论学习；辅导员要深入学生中间、倾听学生声音，研究青年学生关心的热点问题，了解青年学生的思想需求和变化规律，针对性地开展"中国梦"理想信念教育，帮助他们梳理思想困惑和生活矛盾，提升青年学生个人梦的针对性，增强"中国梦"及国家的认同感；专业课教师在专业课技能知识教学中，要充分认识实现"中国梦"需要的专业知识和技能体系，引导青年学生认识专业课程学习重要性，促进学生专业知识和专业技能的深入学习，提高学习专业技能的积极性，为就业做好专业技能基础。组织联动是指党组织、社团组织、行政组织、教学组织在中国梦教育中形成相互配合的联动机制。党组织、社团组织、行政组织、教学组织一方面利用自身的优势独立开展符合其特点的中国梦教育活动，另一方面在其他组织开展教育活动时主动动用自身的组

织资源优势进行配合，从而形成中国梦教育同向合力。

最后，建立中国梦教育的沟通反馈机制。沟通反馈机制是中国梦教育制度体系中最重要的环节，思想政治教育育人机制的核心就是沟通反馈机制，通过不断地沟通和反馈，达成共识和提升认识，修正行为。中国梦的沟通反馈机制就是通过建立中国梦教育低成本快捷有效的沟通体系。其沟通反馈机制主要由师生定期互动机制、依托网络平台及即时通信工具建立不定期互动机制、效果评估机制、多项反馈机制构成。

第二节　时代背景下大学生政治认同状况研究

一、政治认同的基本理论

（一）政治认同的含义

政治认同指的是"人们在社会政治生活中产生的一种情感和意识上的归属感"。[11]生活在一定社会中的人们总是在一定的社会关系中确定自己的身份，依据一定的政治态度和政治目标把自己看作是某一政党的党员、某一阶级阶层的成员、某一政治过程的参与者或某一政治信念的追求者，并自觉地以其所属群体或组织的要求规范自己的政治行为，这就是所谓政治认同。

政治认同从个体意义上讲是个体经过政治社会化过程内化政治体系的政治文化后所形成的一系列情感、态度、信念等政治倾向，是其政治自我或政治人格的一个重要组成部分；从社会意义上讲则是"数百万个体的政治社会化经历所累计得出的对整个政治体系具有重大影响的政治结果"[12]。由此，可以将政治认同分为三个层次：

（1）初级层次，也就是本能上的认同，即人们对社会组织具有天然的和下意识的归属感，如血缘的认同，种族的认同，地域的认同等。

（2）中级层次，也就是情感上的认同，即人们对社会政治组织所产生的热爱、信赖、追随、亲近、归属等。情感认同更多地受到个人社会经历的驱使。

（3）高级层次，也就是理智上的认同，即人们在对全部自然及社会关系的把握中，在理性的指导之下所产生的认同。理智上的认同表现为对某一理想的追求，或将自身投入某一事业中去的自觉。般政治组织中的先进分子对

---

[11]中国大百科全书总编辑委员会编. 中国大百科全书·政治学[M]. 北京：中国大百科全书出版社，1992：501.

[12] 罗伯特·道森. 政治系统与政治社会化. 永清译，国外社会科学情况[J]. 1988：3.

组织所产生的认同属于理智上的认同。但认同的不同层次有时在作用方向上是不一致的。本能上的认同未必与情感上的认同相吻合，情感上的认同也未必会得到理智上认同的支持。政治认同在社会政治生活中呈现出微妙而复杂的表现。

（二）政治认同在社会政治生活的作用

首先，政治认同有助于组织成员产生对政治体系的普遍信任的情感，使政治过程获得更多人的支持和参与，使政治体系获得权威性。这正像彼德·布劳所说："我们不能强迫别人公同我们，不管我们对他们有多少权力，因为强制他们表达他们的感激或赞扬将使这些表达毫无价值。行动可以被强迫，但情感的被迫表现仅仅是一场戏。"[13]一种政治权力的统治除了让公众在理性上的认同以外，同时还必须造就大多数公众广泛的心理和情感的支持，就如托克维尔所说："对某一地区或某个社会集团的依附感向来是人们忠于自己的政治理想、采取政治行动的一种最强大的动力。一个人一旦把他自己同某地区或某个社会集团的利益紧紧联系在一起，以致在那个范围以外他的生活就失去任何真正的意义，那么，他就已经准备在必要时不惜牺牲自己的生命来维护那些利益。"[14]

其次，政治认同有助于政治体系及其制度获得合法性，提高其制度化的程度，这是政治体系稳定的重要条件。亚里士多德曾指出"一种政体如果要达到长治久安的目的，必须使全邦各部分（各阶级）的人们都能参加而且怀抱着让它存在和延续的意愿。"[15]这种意愿就是一种政治情感或归属感，就是政治认同问题。特别在利益多元化的现代社会，社会成员的政治认同程度越高，政治体系就越稳定。

（三）政治认同的获得途径

政治认同作为人们在社会政治生活中产生的一种情感和意识上的归属感，其本质上是社会公众对政治权力的信任和对政治价值的信仰。公民政治认同的获得可经由不同的媒介或途径获得。

第一，强力途径获得政治认同。强力是一种威慑，强力的使用能够产生权威的地位。因此，借助于强力有助于迅速建立一种权威和认同的关系。但必须注意的是，使用强力所获得的认同是不稳定的，而要使认同变成人们内心的一种自愿，就要使"强力变成权威，使服从变成义务。"[16]

[13] 彼德·布劳. 社会生活中的交换与权力[M]. 孙菲等译，北京：华夏出版社，1988：19.

[14] 托克维尔. 论美国的民主[M]. 王合等译，北京：商务印书馆，1981：27.

[15] 亚里士多德. 政治学[M]. 吴寿彭译，北京：商务印书馆，1996：188.

[16] 卢梭. 社会契约论[M]. 何兆武译，北京：商务印书馆，1980：121.

第二，利益途径获得政治认同。利益途径是获得政治认同的关键性因素。其原因在于：人们对利益的关注是基于生存的本能。如果没有利益的保障，政治认同便丧失了基本的纽带；而同时如果没有利益的驱动，政治认同亦失去其基本的动力。正是政治利益的强大引诱，人们才必须思考如何来看待自己和自己的选择，如何选择或舍弃不同的社会团体，利益途径是获得政治认同的关键性因素。

第三，价值途径获得政治认同。政治认同依存于特定的利益关系，但同时亦依赖于基本的政治共识。政治共识是在一定社会中人们共有的一系列信念、价值观和规范准则。当人们认为政治系统及运作符合他们所选择的价值标准时，则对其具有认同感，就会支持和维护政治系统及其运作过程；反之，他们就可能采取某种不利于政治系统的行为。因此，价值系统是获得政治认同的根本因素。

第四，政治文化途径获取政治认同。政治文化观念直接导致了人们对政治系统的认同。各种思想观念，包括对于政治体系的认同观念都是以文化的形式传递着的，文化以其自身的方式传播扩大着对于政治系统、政治体系的认同观，从而使这种观念掌握更多的民众，也就使政治认同有着更为坚实的基础。政治认同感借助文化传播不断掌握更多的民众，政治认同感也在观念的自身复制中得以继续获得认同。

二、时代背景下大学生政治认同状况分析

为了了解时代背景下大学生政治认同的现状，提出培育时代背景下大学生政治认同的相应路径，笔者于 2019 年 8 月—2019 年 10 月期间对我校学生进行了问卷调查，根据当代大学生特点，编写《时代背景下大学生政治参与情况调查问卷》。调查问卷采取随机取样的方法，以不记名的方式在针对在校大学生发放。共发放问卷 450 份，回收有效问卷 415 份，问卷有效率为 92%。

前文的调查问卷为我们继续探讨当代大学生政治认同问题做了数据支持。通过对回收有效问卷的整理统计显示，我国当代大学生在政治认同问题上，其主流是好的，大部分当代大学生关心国家大事，对参与国家政治生活有着强烈的意愿。但是也有部分当代大学生存在对政治明显缺乏兴趣，不关心政治，被动的参与政治以及参与政治时目的不纯等现象。

（一）政治关注度较低关注角度不够宽广

在本次调查问卷中体现出部分当代大学生政治关注度不高，关注的角度狭隘片面。在有些当代大学生看来，政治是国家的事，个人的参与与否没有多大关系。对他们来说，关心政治不如搞好自己的专业，不如抓一点实惠的、有实

际利益的东西。"搞好自己的专业，找一份好工作，谁来执政与我们无关"，他们"躲进小楼成一统，管他冬夏与春秋"，将自己封闭起来，避免同外界政治的联系，避免参加政治活动，变成一种远离政治的纯生活型、事务型的人。也有的大学生平时关注政治，但是仅仅关注"能用得上的"，这些大学生关注政治的角度狭隘，仅局限于与自身利益相关的方面，对与自身利益不相关的政治则避而远之，漠不关心。在被问及"您周围同学最常议论的话题是"时，选择"目前比较突出的经济问题""自身就业问题""日常学习生活问题"占了大多数，达 68%，仅有 12%的同学表示经常和同学聊"党和国家的重大政治问题"，这12%中，根据调查显示，女大学生的比例就更小了，仅占受访者的 5%。

（二）政治知识储备不足政治认知能力较弱

目前我国在教学体系上的规划是，从初中就开始进行系统全面的政治素质教育，在高等学校里，思想政治理论课更是每个大学生必修的课程。但是事实是，效果不如人意，部分当代大学生政治知识依然缺乏，对政治事件的认知能力较差。这归因为一些学生对高等学校开设的政治理论课普遍认识不足。如调查问卷中问及"您认为在高校开设思想政治理论课是否重要和必要?"时，5%的学生认为不重要也不必要，5%的学生认为开不开无所谓，2%的学生说不清楚，即有 12%的学生对高等学校开设的政治理论课认识严重不足。有的学生不知道为什么开设政治理论课，认为只要把专业课程学好了，就可以找到一份好工作而学好政治理论不能作为找工作的资本，有的学生认为步入社会根本就用不到课本上的这些东西，疏通好人情关系比学好政治理论课更有实际的好处。在本次调查问卷中还发现当代大学生政治认知比较模糊。伴随着改革开放深入出现的一些不良现象，如西方资产阶级腐朽及封建思想残余的抬头等等，对当代大学生思想产生了深刻的影响，加之现在的大学生接收信息的渠道很多，内容庞杂，广播、电视、报纸杂志、互联网等传播的信息铺天盖地，他们往往用自己的眼光和缺少经验的头脑分析和判断各种事物，容易被一些表面现象所迷惑，看不清问题的本质和主流。因此，面对纷繁复杂的社会环境，当代大学生的政治认识出现了模糊甚至动摇。在被问及"您对于宪法和法律规定的公民政治权利和义务的了解"时：只有20%的大学生表示"非常清楚"，60%的同学表示"知道较少""一点不知道"。在被问及"您认为当代大学生政治参与的最好态度"时，14%的同学表示"不参与""尽可能少参与"。

（三）政治态度不够积极政治情感不够稳定

通过本次调查问卷可以发现还有许多同学或者政治态度明显消极，认为政治与自己很远，于是"事不关己高高挂起"；又或者由于受到西方社会思潮的影响，和国内一些非主流的思想的影响，导致政治情感不够坚定，政治态度淡漠。当代大学生由于就业压力等各种原因，对专业课和实用技能有着较高的学习热情，但对思想政治理论课、对现实政治动态和民主政治建设状况却普遍缺乏兴趣，甚至存在腻烦心理。在被问及"是否愿意参加中国共产党"时，专业不同的学生给出截然不同的回答：文科专业的学生选择"非常愿意""愿意"的居多，占 67%，只有不到 20% 的同学选择"无所谓"。理工专业的学生选择"非常愿意""愿意"的较少，只有 30%，选择"无所谓"的非常多，达 47%，这不仅反映出这些同学政治态度消极，也从侧面说明当代大学生参与政治的功利性。在被问及"对于目前某些干部贪污腐败，您的态度"时，有 15% 的人选择"官场潜规则"和"与我无关"，虽然大多数同学的选择是正确的，但这少数同学表现出政治情感模糊的现象让人痛心。

（四）政治参与动因中主动性较低

在本次调查问卷中体现出当代大学生在参加政治活动时，主观愿望不高，多数是为了应付学校的要求，或者是同学的带动下，少数同学则是由于第一次参加政治活动带来的新鲜感而参加的。在我国高校，虽然当代大学生参选率很高，但是有效的政治参与行为很少。当代大学生参与政治时，动员型参与多于自觉型参与。当代大学生一般是由学校组织安排干什么就去干什么，无论是参加政治学习、讨论，还是参加政治活动都是如此。"学校老师让参与就参与，没有安排就不参与"。还有的抱着随大流的心理，别人选谁自己就选谁。一项调查显示，有近 40%的大学生参加选举是在"随大流"。有的干脆随便找个人代选下，而大多数的人对这种选举现象熟视无睹。总之"事不关己，高高挂起""各家自扫门前雪""政治是国家的事，与我无关"等观点是现在的普遍心态。在被问及"因为什么来参加选举活动"的时候，回答"老师要求的""跟着同学来的""第一次来，很新鲜"的同学占 55.3%，回答"选择能代表自己意愿的"仅占 30%。这体现出还有相当数量的当代大学生政治参与的意识不足，国家公民的意识没有觉醒。

（五）政治参与行为中存在着部分功利性

在本次调查问卷中体现出当代大学生在参加社团活动、学校和班级的选举活动、入党问题上都表现出了新时期当代大学生实用主义、功利主义浓厚的特点。以入党为例，有些人以当代大学生保持着较高的入党积极性和在校选举的高参与率为由，认为当代大学生政治参与意识强。其实，对于当代大学生入党的功利性动机，人们是心照不宣的，一旦达到入党目的后，当代大学生的政治积极性就明显降低。与其说入党是大学生的一种政治参与行为，不如说是他们的一种政治投机行为。在学校的一些选举中，较高的投票率也并不表明当代大学生具有积极的政治态度，高涨的政治热情，而是因为其中大部分同学的投票行为是在学校的硬性要求下进行的，而非自主自愿的举动。在被问及"您认为当代大学生入党的动机是什么"的时候，多达 40.7%的学生认为是为了"对自己的仕途发展有好处"和"更有利于就业"。在被问及"最常用的参与政治的方式是什么"的时候，60%的学生选择"网络"，这也说明当代大学生在参与政治时，首先考量到的是时间与收获的对比，同时也从侧面反映出我国当代大学生在社会和学校缺少参与政治的渠道。

三、时代背景下大学生政治认同存在问题的成因分析

根据西方政治学者亨廷顿的研究："教育与政治参与有着强烈的正相关关系，影响政治参与和态度的唯一特征是教育，一个人受的教育程度越高，他参与政治活动的可能就越大，对政治问题的态度就更坚定，也更有思想性。"[17]政治学鼻祖亚里士多德也曾指出："人是天生的政治动物"[18]，即人具有参与政治的意向或政治天性。但是在现实生活中，他们是否参与政治，是否涉入政治过程，还受制于多方面因素。作为一个拥有较高文化素养和科学素养的大学生群体，影响大学生群体政治认同问题的原因主要有以下几个方面：

（一）我国长期被动参与的传统臣属型政治文化的影响

所谓政治文化是指一个民族在特定的时期形成的一套政治态度、信仰和情感，是政治关系在人们精神领域内的投射方式。政治文化通过内在的政治心理影响外在的政治行为。几千年来，在中国传统封建政治文化推崇的官尊民卑、官本位思想、清官心理、与世无争等复杂的以小农意识为主的政治心理支配下的政治文化是臣属型的，在这种政治文化背景的影响下，人们普遍安于现状，被动接受命运，民众没有介入政治系统并发挥积极的作用，对整个政治系统和政治输出往往逆来顺受，不思进取的心理习惯严重束缚着的行为选择，导致国民缺乏自觉的政治参与意识。几千年的封建文化深深地沉淀在国民心中，在不经意间已经传递到当代大学生的思想中，这种政治哲学势必造成青年大学生冷漠的政治心理，形成被动的参与意识，不利于大学生政治认同。

（二）民意表达渠道不畅通，导致大学生政治效能感低

政治效能感指一个人认为他自己的参与行为影响政治体系和政府决策的能

---

17 （美）加布里埃尔 A,阿尔蒙德、西德尼·维伯,公民文化—五个国的政治态度和民主制[M].北京：华夏出版社，1989：201.
18 亚里士多德. 政治学[M]. 吴寿彭译，北京：商务印书馆，1996：188.

力。一般地讲，政治效能感强的人比政治效能感弱的人会更多地参与政治。虽然大学生群体是一个具有较高知识素养的群体，但在社会、学校中仍处于弱势地位。尽管高校都宣称以学校服务学生为理念，但在现实中，仍是学校领导、行政人员为主体，学生实际上处于弱势地位，学生的民意合理化诉求很难得到学校的回应。在自身合理化诉求无法得到尊重的条件下，作为选民的学生，不管投不投票、投谁的票都不能表达自己的意愿，因此对政治有着很强的距离感。当民意表达不畅通，自身利益得不到保证，大学生认识到通过个体的政治参与无力改变现实时，政治效能感自然会降低，更倾向于消极对待政治。

（三）选举机制不健全，候选人宣传的内容和形式有待进一步优化

笔者曾参加过区人大代表的选举，深切感受到这一点。比如在候选人宣传这一问题上，学校对候选人的情况介绍主要采取的是在校园内张贴候选人的基本简介，内容包括姓名、性别、年龄、工作经历，着重介绍候选人的专业素质。在这种情况下，候选人能否真正代表学校的意志值得商榷。绝大多数学生都在心中对人大选举有这样的感受，即"选前不知道，选后不认识""上面定圈圈，下面画圈圈""投不投票，发不发表意见都不能表达我们的意愿，最终还是领导说了算"，这种形式化的宣传使学生投票带有盲目性，从而对选举产生冷漠的态度。

（四）大学生的政治角色使他们的政治参与机会较少，影响其政治认同的形成

现阶段的大学生虽然从年龄上已过18周岁，具有了完全意义上的公民身份，但他们仍属于"准社会成员"，本身处于一个由非利益群体或准利益群体向未定利益群体演变的时期，在很大程度上还不是一个独立的利益群体，而政治参与更多的是利益的表达过程，所以现阶段大学生，无法代表某个群体。在此，一方面是被赋予的社会责任寄托少，自然参与政治的欲望也随之减弱，另一方面，由于当前我国公民政治参与的合法渠道较少，这在客观上就使他们失去了合法合理政治参与的必要性迫切性。正是由于缺乏这种利益上的诉求，现阶段大学生政治参与的机会不多，促使他们中的一些人更少地参与政治。

（五）改革开放以来西方各种社会思潮的进入导致大学生价值观逐步转变

随着我国改革开放的逐步深入，受西方各种思潮冲击，大学生价值观呈现出矛盾性、多元化的发展趋势。长期以来的集体利益第一、个人利益无条件服从集体利益的主导价值取向受到极大冲击。随之而来的是大学生政治价值观念

的衰退，对政治认知直观化，政治评价功利化，而且大学生价值的衡量标准也由过去的政治地位的一元性转变为政治、经济、文化和社会的多元化，这些无疑会影响他们参与政治的热情和积极性。

（六）大学生就业压力的影响，是影响大学生政治参与，形成政治认同的最直接原因

20 世纪 90 年代末期以来，国家对高等院校就业制度进行了重大改革，毕业生不再由国家统筹分配，而是直接面对人才市场，加之高校的扩招，导致就业压力越来越大。据资料统计，2015 年高校毕业生为 749 万，2016 年为 765 万，2017 年为 795 万，2018 年为 820 万，2019 年将达 834 万人。面对如此严峻的就业形势，很多大学生已经不再有"普天之下，舍我其谁"的政治豪情和"治国平天下"的宏大抱负，为了生存和增加未来求职的筹码，在校大学生热衷于考证、考研，热衷于学外语等实用性的东西，鲜有时间和精力去参与政治。

四、构建时代背景下大学生政治认同的路径选择

我国正处于社会转型期，转型期也是各种社会矛盾问题的多发期，改革要深入，经济要健康发展，政治要保持稳定，社会要和谐，都离不开 2468 万青年大学生的聪明才智。作为民主建设的主力军，他们的政治参与水平和政治认同的质量将直接影响到我国政治文明建设的进程。如果社会上"沉默的大多数"太庞大，不仅会严重影响我国政治现代化的进程，而且不利于社会的和谐和稳定。结合我国的实际情况，仅就目前来讲应该从以下几个方面着手解决青年大学生群体的政治认同问题，提高大学生的政治参与水平和质量。

（一）努力营造参与型政治文化氛围

传统臣属型政治文化成为政治冷漠产生的诱因。大学生思想较其他的社会群体活跃，乐于接受新鲜思想，只要条件具备，完全可以变被动应付为主动参与。一方面要加强大学生群体的"现代人"意识教育。作为当代青年，要树立自己是国家主人的观念，既是权利主体，也是义务主体，增强责任意识、参与意识，彻底改变"两耳不闻窗外事，一心只读圣贤书"的陈旧观念；要增强民主、平等意识，"政治是众人之事"，"民主就是人民当家做主"，在参与政治和管理国家的过程中，人人都有一票，"人人生而平等"。另一方面，大学生要增强法治观念，要依照法律的规定参与现实的政治生活；"现代人"的观念能够改变大学生政治输出意识不强，政治参与率低的现状。

（二）重视青年大学生群体的利益表达，完善利益表达机制，改善政治环境，建设和谐的大学校园政治文化，增强大学生的政治效能感

截至 2019 年，我国大学生的总人数已达到 2468.1 万，他们是我国政治现代化进程中最积极、最活跃、最有生气的一部分力量，通过提高他们的政治效能感，不仅有利于政府政策的民主化和科学化，而且能为我国政治现代化提供持续不断的动力。因此，学校首先要充分重视学生的利益，本着"一切为了学生，为了一切学生，为了学生的一切"的服务理念，通过具体的制度落实在实践层面。其次，政府在制定有关大学生切身利益的政策时，要充分吸收大学生的意见，使政策体现大学生的意志，更好地为大学生服务。最后，学校要营造一个平等和谐、积极向上的校园政治文化，大学校园是大学生进入社会的一个体验期，大学里的党团组织、学生会、各学生社团组织的选举给学生参与民主制度提供了各种机会，因此学校在制定相关规章制度时，要给大学生提供良好的民主参与的环境与平台，充分吸收大学生的利益诉求和表达，让学生通过合法正当的途径来争取自己的利益。另外，应该建立一套大学生利益表达机制的监督机制，使学校能认真倾听大学生的声音，尊重大学生群体的利益，这样，就能提高大学生的政治效能感，进一步提高其政治参与的质量和水平。

（三）优化选举制度，增加候选人演讲环节，充分保障大学生的知情权

学校除了应尽可能提供候选人的详尽信息，还应组织候选人进行竞选演讲，把自己的政治素质、任期政纲与目标、参政议政能力、道德品质状况向选民充分显示或表达出来，把最真实、最全面的信息传递给大学生选民，让大学生选民对候选人的情况有充分的了解，为选出合格的代表提供依据。另外，学校应运用学校网络等媒体组织学生观看候选人的演讲。一方面，通过演讲可以增强候选人的责任意识，另一方面学生也可以直接了解候选人的全面状况，避免"信息漏斗现象"，以便克服选举中的盲目性和被动性，进一步提高透明度，赢得学生对民主的信任，从而提高大学生群体参与政治的积极性。

（四）国家、政府和学校应充分拓宽就业渠道，解决大学生就业问题，为大学生群体参与政治奠定良好的物质基础

国家和各级政府要把大学生就业问题提高到政治稳定的高度来加以重视，改变过去将就业任务一味压给学校的做法，要形成"党委领导，政府负责，学校协同"的合作格局。党委决策，政府实施，积极采取各种措施和途径大力发展经济，发展经济是手段，拓宽大学生就业渠道是目的。另外，学校应负责专

门化的就业指导，引导学生就业方向与经济发展和产业结构调整方向一致，树立正确的就业观，增强就业能力，保证就业条件、竞争等方面的公平合理，并积极鼓励大学生自主创业，实现充分就业。这样才能为大学生参与政治奠定坚强的物质基础。

（五）大学生自身要从国家、民族命运、社会进步、个人成长成才的高度深切意识到政治认同的必要性和重要性

2018 年 7 月 2 日，习近平在同团中央新一届领导班子成员集体谈话时强调，要加强对青年的政治引领，党旗所指就是团旗所向。要在广大青年中加强和改进理论武装工作，引导广大青年运用马克思主义立场、观点、方法观察分析问题，从而坚定正确政治方向，增强道路自信、理论自信、制度自信、文化自信，坚定听党话、跟党走的人生追求。要广泛动员青年建功时代背景下，全面贯彻党的十九大精神，围绕统筹推进"五位一体"总体布局和协调推进"四个全面战略布局，主动配合党和国家重大工作部署，动员广大青年把报国之志转化为实际行动，努力成为担当民族复兴大任的时代新人。当代大学生在行使政治权利的同时，要主动担负起政治参与义务。要主动回应政治民主化和政治参与法制化的前进趋势，努力培养自己的政治参与意识，从身边做起，担负时代和民族赋予的历史命运和政治使命。唯有如此，中国的政治改革才能得到深化，政治认同才能得以真正实现，大学生才能成为真正意义上的天之骄子和栋梁之材。

第三节　时代背景下大学生法律认同状况研究

中国法治社会的建设离不开公民法律素质的培养，而大学生群体又是整个公民群体中非常重要的一部分，他们不仅对现在的家庭行为会产生重要的影响，而且短短几年后就会走向社会，继而组建家庭会成为社会发展的主要力量，所以，大学生群体的法律素养对整个中国法治社会的建设至关重要，他们所处的这个年龄阶段也是人生当中非常重要的五观（世界观、人生观、价值观、道德观、法律观）的形成时期。了解大学生的法律素质现状，然后有针对性地发现我们现在的法制教育所取得的成绩和存在问题有着非常重要的意义。而法律素质的提升有助于时代背景下大学生法律认同的有效开展，在此，我们主要以宪法认同为例，对大学生的法律认同进行调查研究。

法律信仰的形成不依赖于铜表上的文本，而在于是否被铭刻于公民内心，

时代背景下大学生思想教育与行为引导研究

对于位于法律金字塔顶层的宪法更应如此。宪法需要被认同，这不仅是确立法治信仰的前提，也是对于民主治国的内心确认。大学生作为知识传播和法治传承的中坚力量，需要确认这份认同感，确认对依法治国理念和民族发展的自信。2018年宪法修正案将"习近平新时代中国特色社会主义思想"载入宪法，进一步丰富了宪法内容。那么以何种教育方式实现这种认同的效果就显得尤为重要，传统模式寄希望以知识"灌输"来达至认同与理解，但通过对知网中多篇调查大学生宪法意识或认识的论文结论来看，这一模式的效果并不具备优势。本文提出以背景解构模式来构建宪法认同教育路径并非一种创新，而是对其他学科教学方式的经验总结，即以宪法演变的背景解读、逻辑解构、史料与案例分析为侧重，重新思考宪法认同教育的路径。

一、宪法认同的基本理论

（一）宪法认同教育的内涵、当前价值

正如宪法学者萨维尼所言：宪法认同的本质就在于寻求宪法的价值导向与公民的普遍信念、习惯和民族的共同意识的某种契合，即宪法文本所蕴含的精神应与公民的价值追求、民族的发展理念保持一致，进而引发民众对宪法普遍的内心确认，这就是宪法认同，同时也是宪法认同得以实现的前提。因此，要使得公民认同宪法，首先，这部宪法必须是一部"好"宪法，能够体现不同阶段、不同时段公民的价值追求并且保障这种追求是进步的，在宪法发展史上具有推动时代发展的作用；其次，文本上的宪法必须具备实践性，即具有实现的可能性、可操作性，进而宪法的权威性才能得以保障；再次，恰当的宪法认同教育应当有效开展，教育模式和教育手段需要充分展示宪法发展的最新成果，不能局限于宪法知识的"灌输"，应以价值评价为侧重来开展教育。宪法认同教育是以有效的教育模式和手段培育公民的宪法精神，不仅表现在对宪法知识的了解和理解上，更是宪法意志的内心确认，因此形式必定多样化、更具内涵性。

（二）"习近平新时代中国特色社会主义思想"——宪法价值扩展

"习近平新时代中国特色社会主义思想"的核心内容是"八个明确"，它是对中国社会的总体布局，涵盖了社会生活的方方面面，是党和人民实践经验和集体智慧的结晶，引领中国人民实现中华民族伟大复兴，适应了社会的需要、时代的呼唤，是依法治国重要战略的体现，具有重要意义。将"习近平新时代中国特色社会主义思想"载入宪法符合宪法的发展规律，契合了宪法发展的本

质，也遵循着事物发展的普遍规律即新事物的产生、旧事物的灭亡，事物的发展是螺旋式上升、波浪式前进的过程。同时它以根本法的形式保障了中国共产党依宪执政；保障了党的领导和国家指导思想的高度统一；为政治文明提供了宪法依据。顺应时代发展潮流，具有历史进步性。

习近平讲："青年兴则国家兴，青年强则国家强。青年一代有理想、有本领、有担当，国家就有前途，民族就有希望。"[19]青年对"习近平新时代中国特色社会主义思想"的认同决定着祖国的未来。宪法的特殊地位和本质决定了青年必须认同宪法、必须深刻领会习近平时代中国特色社会主义思想，两者具有高度一致性。

二、时代背景下大学生宪法认同状况分析

综述以往研究或探讨大学生宪法意识或认识的论文，可以发现当前大学生宪法认同教育的传统路径主要具备以下特点：

（一）宪法认同教育寓于思想政治教育之中

这是目前大学生宪法认同教育的主要路径。大学生按是否学法学专业来分，分为法学专业的大学生和非法学专业的大学生两类。法学专业的大学生对法律的学习比较系统，其课程的开设主要以部门法为标准对课程进行划分。进入大学，学法律的入门课就是《宪法学》，此课对宪法进行比较系统的学习，但一般只开设一学期，因为课时有限，对宪法的学习也只是皮毛，学生刚培养起宪法意识，课程就不再继续。而非法律专业的学生的法律学习主要寄予思想政治教学之中。在大学所开的思政课中只有《思想道德修养与法律基础》（以下简称"基础课"）中有关于宪法的内容，因为公共课本身课时有限，分散在宪法上的课时更是很少，基本是2-4课时，整个"基础课"（2018年修订版）中只有一节内容是关于宪法的，在教材体系安排上主要讲述我国宪法的特征、基本原则；我国公民的基本权利和义务等。

（二）宪法认同教育依托普法教育，将宪法认同教育融于宪法实践活动之中

2014年11月召开的十二届全国人大常委会通过了关于设立国家宪法日的决定，将每年的12月4日设立为国家宪法日。为纪念这一伟大的日子，全国许多科研院校都在每年的12月4日进行"宪法宣传日"活动。通过文艺表演、宪

---

[19] 习近平. 中国共产党第十九次全国代表大会上的讲话[N]. 人民日报，2017-10-18.

法知识传播、宪法知识竞赛，"宪法与我"演讲，观看关于宪法的影像资料，举行"宪法宣传周"等活动来开展。通过这些关于宪法的活动，使学生在普法教育中感知宪法、学习宪法的相关知识。当然，一些思政课教师为了加深大学生对宪法的认知也将宪法认同教育融于宪法实践活动之中。比如课堂或课后举行宪法情景剧、宪法知识竞赛、模拟法庭等，但因"基础课"课时有限，所以，宪法实践活动只是个别老师、个别课堂的活动，普及性不强。而新闻媒体一般在一些特殊的日子也会举行大型的"宪法宣传"活动，在法律讲堂、法治社会等栏目播出。而对于"习近平时代背景下中国特色社会主义思想"这一重大理论成果，通过各种形式如专题报道，纪录片、电视剧、电影等形式对其进行宣传、报道，取得了一定的效果。

三、时代背景下大学生宪法认同存在问题的成图分析

从上述分析可以看出传统路径取得了一定的实效，比如开创了宪法认同教育的理念并辅之以教育手段；理论和实践研究也在逐渐聚焦宪法认同，尤其是"习近平时代背景下中国特色社会主义思想"入宪以后；宪法认同教育平台也更加广泛和多元化。这些都为宪法认同的专业化建设奠定了良好基础，但现阶段来看还着实存在一些问题有待我们进一步分析和完善。

（一）重政治指导、重知识灌输轻宪法实践

从大学生接受宪法认同的主渠道学校教育来讲，教师对宪法讲授的主要路径是"灌输"，教师主要围绕宪法相关知识进行讲授，因为课时有限，再加之高校思政课教师大多出身思想政治教育等相关的政治类专业、法律专业科班出身的人很少，所以，大多数教师的法律功底并不扎实，对法律的理解也不是很到位，这样，就出现了"怪圈"，自己理解不到位，如何讲给学生听？讲的人只知皮毛，听的人又有多大兴趣？又能掌握多少？大部分思政教师很少组织学生进行宪法实践，当然有时会组织法律实践，但是机会很少，而且课堂之外的宪法教育时间、形式都并不固定，带有很大的随意性，学生并不能通过一两次实践达到对宪法的认同。"纵观历来思想政治教育教材的制作和内容，理论阐述大于实践分析，宏观概述强于具体描述，政治要素高于知识思维，符合了传统意义上思想政治教育体系，却难以符合当前思想政治教育的大势以及当代学生多元化的文化需求。"[20]宪法认同教育寓于思想政治教育之中，思政教育的总体特点

---

[20] 蒋涛，吴维维. 思想政治教育"灌输论"的当下实践——以价值评价思维为导向，中学思想政治教学参考[J]. 2018（3）.

如此，宪法认同教育当然在思政课本中也不例外。编写教材时政治要素高于知识思维。教材编排、老师讲授都是重知识灌输轻法律实践。而大多数家庭因为父母也不懂法对宪法认同教育几近缺失。虽然新闻媒体也做一些法制宣传，但是宪法宣传基本是在"宪法宣传日"进行。新媒体的冲击，学生很少看电视，学生的主渠道是手机、网络，它们对主体能动性的要求比较高，学生得自觉去学，可是又有几人会主动搜索"宪法"相关视频去看？又有几人会借助新媒体主动去学习宪法？又有几人会主动参加宪法实践活动？

（二）重工具性宪法认同轻价值性宪法认同

"从社会主体对法治的功能认知的角度，可以把法治认同分为工具性法治认同和价值性法治认同。"[21]工具性法治认同侧重于法律的工具性作用，法律能够满足主体的某种实用性，这种认同主要是一种外在的认同。而价值性法治认同侧重于法律内在所包含的价值对主体的满足程度，主要是价值层面的认同如公平、正义、自由等，这主要是一种内在的认同。当然工具性宪法认同是低层次的认同而价值性宪法认同是高层次的认同。最终宪法认同的教育目标是从工具性宪法认同走向价值性宪法认同。

在高校的宪法认同教育中，教育者往往从宪法的规则去讲授宪法，侧重于宪法的具体规定，侧重于宪法对学生的实用性，而很少从价值性宪法认同的角度去施教受教育者。在"基础课"中虽然有法律理念、法律思维的章节，但都从宏观来讲，课时有限，教师水平等因素影响，并不能从深层次去探讨宪法所蕴含的价值，宪法价值的发展史，也不能将规则背后的价值进行深层次、有效地讲解，学生听的笼统，不透彻，对价值性宪法的认同也就不深入。宪法认同应包括认同宪法规范、认同宪法价值从而产生宪法行为的认同体现。当然，据调查，大学生的宪法知识比较贫乏，在问道："现今宪法是哪年修订的？""宪法日是哪天？""你觉得你了解宪法吗？"等问题时，许多同学的回答令人唏嘘。大多数同学宪法知识缺乏，对宪法比较冷漠，觉得宪法高高在上，没什么实用价值不如部门法实用等等。对宪法规范的认同是产生宪法价值认同的前提和基础，当然，价值认同又进一步促进宪法规范的认同。大多数同学对宪法规范都不太了解，怎么去理解宪法背后的精神和体现的价值呢？或者至少可以说不能很好地理解宪法的精神和价值。价值性宪法认同的评价是宪法认同意识的培养；宪法情感的养成；宪法行为的体现。这些都不同程度地存在问题。而宪法认同

---

[21] 李春明，张玉梅．当代中国的法治认同：意义、内容及形成机制，山东大学学报哲学社会科学版[J]．2007（5）：134．

必须使宪法意志得到内心确认，从而产生认同行为。综上所述，宪法认同价值评价教育存在问题，亟须加强。

四、构建时代背景下大学生宪法认同的路径选择

（一）以教育规律为原则建构宪法认同教育之思路

对大学生进行有效的宪法认同教育，必须遵循教育规律，按规律办事。"我们常说的教育规律实际上有意义不同、属性不同的两大类，一类是教育发展规律，一类是育人规律"。[22]这里的规律是指"育人规律"。以教育规律为原则建构宪法认同教育之思路。首先，重内因。当今的大学生已经进入"95后"，要针对"95后"大学生宪法素养的特点来展开教育。如重实体法轻宪法；宪法意识和宪法行为相悖；宪法认同和宪法质疑相存；依宪办事和宪法认知度低并存等。在建构宪法认同教育体系时要结合大学生"宪法认同"的实际情况来展开。同时，大学生的认知过程也有规律可循，遵循"认知规律"即从宪法认知到宪法情感，再到新的宪法认知最后产生宪法行为的过程。遵循由浅入深、由表及里、由现象到本质、由感性认识到理性认识的规律，循序渐进地对大学生进行宪法认同教育。其次，外因也不容忽视。要建构满足认知过程和符合学生特点的教育条件。外因对事物的发展起加速或延缓作用。教育条件是外因。在构建良好的教育条件时，要遵循大学生自身的特点和认知过程来建构。建构教育条件时要将史料、案例、媒体三者有机结合起来，从感性认识入手，逐步深化，最后达到理性认识。

（二）"四位一体"构建大学生宪法认同教育路径

1. 深入挖掘宪法教育资源，整合认同教育内容

多元文化以及新媒体的冲击，使得"95后"大学生对知识广度和深度的要求比以往任何时期都高，仅局限于教材的讲授，已不能满足于其对知识的诉求和传播，这就要求在进行宪法认同教育时，对宪法教育资源进行挖掘和有效整合。一是收集和挖掘典型宪法案例素材，如有必要收集每年的"十大宪法事件"以及候选案件，这些案件由法律界的知名专家、学者、教授所提供，是对当年的宪法案例进行整理、汇编、对案例进行深度点评的结晶。它们反映着民生以及社会热点，具有一定的代表性。二是归类整理和研习宪法史料。宪法史料丰富、详细，在有限的课堂时间内不可能对史料都进行全面

---

22 赵沁平. 教育规律究竟有哪些[J]. 中国高等教育. 2012（18）.

而细致的讲授，这就要求教师具有集体备课的意识，对史料的理论和实践进行集体研习，有重点、有针对性地讲授。选取宪法史上发生的、对宪法进步起到一定推动作用的史料和史实，形成宪法史料库，用时可以直接调取。三是采集和建立媒体库。今天的学生已进入"读图时代"，许多学生喜欢感性的东西、喜欢看视频，简单、易懂、直观而传统的满堂灌输、教师说教的效果已不显著。教师要采集、建立宪法媒体资源库。如今网络发达，视频资料非常多但质量又参差不齐。宪法媒体库在建立时，要选取针对性强、时间感强的视频及图画资料，要有时效性、大小、长短适中，适合上课用，并能反映社会主义核心价值观。

2．加强教师培训，让教者具有深厚的知识传播基础

邓小平曾经说过："一个学校能否为社会主义社会的建设培养合格的接班人，能否培养出德智体美劳全面发展的学生，能否培养出新一代的有理想的有志向的人才，核心的因素在于教师"。[23] 教师宪法素养的高低将对大学生宪法认同产生重要的影响。现有的"两课"教师大多并非法律科班出身，法律功底相对比较薄弱，在授课时难以有效地对学生进行深度的、融会贯通的讲授已成为常态。因此，首先要构建宪法知识培训以及教师交流常态化机制。通过整合现有资源，对教师进行有效培训，提高现有"两课"教师的法律素养，先让教者懂法、知法、信仰法律，才能真正地让大学生通过教师的讲授感受宪法的力量，从而产生宪法认同。即通过对教师宪法知识的专题培训、交流，给教师营造良好的学法氛围来完成。培训要有针对性，确定教学中普遍存在的难点进行针对性培训。教师将宪法教学中的难点在培训班进行深度讨论，使问题得以解决。当然，培训班应将宪法知识的讲解和经典宪法案例、宪法史料的讲解相结合，以案说法，以史说法最后起到良好的效果。其次，加强教师新媒体、新教学方法的培训。针对不同年龄、不同水平的教师进行差别化、针对性培训。老教师新媒体技术运用的普遍不太好，要加强老教师新媒体技术基础运用技能的培训；中青年教师要提高其信息化水平、运用多媒体技巧，进行微课、慕课、翻转课堂、对分易等现代教学方法的培训，用时代背景下好教师的标准去严格要求思政教师。

3．课程体系中需要重新反思"宪法"的位置，增加渗透性

在现有的课程体系中，系统而明确地讲述宪法知识的只有"基础课"，其

---

[23] 邓小平．邓小平文选：第 3 卷[M]．北京：人民出版社，1993：154．

他的两课内容中并无明确讲述宪法内容，这使得宪法相关知识只是在大一讲授，大学要 3—4 年，后面的 2—3 年并没有很好地衔接，这就出现了知识的断裂，学生培养起来的宪法思维、宪法情感很容易淡化甚至消失。而在现有的宪法认同教育体系中课程教学仍很重要，大学生学习宪法的主渠道依然是课堂，是课程教学。这就需要在课程体系中重新反思"宪法"的位置，增加渗透性。首先，在课程体系中摆正"宪法"的位置，宪法作为母法很重要。为了突出其重要性可以在两课中加入宪法知识，充实宪法体系，但是如何加入又是问题，纵观两课的知识体系，直接加入不太合适，必须巧妙地、有效地加入宪法认同的内容，只能是"渗透式"加入。教师对教材内容的扩展式讲解很重要，在进行扩展式讲解时，可以通过联系的方式加入宪法认同教育的相关内容。其次，注重"渗透式"方法。"两课"教师要灵活地运用渗透式教学，使有形和无形教学相结合。当然，宪法认同教育不但是"基础课"教师的事情，更是"两课"教师的职责和责任。"两课" 教师都应有宪法认同意识，在讲授知识时对宪法知识进行深入、渗透到其他"两课"的讲授中。最后，可以考虑对大学生的课程进行重构。进而专设宪法概论课，对宪法的相关知识进行有效的讲解。在建构课程体系时，应遵循宪法认同的认知方式进行建构，从认同宪法知识到认同宪法情感到信仰宪法再上升到宪法认同行为的层级依次进行。

4. 对以往平台进行梳理，建构更加有效的传播途径

以往宪法认同的教育平台主要通过课堂教学和传统媒体即电视、广播的传播来完成，有一定的效果，但对于大学生来说，效果不是很明显。现今大学生日常活动和网络密切相关，很少看电视；现代人的生活方式高速、快捷，而电视中大量的广告使得大学生没有耐心继续等候，再加之大学生基本住校，所以，电视收看率不高。而大学生听广播的人数也比较少，听广播的同学大多听"英语""音乐"电台，很少听"法制"电台。尽管传统媒体有一定优势，但是因为学生习惯问题，这一优势并不能很好发挥，需要对以往平台进行梳理，建构更加有效的传播途径。首先，重视校园宪法文化建设，发挥社团的重要作用。大学"所学到的东西中，来自他们学校环境中的经验的东西，与教给他们的一样多。"[24]大学的校园环境、校园文化对大学生宪法意识的培养起一定的促进作用。在法治校园中，大学生受校园文化潜移默化的影响，自然宪法意识就强。要发挥大学社团的作用，让学生在社团活动中感受宪法、认知宪法。大学生可

---

[24] 罗伯特·德里本. 学校教育对学生规范的贡献[J]. 哈佛教育评论. 1967：211.

以通过开展宪法活动如宪法情景剧、宪法知识竞赛、讲述宪法故事、讲述宪法人物等活动来加强宪法认同教育。其次，建立与建设宪法教育基地。社会教育也是宪法认同教育的一个重要方面。社会文化氛围的搭建很重要，通过对一些宪法史上有着重要意义的遗址进行梳理，建设宪法教育基地，让大学生在基地中感受宪法的精神、了解宪法的发展史，在学习中感受宪法的重要性。最后，发挥新媒体的引领作用。搭建平台固然重要，但传播是关键，新媒体或其他传播方式可以通过讲述宪法案例、讲述宪法史、讲述中国宪法故事、树立典型人物、在重大节庆日、重大事件纪念日、民族传统节日等重大节日进行宪法宣传。当然，在搭建平台方面，网络的重要性不容忽视，通过建设宪法专题研究网，共享资源课等来搭建网络平台，传播宪法知识。这需要社会和学校的合力来完成。网站的建设需要人力、财力，可通过社会相关机构如司法系统的有效介入以及兄弟院校的协力打造来完成。通过合力打造精品网站，建立微信公众号等进行有效的平台拓展，通过平台拓展来搭建宪法氛围，从而形成宪法认同。

第四节　构建时代背景下大学生的价值认同研究

时代背景下大学生逐渐成为网络庸俗文化的重要制造者、传播者和受众，而且身处其中，狂欢不已。新生代大学生网络庸俗文化狂欢中呈现出的自我、功利化、叛逆、游戏、迷惘等心态折射出其存在以价值虚无、人格异化、潜规则迷信、行为断裂示范为内容，以普遍性、多样性、冲突性、传染性、解构与建构并存、危害性为特征的价值认同危机。所以，寻求重构和强化新生代大学生价值认同的路径选择与机制建设显得尤为重要。

一、重构和强化新生代大学生价值认同的路径选择

（一）通过利益协调实现利益认同——价值认同重构的经济基础

改革开放后，中国社会发生翻天覆地的变化，计划经济被打破，市场经济成为主流经济被中国社会所认同。经济的变化严重地冲击着人们的价值观念，特别是西方价值观念的传入使中国人的价值观念发生了变化，从一元化走向了多元化，各个经济主体之间不断发生利益冲突。原来主流的价值观念强调集体和社会的利益高于个人的利益，个人必须服从集体和社会，并以此为标准评价和调整人与人之间的关系。而现在发生了些变化，"在日常社会生活中，只讲个

人利益，不讲集体利益、国家利益、他人利益；只顾个人需要，不顾他人需要；只要个人自由，不要组织纪律；以及过分强调自我设计、自我选择、自我实现、自我完善、自我价值等，成为一部分人的生活准则。"[25]其实，这是中国的特殊国情所决定的，因为中国还处于社会主义初级阶段，初级阶段经济不发达，决定了上层建筑领域如价值观的这种多元化和交错性，一部分新生代大学生受西方观念的影响认为个人至上，一部分新生代大学生受中国传统价值观念的影响认为社会和集体利益至上，还有一部分处于茫然状态或者说他们在价值选择上表现出明显的兼容性，在个人与社会、义与利、奉献与索取问题的选择上不愿偏重哪一边，而是寻找结合点，希望社会与个人利益并重。

在网络庸俗文化狂欢的背后，个人利益和集体利益孰轻孰重，成为困扰新生代大学生的一个重要问题，其实，二者并不矛盾，不存在着鱼和熊掌不可兼得的状况，解决此问题我们就要树立核心价值观，通过协调集体利益和个人利益来达到个人利益和集体利益的协调，树立核心价值观是价值认同重构的经济基础。当然，利益的协调机制的建立是一项伟大的工程，需要全社会的共同努力。

（二）通过制度创新达到制度认同——价值认同重构的关键

互联网在中国产生得比较晚，但是近十多年的发展已经取得了些成绩，同样地也存在许多问题如网络庸俗文化的产生。当代中国转型社会新生代大学生价值认同存在问题，这就需要我们规范制度、创新制度特别是互联网的制度来达到制度认同进而达到价值认同，通过制度创新达到制度认同这是价值认同重构的关键。

首先，净化网络环境。对已有的网络资源进行整合，净化网络环境，当然社会大环境也需要净化和整合，因为网络是社会生活的反映，社会环境会对网络环境产生直接的影响。整合是对不健康的风气或环境进行整治，并不是排斥异己，不允许不同的价值观念存在。我们所讲的价值认同是指价值主体通过价值认知、价值评价、价值选择等活动不断改变自身价值结构，把一定社会的价值观念、价值规范内化为自身的价值取向，并外化为一定的价值行为的过程。这就需要通过相关的社会制度和网络制度来净化。

其次，健全社会和网络制度。对于网上资源的管理要严格、规范，通过后台及时清理不良的网络资源。这就要建立和健全相关的制度。对互联网上的信息及时控制。

---

[25] 哈贝·马斯. 交往与社会进化[M]. 张博树译. 重庆：重庆出版社，1993：123.

（三）通过价值观教育和行为示范达到行为认同——价值认同重构的根本落脚点

建立核心价值观是价值观教育的关键，这就需要社会、学校、家庭等各方面的教育才能完成。社会主义核心价值体系是大学生理想信念的教育指针，引领着大学生社会主义共同理想和共产主义理想信念的形成、实现和升华，具有重要的教育意义。党的十六届六中全会通过的《中共中央关于构建社会主义和谐社会若干重大问题的决定》指出："马克思主义指导思想，中国特色社会主义共同理想，以爱国主义为核心的民族精神和以改革创新为核心的时代精神，社会主义荣辱观，构成社会主义核心价值体系的基本内容。"

首先，学校通过课堂要对新生代大学生进行系统的价值观教育，当然，教师在讲述思政课时要防止假、大、空、作秀现象，老师要关注时政、社会热点，结合身边或新闻上的典型事例进行分析。帮助学生达到行为认同，进而内化为价值认同。其次，父母教育。父母的言传身教对孩子的成长起着至关重要的作用，父母的价值观当然对新生代大学生也起着非常重要的作用。再次，社会因素。对新生代大学生进行价值观的教育要使学生深入社会，如参观博物馆、纪念馆、做些公益事业。让学生通过实践，亲身体会到应该树立什么样的价值观。最后，媒体教育。电视、广播、网络等新闻媒体。现在对新生代大学生影响最大的网络对新生代大学生的价值观产生重要的作用，媒体特别是网络达人对学生的行为会产生直接的示范效用，进而会影响到新生代大学生的价值观。总之，通过价值观教育和行为示范达到行为认同，这是价值认同重构的根本落脚点。

二、重构和强化新生代大学生价值认同的机制建设

（一）价值阐释机制

在价值阐释机制中阐释核心价值观起着至关重要的作用，核心价值观是价值观中最根本、最稳定的部分，是一个人、一个集团乃至一个国家和民族最重要的精神支柱。马克思主义指导思想，中国特色社会主义共同理想，以爱国主义为核心的民族精神和以改革创新为核心的时代精神，社会主义荣辱观，构成社会主义核心价值体系的基本内容。核心价值观包括了四层含义：一是以马克思主义为指导思想这是社会主义核心价值观的灵魂；二是中国特色社会主义共同理想是社会主义核心价值观的关键；三是爱国主义为核心的民族精神和以改革创新为核心的时代精神是社会主义核心价值观的精髓；四是坚持社会主义荣辱观是社会主义核心价值观的基础。要建立相应的价值阐释机制（大学生乐于理解的机制）使新生代大学生能够理解为什么要以此作为核心价值观，这种价值观的内涵是什么等诸多问题，使新生代大学生从根本上理解这一价值观，理解了才可能达到一种价值认同，才可能在实践中更好地接受、认同、并贯彻这种价值观。

（二）价值传播机制

中国之所以选择马克思主义指导思想，中国特色社会主义共同理想，以爱国主义为核心的民族精神和以改革创新为核心的时代精神，社会主义荣辱观作为我们的核心价值体系，这也与中国的特殊国情、中国的革命史、中国社会的发展趋势所决定的，这是历史的必然选择。目前，要使核心价值观在新生代大学生中得到贯彻落实就要建立起良好的价值传播机制。学校是关键，社会是基础，媒体是桥梁。这三者都对大学生价值观的形成都起着重要作用，因为大学生获取知识的一个重要渠道是课堂，课堂在新生代大学生价值观的形成中起了非常重要的作用。学生课余时间网络又成为大多数新生代大学生休闲娱乐的去处，网络上所提倡的价值取向自然潜移默化地影响着学生。最后，大学本身就是个小社会，社会对大学生价值观也产生直接的作用，大学生的价值观念要在社会上检验受社会的打造和磨炼，社会上的价值观念会影响到大学生。所以，要建立以学校为主阵地，媒体为副阵地，社会为基础的价值传播机制，做好宣传工作。

（三）价值认同评估机制

现代社会价值观走向多元化，特别是 80、90 后这批新生代大学生的价值观存在着西方价值观和东方价值观的冲突；传统价值观与现代价值观之间的冲突，价值观存在着多元化的现状。现代社会是一个开放的社会，我们允许多种价值观存在，但是这种价值观必须是与核心价值观念不相冲突的或者说不违背核心价值理念的价值观。我们要建立评估机制，制定相应的规则或标准，什么样的价值观是被我们的社会所认同的，怎样去评价各种价值观。只有建立评估机制才能使新生代大学生的价值观达到认同。

（四）价值认同反馈机制

新生代大学生的价值观多样化，我们建立价值认同评估机制来规范各种价值观，使新生代大学生能在纷繁复杂的价值观中树立正确的价值观。新生代大学生由于个体的差异性，有些同学的价值观失之偏颇如有人建立享乐主义价值观、有人拥护拜金主义价值观还有人认为权力至上等等。我们要达到价值认同必须建立价值认同反馈机制，积极、健康的符合社会主义核心价值理念的价值观予以弘扬，通过学校、网络、社会等中介宣传、弘扬，使更多的人能够接受、认同，而对于那些有悖社会主义核心价值理念的价值观要给予及时的引导、协调，使新生代大学生从内心能够认同核心价值体系。当然，这项工作难度非常之大。这需要社会、学校、家长诸方面的努力，需要时间使新生代大学生慢慢地转变观念、认同这一价值体系。

第四章　时代背景下大学生社会行为研究

第一节　时代背景下大学生消费行为研究

随着高校扩招与大学生群体的扩大，大学生消费逐步成为青年问题的研究热点，同时引导合理消费也成为各高校进行道德教育的新挑战。根据美国市场营销学会的定义：消费者行为是"感情、认知、行为以及环境因素之间的动态互动过程，是人类履行生活交换职能的行为基础"。研究大学生消费行为，能够反映在校大学生生活学习状态，有利于德育工作者正确引导学生树立健康的消费观念，有利于校方对学生校园生产进行科学和有效地管理，也有利于企业对大学生消费市场的进一步开发。有研究显示，大学生消费总体水平上升，差距在不断增大，消费结构多元化，追逐时尚、个性化，消费方式网络化、电子化，并且大学生消费具有阶段性特征。从积极角度来看，大学生这一特殊消费群体代表着国民未来消费趋势，其强烈的消费欲望、注重享受的消费观念，以及追求时尚、浪漫、快捷和方便的消费偏好，都促进了市场的进一步细分和开发，影响着未来消费市场的走向；从消极角度来看，大学生消费具有从众性、炫耀性、超前性等特征，若是没有正确的消费引导，则可能养成奢侈消费、盲目消费、过度消费的习惯，有害身心健康，影响学业，助长道德迷失，并加重家庭经济负担。

一、时代背景下大学生消费行为现状调研

本研究基于网络问卷调查数据，分析大学生消费特征情况，并实证考察大学生消费水平差异的影响因素。为真实了解大学生的消费特征，笔者对在校大学生进行不记名式随机抽样调查。此次调查共发放问卷 300 份，回收有效问卷289 份，有效回收率96.33%。本次调查涉及大学生基本情况、消费现状、消费观影响因素等三个方面。在调查中女生 166 人，占比 57%。男生 123 人，占比43%。大一学生 82 人，占比 28.37%，大二学生 90 人，占比 31.14%，大三学生85 人，占比 29.41%，大四学生 32 人，占比 11.08%。在生源地方面，农村 152人，占比 52.60%，城镇学生 137 人，占比 47.40%。经过对调研结果的数据分析，我们发现，时代背景下大学生消费行为表现出以下几个特征：

（一）大学生消费的阶段性

通过调查了解到，大学生消费具有阶段性特征，大一大二侧重娱乐、休闲、旅游和文体活动等消费；大三大四则集中于考研、考公务员等学习消费。各年级学生获得奖、助学金及每月平均消费支出情况为：学生所在年级越高，平均获得奖、助学金金额也就越多，同时月均消费支出也越高。

（二）大学生消费的享受性

以往研究大多都表明大学生消费具有享乐和虚荣心理，导致消费结构中享乐消费占据主流。调查数据表明：除教育培训以外，购买电子产品、外出旅游、参加娱乐体育的消费比例均达到了重大消费支出的三成以上，成为日常消费的主要组成部分。大学生消费越发注重生活的丰富性，并追求不同类型的消费体验及高质量服务，享乐性特征可见一斑。

（三）大学生消费的电子化

随着科技进步，各种电子产品不断丰富着大学生的校园生活，拥有多种电子产品已经不再是有钱人的象征，反而成为大众消费的必需品。调查发现，拥有笔记本电脑和智能手机的大学生分别高达 87% 和 100%，可以说在校大学生人人拥有电子产品。虽然在校大学生电子产品的拥有率居高不下，但市场仍未饱和，电子产品的更新换代和推陈出新越来越快，因此仍有至少 20% 的大学生表示打算购买笔记本电脑、智能手机和平板电脑，而近期不再考虑购买任何电子产品的仅占不到 40%。可以说大学生消费的电子化特征已经日趋明显。

（四）大学生消费的网络化

互联网技术的成熟改变了人们的消费方式，位于消费前沿的大学生群体则首先感受到这种消费方式的变革。有近 65% 的大学生表示生活中购物以网络购物为主，仅有 35% 的学生还经常去实体店购物消费，网络购物已经成为大学生购物的主流方式。从网购经历来看：淘宝网是最受欢迎的消费选择，近 90% 的大学生以淘宝网为主要购物平台，而天猫位居次席，有近 77% 的大学生常用此平台，同时京东、唯品会、亚马逊、当当网、和苏宁易购的使用量也比较高；大部分的大学生主要网购食品、服饰鞋帽和日用品，其他主要网购商品及服务分别为书籍音像、化妆品、电子产品、教育培训和娱乐体育等。可以说，网购已经成为大学生群体轻车熟路的购物方式了。

（五）大学生消费的超前性

互联网革命不仅仅将消费方式从线下实体店转移到线上购物，并且增加了大学生跨期消费的体验。调查显示：有近 67%的学生能够接受消费信贷，并有 32%的学生已经办理过消费信贷业务，约有 25%的大学生表示在缺钱时会选择互联网信用消费贷款。作为名气大、口碑好的 B2C 消费信贷平台，蚂蚁花呗、京东白条都受到大学生们的广泛欢迎。

二、时代背景下大学生消费行为原因分析

（一）消费主义思潮的影响

消费主义思潮诞生于 20 世纪初的美国，它是随着资本主义工业化进程的不断加快，在物质产品丰富和生活水平提高的基础上逐渐发展起来的。消费主义思潮主张消费至上、享乐至上，过度追求商品的符号价值，把消费看成是社会地位、身份和生活幸福的标志，认为人生的目的和意义就是对物质的无限占有。随着我国改革开放的发展，西方消费主义思潮涌入我国，在我国滋生和传播，严重影响了人们的消费观念、消费方式。一些人追求无节制的、超出能力的消费方式，甚至有人开始质疑艰苦朴素、勤俭节约的中华传统美德。追求前卫时尚、爱面子是大学生的心理特点，但是由于大学生消费观尚不成熟，自身思想免疫力低，对具有时尚、品牌、新潮和个性等符号特质的消费主义思潮缺乏辨识能力，不能认清其本来面目，极易受其诱惑。部分大学生希望通过消费来展现自我的个性和成熟，他们超出家庭的承受能力，为了消费而消费，追求个人快乐愉悦，满足自己的虚荣心，出现超前消费、盲目消费和享乐消费的现象。

（二）商家和大众传媒的过度宣传

人们的消费心理容易受到商家和大众传媒的影响。部分商家在利益的驱使下，瞄准大学生消费市场，违背伦理道德，采取各种营销手段，夸大商品的功能和使用价值，对大学生进行过度宣传，激发其强烈的购买欲望。特别是在节假日期间，商家推出一系列的促销活动，如消费积分、代金券福利等，使大学生陷入买买买的怪圈。在大学生活动的现实和网络空间，随处可见吃、穿、住、行、用、玩等各类广告，影响大学生的消费选择。一些大众传媒为了扩大自身影响，在巨额广告费的诱惑下，在利益面前放弃应该承担的社会责任，通过电视、广播、报刊、互联网等传播媒介传播商家想要的信息，对商品过度宣传，竭力地推介，对奢侈品、名车、豪宅，明星富豪等大肆报道，对消费文化大力宣传。例如，大众传媒借助现代多媒体技术，宣传服装、化妆品、旅游、美食等各式各样的广告，这些广告具有博人眼球的艺术效果。尤其是影视明星所做的广告最令大学生追随。对商品广告和消费文化较为敏感的大学生群体，很容易受到诱惑并对其广告深信不疑，对其消费文化认同，毫无节制地购买商品，

导致盲目、奢靡之风盛行，形成不健康的消费观。

（三）社会生活方式所带来的负面影响

在当下社会，随着生活节奏的加快和生活压力的增大，作为一种生活方式，消费成为人们生活的重心，用消费打发时间，用消费发泄烦恼。而且一些人消费的目的不是为了满足自己的基本需要，更多是满足自己的"符号欲望"，消费过程中追求各种名目的名牌、高档消费品，其目的是为了显示身份、地位，照顾"门面"，满足虚荣心。为迎合这部分人的消费需求，应运而生地出现了名目繁多的"天价"消费品："天价年夜饭""天价香烟""天价豪宅"等。受这些人的影响，各种消费中的浪费达到了惊人的地步，青年人的婚姻开销，场面与铺张一直呈上涨势头，各种花费，数量巨大，其中不乏有无谓的、属于浪费性质的支出。有学者指出，所有的定位和品牌特征都是人们运作的结果，但由于在人们心目中已经赋予这些产品或品牌以明确的身份、地位等特征，所以我们也不能不受其影响。另外，作为当代的大学生，在消费过程中不可能不受这些生活方式和消费观念的影响。一些大学生只追求享乐，不愿艰苦创业，意志品格退化，将主要精力放到关注消费信息、追逐消费时尚、充当"另类消费"的引领人上，而对学业、事业敷衍了事，并将这种严重异化的消费方式当作"现代化"的生活方式，人生活动出现严重错位。

（四）大学生消费教育的缺失

目前大学生之所以消费呈异化现象，除去上述原因外，有相当程度是因为大学生消费知识的缺乏造成的。中学时为了高考而努力，几乎不接受专门的经济知识。在大学，除经济类专业，其他大学生依然无法接受这方面的教育。在家庭里，父母给孩子的大多是经济上的支持，但对如何消费，则指导得少。大学生不接触消费理论、消费政策及这方面的法律知识，对于消费知识和消费规律的认识几乎为零，对于广告的目的、本质也没有清醒的了解，这就使他们在媒体及社会影响下，在消费主义的冲击下，无法保持清醒的头脑，无法理性消费，从而导致消费异化现象。

三、时代背景下大学生消费行为引导策略

（一）营造科学消费的舆论环境

人是社会的人，每个人都生活在具体的、特定的社会环境中。环境对人的影响是潜移默化的。良好的社会消费环境对大学生的影响是广泛而深远的。因此，营造良好的社会消费环境势在必行。

第一，加强对消费主义思潮的批判，帮助大学生认清其本质，树立正确的消费观消费主义思潮背离消费的真正目的，认为消费不仅满足人的生存和发展的需要，而且是社会地位的象征和人生价值实现的标志。消费主义思潮是资本主义经济发展的产物，是资产阶级意识形态的反映，是资产阶级文化和价值观的体现。从表面上看，它追求的是时尚和流行的消费方式，其实质是以极强的隐蔽性传播资本主义的消费文化，诱发大学生强烈的消费欲望，消费时不考虑家庭的收入水平，追求高消费、奢侈消费，认同资产阶级的生活方式和价值观念。大学生只有认清消费主义思潮的本质，才能在复杂的消费环境中保持清醒的头脑，理性控制自己的消费行为，不盲目跟风，养成良好的消费习惯。因此，一方面，要加强对消费主义思潮的研究和批判，揭露其本质和对大学生危害性。另一方面，加强社会主义核心价值观教育，用科学理论武装大学生的头脑，增强大学生自觉抵制消费主义思潮侵袭的能力。

第二，加强对商家和大众传媒的引导和管理。大学生的消费行为受商家和大众传媒的影响较大。商家借助各种营销手段，大众传媒凭借其强大的传播功能，通过夸张的广告渲染，潜移默化的信息传递，使大学生产生消费欲望。因此，加强对商家和大众传媒的引导和管理，避免大学生在消费时被误导尤为重要。

（1）政府要加强对商家和大众传媒的引导。引导大众传媒积极传播艰苦朴素、勤俭节约的主流消费观，传播与大学生消费的心理预期相一致的舆论，传播正确的消费文化。政府要鼓励和引导大众传媒开展科学消费观宣传活动。例如，在"3.15 国际消费者权益保护日"期间，开展形式多样的消费者权益保护宣传活动，讲解假冒伪劣商品的识别方法，为消费者排忧解难，引导消费者科学消费、理性消费。通过宣传活动促使大学生进行反思，并改正自身不良的消费行为。大众传媒可以采取微信公众号、微博、建立消费网站和访谈栏目的形式，宣传报道勤俭节约的精神、艰苦奋斗的典型人物的模范事迹，充分发挥典型的示范作用。同时也要分析批判腐朽的生活方式，引导大学生在追求物质消费的同时，要追求高尚的精神生活；政府要鼓励大众传媒创作、编辑、出版弘扬社会主旋律的书籍、音像制品和电子出版物等，使大学生接受先进思想文化，提高思想境界，在全社会形成科学消费的舆论氛围。

（2）政府要加强对商家和大众传媒的管理，对其进行职业道德教育和法律法规教育，使其自觉遵守行业规范、诚实守信、遵纪守法，履行社会责任。政府部门要严格审查广告宣传的商品信息，及时制止虚假广告的宣传和非法促销活动，对夸大宣传、情节严重的要依法追究刑事责任。商家和大众传媒的广告营销内容真实，传播的方式合理，才能营造健康的消费环境。良好的消费环境，有利于大学生消费时不受广告的诱惑，而是从自己的实际需要出发进行有计划的消费。同时，政府要推广勤俭节约的爱心公益广告，弘扬中华民族传统美德，引领正确的消费舆论导向。此外，政府要加强对网络舆论阵地的监管。既要充分利用网络传播积极健康的消费观，又要及时矫正网络上诱导大学生追求享乐、相互攀比、非理性消费的不良风气。

（二）营造节约消费的文化环境

习近平总书记指出，大力弘扬中华民族勤俭节约的优秀传统，大力宣传节约光荣，浪费可耻的思想观念，努力使厉行节约、反对浪费在全社会蔚然成风。勤俭节约是中华民族的传统美德。勤俭节约是俭而有度的适度消费，这种消费观念在任何年代都不会过时。

1. 加强勤俭节约的宣传教育

勤俭节约是中华民族的传统美德，是中华文化的精髓，是安身立命之本。人类要生存和发展，就要满足最基本的消费需求。适度的消费是拉动内需的根本动力，促进生产的发展。但是，随着生活水平的提高，大学校园出现奢侈消费、炫耀性消费和负债消费等非理性消费的现象。这种现象有悖于勤俭节约的传统美德。因此，加强勤俭节约的宣传教育，营造节约消费的文化环境，对大学生的健康成长非常重要。第一，宣传勤俭节约的重要性。"俭，德之共也；侈，恶之大也。"节俭是最大的品德，奢侈是最大的邪恶。勤俭节约是人们在生活中表现出来的良好品德，是思想观念和行为习惯的反映。它不仅是个人的事，而且是关系家庭、社会兴衰成败的大事。我国地大物博，资源总量大，种类多，但是我国人口多，人均资源占有量少，并不富裕，在世界排名靠后，资源短缺影响中国经济的发展。根据我国的国情，国家审时度势，提出建设节约型社会的重大决策。建立节约型社会需要全社会共同努力，需要具有资源忧患意识和节约意识。因此，勤俭节约有利于节约资源，实现中华民族永续发展，建设美丽中国，实现国强民富的中国梦。第二，学习宣传中国共产党的历届主要领导人的勤俭节约思想。勤俭节约是中国革命、建设和改革取得成功的法宝，是中国共产党的政治本色，是推动中国社会发展的思想源泉，是实现中华民族伟大复兴中国梦的重要精神力量。中国共产党的历史，就是中国共产党团结带领全国各族人民勤俭节约、艰苦奋斗的发展史。从毛泽东到习近平，我国历届领导人提出了一系列勤俭节约思想，并以身作则，率先践行勤俭节约。因此，一方面，鼓励专家学者深入研究中国共产党历届领导人的勤俭节约思想及其重大意义，并撰写书籍、论文公开发表，或者以学术讲座的形式进行理论学习。另一方面，把我国历届领导人率先践行勤俭节约的光辉典范事迹，以纪录片或回忆录的形式进行学习宣传。这种学习方式有助于全社会形成勤俭的社会文化氛围，使大学生了解中国革命的艰辛历程，懂得勤俭节约的重大意义并树立正确的消费观。

2. 提高全社会对勤俭节约的主流消费形态的正确认识

提高全社会对勤俭节约的主流消费形态的正确认识，倡导节俭有度的消费思想。勤俭节约不是主张清贫、吝啬，过苦日子，也不是主张毫无节制的挥霍浪费。它不以物质消费的数量评价个人价值的大小，而是把个人消费情况与个人及家庭的财力状况结合起来，不超出个人及家庭的购买力，不购买实际上不需要的商品。在对勤俭节约的问题上，要反对两种错误认识。一种错误认识是，有的大学生认为节俭就是节衣缩食，不消费或少消费。这种理解导致他们在生活上不注意营养均衡，过度压缩生活费；在学习上减少投资。这种行为是对勤俭节约认识上的误区，这种误区既影响了身体健康，又难以保证顺利完成学业。另一种错误认识是，有的大学生认为勤俭节约是老一辈人的事情，现在物质生活条件改善了，生活水平提高了，时代背景下的青年人不需要勤俭节约。这种理解上的误区导致他们消费无计划，理财意识淡漠，靠借贷消费，购买一些自己并不需要的东西，部分学生存在攀比和从众心理，购买高端品牌，出现超前性和盲目性消费，这种错误认识不利于大学生健康成长。因此，要深入挖掘勤俭节约所蕴含的思想观念，使其认识到：社会发展进步，思想观念发生变化，勤俭节约思想也要与时俱进，具有新的时代内涵。要继承创新勤俭节约的精神，使其展现时代风采，代代相传。

第二节　时代背景下大学生恋爱行为研究

由于受转型时期社会矛盾凸显、价值取向多元化、伦理道德失范等因素的影响，加之大众传媒的极速发展和新媒体的异军突起，使少数大学生价值观动摇、恋爱观偏离，出现了恋爱动机盲目、择偶标准片面、恋爱道德滑坡及恋爱角色模糊等问题。这些错误的恋爱观理应引起大学生、家庭、学校和社会等多方面的重视，从而防微杜渐，把握有利的教育时机，从知、情、意、信、行多方面入手，矫正当前大学生恋爱观存在的偏差，帮他们摆正恋爱心态，树立一种积极健康、理性负责的恋爱观，最大限度地缩小消极恋爱观的波及面。

一、时代背景下大学生恋爱行为现状调研

（一）恋爱动机盲目

调查发现，大学生恋爱动机发生偏差主要体现在以下几个方面：

1．摆脱空虚，刷出存在

大学生恋爱现状的一大特点是越来越趋向低龄化，很多大学生一进大学校门就迫不及待地谈起了恋爱。对于 20 出头年轻气盛的大学生来说，是极不甘于寂寞的，再加上他们的性生理、心理已逐渐趋于成熟，因此这个时期的大学生摆脱空虚的惯用方法就是谈场恋爱弥补内心的荒凉，并且也能以此为契机，引起他人的注意，赢得更多关注度，从而证明自己存在的价值。调查显示，当问及"您认为当前大学生谈恋爱最主要是出于什么动机"，有 51.2% 的学生选择的是"弥补内心空虚，寻求精神寄托"。

2．追随大众，活出常态

大学生极易受同辈群体的影响，因此大学生的从众心理随处可见，尤其以恋爱从众最为显著。大学校园内的恋爱在一定范围内具有较强的传染性和感染性，当同一宿舍或同一社团里某些成员恋爱后，就会很快地影响到周围人群，进而引起周围他人的效仿追随。因此从某种意义上说，大学生恋爱的个别行为会在从众心理的驱使下瞬间被点化为群体行为。问及大学生恋爱动机时，有 21.8% 的大学生选择的是"别人都谈恋爱了，我也不想落伍"，（见图 4-1）可见有不少大学生的恋爱动机是受从众心理驱使的。

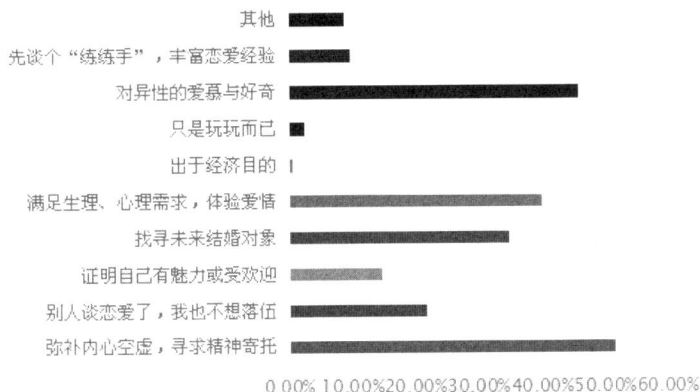

图 4-1　您认为当前大学生谈恋爱最主要是出于什么动机？

3．满足虚荣，炫出魅力

有 14.85% 的大学生表示谈恋爱是为了证明自己有魅力或受欢迎（见表 4-1），这一比重虽然不是太大，但这仍然是大学生恋爱观中存在的一个问题。为了满足自己的虚荣心，向他人炫耀自己的魅力而恋爱。虚荣实质是借他人的赞赏得到的一种满足，因此虚荣恋爱的大学生更在意他人的眼光而较少关注自己的真情实感，他们渴望的是恋爱行为带给自己在群体中与众不同的优越感和满足感。此种动机下的恋爱失去了爱情的简单纯粹感而多了一份目的性，因此极易使美好的恋爱变质，沦为人们炫耀作秀的资本或工具。

（二）择偶标准片面

1. 颜值化倾向凸显

由于受大众传媒和影视文化的深刻影响，大学生的择偶观或多或少也会随之发生相应改变。在问卷调查中"偶像剧明星的长相多少会影响我的择偶标准"这一题，有18.5%选择的是不符合，有18.2%的学生选择的是不太符合，有18.5%的大学生选择的是不确定，有34.8%的学生认为是基本符合，另外还有10%的人认为非常符合（见表4-1）。在问及"您的择偶标准是什么"的时候，有30.3%的人选择的是"我是外貌协会，看重对方的外貌身材"这一选项，也就是说有将近三分之一的大学生在择偶时会更在意对方的颜值。

表4-1　偶像剧明星的长相多少会影响我的择偶标准

	频率	百分比
不符合	61	18.5
不太符合	60	18.2
不确定	61	18.5
基本符合	115	34.8
非常符合	33	10.0
合计	330	100.0

2. 功利化苗头隐现

受当今社会物质至上、功利主义等社会风气的影响，某些大学生的价值观也随之发生动摇，偏向物欲和享乐，这种价值思想在部分大学生恋爱观方面得到了集中体现。刘一达对辽宁三所高校的调查问卷显示，18.5%的女大学生认为在择偶中经济条件更重要。[2]由此可见，这在一定程度上说明当代大学生择偶观的功利化苗头隐现。此外，在大学校园里风靡一时的"干得好不如嫁得好""宁愿坐在宝马车里哭也不愿坐在自行车上笑""嫁一个有钱的老公可以让自己少奋斗十年"等流行语也在某种程度上影射出了部分女大学生的真实心态。面对竞争日趋激烈的社会，在强大的就业压力和生存压力面前部分大学生失去了信仰，迷失了自我，他们开始抱怨社会，开始贪图安逸，开始寻求捷径。

（三）恋爱道德滑坡

1. 不文明恋爱行为成常态

当代部分大学生恋爱态度不认真严肃，出现了一些不负责和不文明的恋爱行为。如大学生不分场合公开亲昵打闹。笔者对大学生恋爱中的不文明行为进行了访谈，从访谈结果中笔者发现：在管理松散的大学，大学生恋爱不文明现象较多，甚至在严肃的课堂内也时有发生，而纪律严明，校风纯正的大学，大学生恋爱中的不文明行为较少。除了了解这些恋爱中存在的不文明行为和现象，笔者还调查了一下当代大学生对这些行为的态度和感受，"比较反感"和"无可厚非"占的比重相对较大。从"比较反感"这一态度我们可以得出一个结论，即情侣在公众场合的亲昵行为确实会让周边人感到不舒服，所以我们说这是一种不文明行为，具体结果见表4-2：

表4-2　您对大学生在公共场合发生亲密行为的态度是什么？

	频率	百分比	累计百分比
现在大学生都这样，我觉得挺正常	57	17.3	17.3
比较反感，从他们身边经过感觉不自在	119	36.1	53.3
非常反感，会在心里默默谴责他们	2	0.6	53.9
无可厚非，是人家的自由，不关我的事	137	41.5	95.5
其他	15	4.5	100.0
合计	330	100.0	

2. 恋爱失德现象屡见不鲜

由于大学生正处于从不成熟向成熟过渡的心理时期，恋爱中的他们很多并不明白恋爱是什么以及如何爱他人，所以失恋也是大学生恋爱中的常事，而失恋后的表现实际上是最能考验一个人头脑是否理智冷静、心态是否积极乐观以及道德修养是否合格。

现实情况告诉我们，当代大学生失恋失态、失恋失志、失恋失德现象并不罕见。这些现象大致可以归为三类：一是无法走出失恋的阴影，故以自虐自残的方式进行二次自我伤害。比如经常酒吧买醉，用酒精麻醉自我，强迫自己将注意力转移到其他事物上。还有急于从上一段失败的恋情中走出来，就草率违心地找到一个自己并不喜欢的人进行情感疗伤。其二是情侣之间相互折磨。这类情况常见于分手时，某些大学情侣认为既然已经做不成恋人，也不愿和平分手，在分手的相持过程中，双方的绝情一不小心就会升级为恋爱暴力。男生惯于使用肢体暴力，而女生更倾向于使用语言、心理或轻微肢体暴力。第三类是将失恋后的怨恨、不甘与自卑情绪转嫁给他人，报复社会。这类失恋者的逻辑是：恋人对不起我，全社会都对不起我，全社会都得替他（她）赎罪。近几年新闻上报道的"名牌大学生失恋后报复社会，持刀抢银行""女大学生要求分手，男友再三挽留无果后杀人报复社会"等等案件层出不穷。这类失恋失德的现象在大学校园内早已屡见不鲜，这是在失恋问题上的一种极端、消极的思想观念和行为习惯，将会对大学生个体、同辈群体甚至整个社会的和谐造成巨大的负面影响。

3. 性观念过度开放

恋爱责任感就是在恋爱场景中个体对自身、他人、家人及社会所承担的责任的一种意识。调查发现当代大学生恋爱中的责任感比较淡薄，突出体现在不负责任的性爱观上。中青在线上有一篇题为《高校"性教育"课都在教什么？》[3]的文章中的一组调查数据显示：当代大学生中有 80%赞同性解放、性自由，67%接受婚前性行为，还有 70%接受未婚同居。

二、时代背景下大学生恋爱行为原因分析

（一）大学生身心发展的矛盾性突出

1. 身心发展失衡

大学生绝大多数处于18—24岁，生理、心理发展日趋成熟，这个时期的青年受强烈性意识和角色意识的驱动，非常渴望了解异性并建立亲密关系，因此大学阶段是产生恋爱的应然时期。但这个阶段的大学生心理并不完全成熟，他们的人生观、价值观等也并未全然建构，因此较之于已经成熟的生理而言，便出现身心发展失衡的现象。这一现象产生的必然结果是：一方面大学生受生理成熟的影响极度渴望恋爱，另一方面又不拥有成熟的心理，所以难以真正理解爱情的真谛，从而产生了一系列错误的恋爱观。

大学生这个年龄段是人身体成熟的重要阶段，人的体表、代谢和性生理均已发育成熟。但大学生心理发展呈现明显的阶段性、矛盾性及可塑性。这些矛盾性主要表现在：大学生理性意识有所提高，但自律意识依然有待提升；独立性明显增强，但依赖性仍伴随左右；责任担当的自觉性普遍提升，但逃避责任现象也很常见；做事勇敢果断、思维敏捷，但有时过于冲动不三思而行。

2. 自我认知失调

自我认知通俗来说就是我是谁？我能干什么？我的价值是什么？自我认知在发展的过程中深受两种社会机制的作用，一是社会比较，即拿自己的特征和别人进行比较，从而建立对自我的认知。一般情况下个体常常跟与自己相似的人（性格相仿、年龄相似、性别相同）进行比较，他们认为这样能够形成相对正确的自我认知。长此以往，会使人有意无意地向大多数群体的行为习惯与思维方式靠近，其实就是一种从众心理。但是大众的意见并不能作为判断事物是非曲直的标准，当绝大多数人的行为并不理性时还盲目跟风、不假思索地赶时

髦的话，这其实就出现了自我认知失调。二是反射性评价，即通过观察其他人对自己的反映来获得自我认知。这种认知模式是通过外在的评价帮助自己建立内在的自我认知，这种模式往往更在意他人的眼光。一旦反射性评价机制失调，人们就会刻意地为追求他人对自己较高的评价而强行做一些没意义的事，其实也就是虚荣。当恋爱中的大学生社会比较机制紊乱后，他们很可能会不自觉地与周围同伴进行比较，盲目从众地接受一些消极庸俗的社会思想，或者被动地受一些腐朽极端行为的影响，最终使大学生的价值观出现混乱，人生观出现偏离，恋爱观发生扭曲。

（二）同辈群体滋长了从众、攀比的恋爱观

1. 同辈群体滋生了消极从众的心态

大学生绝大多数时间生活在同质性极强，情感纽带极紧密的同辈群体中。正是由于这样的群体特点，使得大学生也极易受群体压力的左右。在高频度的群体互动下，个人很难不受其他群体成员的影响，也很难保有自己的个性，久而久之在群体压力的影响下，会自动放弃不被群体价值观所认可接受的思想行为，而自觉模仿其他多数的行为方式，向其他多数看齐，不管这种思想行为正确与否。同辈群体中的消极从众心态一旦盛行，价值观尚未定型的群体成员就会纷纷效仿大多数成员的做法，不加价值判断地将大多数人的意见当作真理，这样就会出现集体思想行为的非理性化。在恋爱观方面，当一个同辈群体某些成员择偶观过于功利化、享乐化，那么其他成员也很有可能受该思想的浸染，效仿其择偶模式。一个同辈群体某些成员的性道德低下，性意志薄弱，在消极从众心理的影响下，整个群体的成员都有可能会出现类似问题。

2. 同辈群体助推了盲目攀比的状态

大学生对同辈群体文化价值观念进行识别的过程就是用群体价值标准衡量自己的过程。群体成员不仅通过模仿大多数人的行为整合自己的价值观念和行为模式，而且当群体统一的价值观念、行为模式确立起来以后，成员间还会发生攀比行为来强化自己的价值认同，反过来也期望群体其他成员都能效仿自己的行为。价值识别不仅表现在各种价值观念和行为模式的反复认同和强化，而且也表现出希望通过这种识别引起同辈的注意和效仿。这是一种双向互动的过程。因此在同辈群体成员互动和群体行为养成的过程中常常伴随着攀比行为。

（三）学校恋爱观教育的滞后、呆板

1. 恋爱观教育内容滞后

大学里将恋爱观作为专门课程开设的主要是《思想道德修养与法律基础》，

但教材里只有一个单元内容与大学生恋爱观有关，且还偏重传统道德原则的讲述，性爱观教育还比较保守或是谈性色变，还不敢大大方方地讲性，因此大学的恋爱观教材内容比较滞后。此外，信息爆炸的今天，大学生对知识的接收速度几乎呈裂变式发展趋势，他们每时每刻都在获取新鲜的时文资讯，再加上"微时代"的深入发展，微博、微信、微视频等一步步扩展了大学生获取知识的广度，提高了大学生获取知识的便捷度。这就对大学教师提出了更高的要求，因为教师要想给学生一杯水自己必须先要有一桶水。与此同时也因教师的知识更新度赶不上学生而面临教学内容滞后的压力。课堂上恋爱观教育理论空洞乏味，案例不够鲜活生动，提不起学生的兴趣，教育必然不能入脑入心，最终也不利于学生形成健康理性的恋爱观。

2. 恋爱观教育形式呆板

当前大学生恋爱观教育形式的主要问题是单一呆板，不能很好地辅助教育内容收到应有的成效，从而导致受教育者正确的恋爱观难以确立。内容决定形式，形式依赖于内容，并随着内容的发展而改变。但形式又作用于内容，影响内容。当形式适合于内容时，它对内容的发展起着有力的促进作用，反之，就起严重的阻碍作用。根据马克思主义辩证法的观点我们知道，虽然教育内容起决定作用，但教育形式仍然不容忽视。思想政治教育内容要想得以顺利传递并被教育对象理解和接受，辅之以恰当合理的教育形式就显得十分必要了。教育内容很鲜活精彩，但若教育形式运用不得当，就会使思想政治教育实效大打折扣，传统的说教灌输为主的教育方式已不能胜任新时期的教育任务，也不能满足新时期大学生特殊的教育需求。在传统的理论教育之外，思想政治教育者还应积极探索新的教育形式：举办生动且富有教育意义的活动，开辟第二课堂，利用线上线下两种资源两种优势。与思想政治教育内容相匹配的教育形式就是教育内容的加分项，会使教育内容大放异彩，也会为整体教育效果锦上添花。

三、时代背景下大学生恋爱行为引导策略

（一）加强自我教育，培养爱的能力

1. 树立理性的自我认知

在恋爱中要摒弃盲目从众和攀比的心态，大学生在认可强化群体成员价值观念的同时，必须考虑到自己的个性特征及客观条件，适合他人的不一定就是适合自己的，而只有适合自己的才是最好的。只有树立了理性的自我认知，知道什么是自己真正需要的，什么是自己通过努力能得到的，什么能真正彰显自己价值，唯有如此才能不忘初心、真真实实地去恋爱。大学生有义务进行自我

教育，克服自身浮躁气息。恋爱中的拜金主义、享乐主义和个人主义，还有超越道德底线的性爱观念都是大学生必须时时提防的。诸如那些只重外在，忽视内在或只贪图物质享受而放弃精神追求的肤浅片面的恋爱观念也是不可取的，恋爱中的大学生要秉持一种深刻严肃的态度，追求恋爱双方心灵的共鸣与精神的一致性。

2. 提升恋爱道德责任感

大学生要树立自我教育意识，提升自我的恋爱道德感，明辨是非丑恶，增强责任意识、担当精神，严肃认真地对待爱情，不能把人类美好而高尚的爱情等同于动物庸俗的本能，性欲的满足。在腐朽社会思潮冲击、诱惑丛生的当下，大学生一定要树立合德、合理、健康的性爱观，切不可只顾满足生理的需求，寻求感官的刺激而冲动去爱，最后给对方带来身心双重伤害。大学生必须从观念上认识到恋爱中责任意识的重要性，在享受恋爱快感的同时也必须义无反顾地承担起自己的责任，扮演好一个理智成熟的恋人角色，这样才能愉悦身心、稳固感情、提升审美，实现恋爱与道德，恋爱与审美，恋爱与理性的完美统一和深度融合。

（二）注重同辈群体引导，发挥正面影响

1. 塑造积极向上的群体亚文化

大学生恋爱观深受同辈群体的影响，也就是恋爱观上的从众倾向比较突出。因此，积极健康的群体亚文化氛围对培养大学生正确理性的恋爱观就显得尤为重要了。不容忽视的是，现如今群体亚文化已经成为影响大学生性观念和性行为的显著因素。性观念作为群体亚文化的重要构成，在同辈群体之间隐秘而快速地传播着，进而产生跟风式的性行为。宽松的群体亚文化氛围又为这一切提供了得天独厚的客观环境。因此必须发挥大学生群体亚文化的正面影响，避免畸形变态的群体亚文化对大学生性观念带来的消极影响。一个有着务实理智、不浮躁盲目、认真负责、阳光向上等文化的群体，必然也更能辅助成员涵养出正确的恋爱观。受这种积极的群体亚文化约束和熏陶的大学生在恋爱中才会更成熟理智、严肃认真。

2. 开展健康良性的同伴教育

同伴教育的内容和效果是存在质的差异的，同伴之间进行的既有积极健康内容的传播和教育，亦有消极腐朽思想的相互传染。因此，同伴教育要想取得良好的教育成效必须对教育内容进行理智地筛选。同伴之间可以借用"卧谈会"的形式就当代大学生典型的恋爱观进行辨析、争论；或者就一些大学生恋爱中

的负面新闻事件进行反思、发表评价，抨击那些不负责的性行为、因情自杀、他杀等不道德行为，并警示群体成员一定要吸取教训，反观自身。良性的同伴教育才能使成员明辨是非、收获真理，一步步对自己的恋爱价值观进行澄清，从而在复杂多元价值观的交织中抵制诱惑，坚守正确的恋爱观。

（三）创新恋爱观教育，增强时效性

学校恋爱观教育内容比较滞后，形式比较呆板，不能完全适应时代发展要求并满足学生身心发展特点。因此高校思想政治教育者必须创新恋爱观教育，开展以人为本的教育，满足大学生情感需求、现实需要，采用大学生喜闻乐见的方式方法，把握互联网融入时机，全面提高恋爱观教育的质量和实效性。

1. 适应大学生身心发展新特点

90后大学生喜欢张扬个性、追求自我，对新事物接受能力强，对网络的依赖度高，这些新的群体特点对高校思想政治教育者提出了更新、更高的要求。首先，思政工作者要正视大学生恋爱问题，要明白这是生理、心理发展成熟的需要，不能回避和压抑这种现象，否则只会适得其反。由于恋爱涉及学生情感隐私，这也为教师了解学生实际情况带来了诸多不便，这就需要辅导员私下里细心观察学生情感动向，体察学生心理波动并适时地以闲聊的形式给学生们进行恋爱观教育，告诉他们爱情的实质、恋爱的技巧和艺术等，为学生提供一个宽松、温情、人道、平等的教育氛围。其次，大学生恋爱观教育还要体现差异性。教育者要照顾到性别、农村非农村、独生非独生子女之间的特殊性，体现出教育的区分度和针对性。帮助大学生顺利完成性别体认，增强恋爱中的角色意识。

2. 挖掘恋爱观教育新内容

目前多数家长、学生和老师都普遍认识到开设"恋爱课"的必要性，这类与大学生生活密切相关的课程一经开设，选课人数经常爆满，学生们听课的热情也很高涨。并且目前全国高校开设"恋爱课"的成熟案例可以学习借鉴。近期颇为火爆的天津大学"恋爱课"就很别出心裁，在课程内容的安排设置上可谓独具匠心，十分丰富。第一讲一反常态地先介绍恋爱中的法律问题，包括法律对"分手费""堕胎费""包养"等问题的界定，目的是让大学生增强责任意识。除此之外，还有"恋爱礼仪与约会技巧""爱有自我才会赢""恋爱团体心理辅导沙龙"等接地气的内容，并且主讲老师也是精挑细选、优势互补，辅导员、心理咨询师和情感作家相互配合形成强劲的教育合力。他山之石可以攻玉，这些摆在眼前的鲜活案例就可以被思政工作者拿来参考借鉴，不断充实大学生恋爱观教育的内容，破解恋爱观教育缺乏时代性的难题。

第三节　时代背景下大学生就业创业行为研究

时代背景下大学生对就业或创业的认知较为明确；对薪酬的期待更加合理，职业理想的追求更加显现；选择职业时更加倾向兴趣爱好、创业的愿望更加凸显等都呈现出时代背景下大学生就业创业观的积极方面，但同时，时代背景下的大学生存在择业取向偏差；基层工作意识淡漠；择业愿景美好，但缺乏行动力，不能有效地满足用人单位对人才的需求等问题，通过分析问题及成因，以期寻找到构建时代背景下大学生就业创业观的思路和路径，为党和国家培养能够担当民族大任的时代新人。

一、时代背景下大学生就业创业行为现状调研

随着高校扩招与大学生群体的扩大，大学生消费逐步成为青年问题的研究热点，同时引导合理消费也成为各高校进行道德教育的新挑战。根据美国市场营销学会的定义：消费者行为是"感情、认知、行为以及环境因素之间的动态互动过程，是人类履行生活交换职能的行为基础"。研究大学生消费行为，能够反映在校大学生生活学习状态，有利于德育工作者正确引导学生树立健康的消费观念，有利于校方对学生校园生产进行科学和有效地管理，也有利于企业对大学生消费市场的进一步开发。有研究显示，大学生消费总体水平上升，差距在不断增大，消费结构多元化，追逐时尚、个性化，消费方式网络化、电子化，并且大学生消费具有阶段性特征。从积极角度来看，大学生这一特殊消费群体代表着国民未来消费趋势，其强烈的消费欲望、注重享受的消费观念，以及追求时尚、浪漫、快捷和方便的消费偏好，都促进了市场的进一步细分和开发，影响着未来消费市场的走向；从消极角度来看，大学生消费具有从众性、炫耀性、超前性等特征，若是没有正确的消费引导，则可能养成奢侈消费、盲目消费、过度消费的习惯，有害身心健康，影响学业，助长道德迷失，并加重家庭经济负担。

（一）时代背景下大学生就业创业观积极方面

1. 时代背景下大学生对就业或创业的认知较为明确

在调查中发现，时代背景下大学生思想认知比较明确，大多数同学能够从自身的实际出发，在对自己进行 SWOT 分析的基础上，能较为准确地判断自己的优势、劣势，从而做出正确的选择。毕业后如果留在国内工作而不再考虑继续求学深造，面对大学生的无外乎两种选择：就业或创业。在对收回的 722 份

问卷分析时发现：60.7%的同学，认识明确，明确自己大学毕业后就业还是创业，其中73.1%的同学选择就业，26.9%的同学选择创业；27.3%的同学认识比较摇摆，表示毕业时视情况而定，现在还不能确定；还有19.6%的同学表示，这个问题还未认真考虑过。可见，大多数大学生基于对自身的分析，思想认知较为明确。

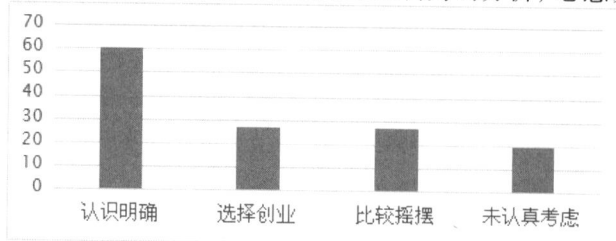

图 4-2　就业创业思想

2. 时代背景下大学生对薪酬的期待更加合理，职业理想的追求更加显现

调查时，许多大学生都明确表示，上了这么多年学，给家庭增加了非常大的经济负担，许多同学都渴望毕业后工作挣钱来回报父母及家人。在问及"您预期的月薪是多少？"薪酬在2000~4000元的占33.2%；薪酬在4000~6000元的占36.8%；薪酬在6000~10000元的占19.6%；薪酬在10000元以上的占9.7%。从调查中可以看出，70%的大学生对薪酬的期待值比较合理，集中在2000元到6000元之间，它接近于我国大中小城市的平均薪资。时代背景下大学生对薪酬的期待符合我国时代背景下经济的发展水平，是合理可行的。

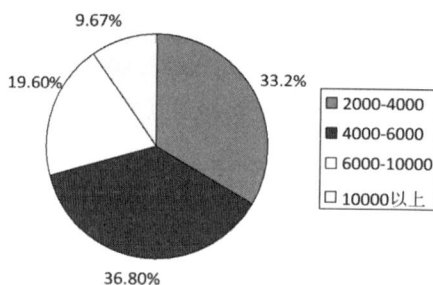

图 4-3　预期月薪

在问道："您认为就业创业的目的在于？"38.2%的大学生回答：养家糊口，提高生活质量；20.7%获取社会地位和权力；32.6%奉献社会，实现个人价值；8.3%社会形势所逼，迫不得已。可见，时代背景下大学生在就业创业时将提高生活质量和实现人生价值作为最重要的就业创业目的，在前些年，大学生在回答这个问题时，"养家糊口，提高生活质量"明显要高于"奉献社会，实现个人价值"，而随着社会的发展，物质生活水平的提高，大学生自主意识的增强，对人生理想的追求明显上升,"奉献社会,实现个人价值"这一人生价值目标在显著增强。可见,时代背景下大学生将职业理想的实现作为就业创业的价值追求。在就业创业中大学生更加看重自我的发展,而不再是"薪酬至上论"了。在调查中也发现,许多大学生都有自己的理想和追求,许多同学都想做一番事业,不求轰轰烈烈,但求无悔人生。

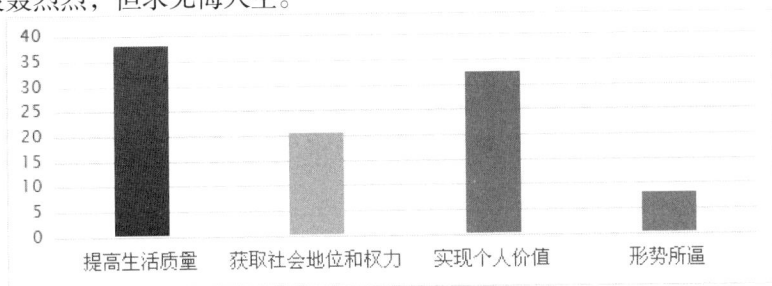

图 4-4 就业创业的目的

3. 时代背景下大学生选择职业时更加倾向兴趣爱好、创业的愿望更加凸显

以前大学生在选择职业时将应聘的岗位与自己所学的专业是否对口放在第一位,特别渴望,将在学校所学的知识投入到工作中,能学以致用。将专业对口看作选择职业和应聘岗位的必备条件,若是专业不对口大部分同学会断然放弃此工作,导致失去许多好的工作机会。调查时,我们发现,时代背景下大学生选择职业时的倾向发生了质的变化,大学生已经不再将专业对口看作选择职业和应聘岗位的必备条件,而是更加倾向兴趣爱好,更加看重个人发展。以往同学对知识的学习比较看重,认为职业得和专业对口,而时代背景下大学生更看重能力,认为大学时代是提升能力时期,大学时代是其职业生涯能力储备的关键时期,大学不单单是学习知识。对上大学的目的和意义理解不同,导致了选择职业的倾向也不同。在问道:"您如何看待专业对口问题",8.2%的大学生回答,专业不对口则不予考虑;28.3%的大学生回答先找份工作以后待机向专业方向发展;23.2%的大学生回答,不喜欢现在的专业想转行;38.2%的大学生回答不在乎专业是否对口,关键是有发展机会;2.1%的大学生回答其他。

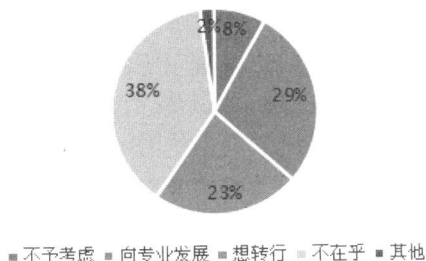

■不予考虑 ■向专业发展 ■想转行 ■不在乎 ■其他

图 4-5 如何看待专业对口问题

　　在问到择业时，你将考虑的主要因素是：（排序题），工作地点；薪酬与福利；个人发展机会；专业对口；工作单位性质；工作环境；自己的性格与兴趣；父母的意愿；工作的稳定性；其他。相对多数同学将个人发展机会、自己的性格与兴趣排在前三位。在问道："您如何看待大学生自主创业"时，41.1%的大学生认为，非常好的创造财富的方法，而且解决了很多人的就业问题，应该大力推进；28.9%自主创业诱惑很大，但是风险也非常大，要有十足的把握，持保守态度；23.3%应该安分工作；6.7%不提倡大学生自主创业。在问到"您是否愿意自主创业"69%的大学生回答：是。从调查中发现，时代背景下的大学生能够正确地看待就业和创业，而且近些年，大学生创业的愿望更加凸显。

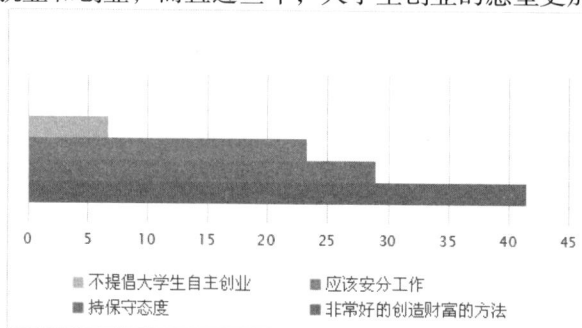

图 4-6　如何看待大学生自主创业

（二）时代背景下大学生就业创业观存在问题分析

1. 择业取向存在偏差

　　许多毕业后选择就业的同学，在问道："您未来最想就业的单位性质"，选项有党政机关；高等教育单位；中等、初等教育单位；科研设计单位；医疗卫生单位；其他事业单位；地方基层项目；国有企业；三资企业；其他企业等。排在前面的都是国有企业、党政机关、科研设计单位，这些国有性质的单位，只有极少的同学选择其他事业单位或其他企业，大多数大学生还是认为国有性质的单位好，民营性质还是满意度不高。虽然许多同学都认为，先就业后择业、择业不见得专业对口，工作不见得一生只从事一份职业，但是明显在问及理想的工作时，许多人都觉得国营单位好，理想工作找不到才去其他性质的单位。大学生在找工作时也明显表现出诚信意识差，大多数同学都表示，要是找到更好的工作，已经签约的单位就毁约。在毁约的问题上，许多大学生明确表示，这个时候个人利益最关键，他们很少顾及学校的名声及毁约行为对师弟师妹就业产生的不良影响。而且，在调查中也发现，就业中大学生心中对职业仍然有高低贵贱之分，行动上明显有就业歧视，仍然很看重就业的"面子工程"。

2．基层工作意识淡漠

虽然从理论上大学生都觉得大学毕业后应该学有所成、报效国家、回报社会，大家都意识到要做好时代新人，肩负起中华民族伟大复兴的责任和担当。但是，在具体的实践中，在问及"您未来最想就业的区域是"，选项有：内地中小型城市；内地省会城市；东部沿海发达城市；国家发展所需的偏远地区；户籍所在地；出国发展等，排在最前面的永远都是城市，特别是省会城市、发达城市，而排在后面的永远是农村特别是偏远地区。大家都觉得自己属于大城市，只有在大城市中人生的理想和价值才能实现，很少有同学觉得农村也能很好地实现人生理想，许多同学也表示，农村不适合自己发展，让有品德高尚的人去农村吧，少自己一个无所谓等等。在国家乡村振兴战略的影响下，大学生的就业创业观服务农村意识仍然不强，基层工作意识仍然很淡漠。即使农村籍的同学，大部分仍然不想回农村，原因各不相同。

3．择业愿景很美好，但缺乏行动力，不能有效地满足用人单位对人才的需求

时代背景下的大学生都想实现自己的理想，大多数大学生表示，想实现自己的人生价值，在工作岗位上大展身手，很多同学都自认不凡，也就是理想中的自己很美好，但现实中，遇到问题却缺乏行动力，不愿意为理想的工作付诸行动，拖沓行为明显，今天的事情明天做，明天的事情后天做等等，总体表现出思想和行为脱节。在找工作过程中或创业过程中，总是抱怨工作难找、创业艰辛、创业缺少资金等外部条件，而没有很好地从自身条件出发分析问题。在就业和创业中大学生明显地表现出眼高手低不能适应社会。一方面大学生抱怨找工作难，找好工作更难，创业是难上加难，但另一方面，用人单位苦恼，招人难，招一个可靠、踏实、实干，适应用人单位岗位的大学生太难，政府也觉得大学生创业低端化，创业项目含金量不高等问题。

二、时代背景下大学生就业创业行为原因分析

（一）社会原因

当今社会发展快速，日新月异，人们的生活节奏非常快，整个社会发展高速度、高效率、快节奏，社会呈现出欣欣向荣之势，人们感受到生活的美好，但在快节奏、高效率发展的同时，一些不良的社会风气也产生了，一些人唯利益至上，把个人利益看得很重，这些不良风气对大学生的价值观多多少少产生了一些影响，大学生在就业时选择传统观念中"体面的"工作，工作听起来比较高大上，国有性质的单位如国有企业、党政机关、科研设计单位，不但工作稳定而且待遇相对也比较好，社会地位高。而私营企业自然是没得选的最后的

选择。创业项目的选择也是这样，大学生喜欢高大上的投资，但往往做不来，缺乏技术、缺乏经验、缺乏资金等。在选择区域时，大学生普遍表现出喜欢城市而不喜欢农村，对于边远地区更是不会考虑，许多同学表示，自己根本就没考虑过去条件艰苦的农村工作，觉得这件事对自己来说太遥远。传统的就业择业观念对大学生的影响很大，使得大学生就业创业喜欢去城市工作，而不喜欢去农村发展；喜欢生活条件优越的地方，而怕物质条件艰苦的地方；喜欢"国"字单位，而不喜欢私企单位等等。

（二）家庭原因

"望子成龙、望女成凤"是中国父母的夙愿。中国父母是非常具有奉献精神的父母，为了子女可以付出一切，对子女寄予厚望，有的父母，特别是文化程度不高的父母喜欢将自己的意愿强加给子女，希望子女出人头地、完成自己未完成的意愿。大多数农村的父母对职业的偏见，严重地影响了子女的就业和创业观。一些农村的父母因为自身在农村，条件比较艰苦，生活很辛苦，所以，希望子女好好读书，上完大学找一份"好"工作，留在城市特别是大城市，过上物质比较充盈的生活，他们觉得如果子女回到农村，回到甚至比自己家乡条件还艰苦的地方就白费了这么多年的心血，是没出息的表现，甚至会招致街坊邻里的非议，让家人抬不起头等等。而上完大学回家乡创业，从事与农业有关的创业项目，父母打心底也不是很情愿，在他们看来这种创业是没本事找不到工作，不得已而为之的表现，当"农民"还用花那么多时间和金钱来读大学吗？不读书或少读书也能当农民，在农村许多人看来，并不能理解"乡村振兴战略"的真正含义，并不理解"新农民"或"职业农民"的概念，所以，一些大学生创业地点喜欢在城市而不选择在农村，其实在农村创业对于农村籍的大学生来说有天然的优势，农村的创业机会对于刚毕业的大学生来说要远远大于城市，也就是农村具有良好的创业前景。

（三）学校原因

尽管现在各高校都在开设就业创业指导课程，但上课的老师主要是高校教师，很少有学校邀请企业的高管或创业成功的人士来授课，偶尔有学校邀请其做讲座，但是和一门课程系统地讲授来比，一次讲座的作用不太大，而讲授就业创业课程的教师又基本上是思政课教师或就业指导中心的教师，大多数教师都只有理论而无实践经验，所以，尽管老师讲授的很认真但是总因为没有实践，对学生的吸引力不够或者理论和实践的结合度有待加强，理论和实践难免脱节或理论经不起实践的检验。高校代就业和创业指导课的教师，因为基本是纯教师出身，没有企业或社会创业基础，所以，课程与实践结合性与时俱进性不强。

授课教师也并不能准确把握市场所需人才应该具备的素质，所以，培养出来的人才难免不受用人单位欢迎，成为两张皮。再加之，就业创业课时有限，在短短的学时中，对相关的理论知识无法深入地探讨，而现在许多高校的就业创业实践更是无法有效开展或流于形式，学生的收获甚微，学生毕业后，很难满足用人单位对人才的要求。

（四）自身原因

现在的大学生基本是"00后"，"00后"大学生不管生源地是农村还是城市，但和之前的大学生相比总归从小物质条件相对比较富裕，很多大学生都是独生子女，从小在父母的呵护下长大，吃苦耐劳远不及之前的大学生。"00后"大学生的思维比较活跃，他们对于很多问题都有自己的想法和见解。所以，关于就业创业自然也不例外。他们想法很多、想法很美好，但因为从小生长环境以及缺失劳动教育，使得许多大学生只有"想"而没有"做"，只有"目标"而没有"行动"，道理都懂，但就是懒得怕动，今日复明日，明日何其多。所以，明白创业需要创业的相关知识，要有创业实践，但就是一直停留在"理念"，而没有勇气或决心付诸行动，使得不能够很好地认识创业，创业也成为一种"口号"，一种"标语"，而没有具体的实施计划和步骤，所以，因为缺乏实践，毕业后创业必然面临重重困难和意想不到的问题。大学生口口声声说，提高能力，但是怎么提高，只有少部分同学去实践，大多数同学只停留在思想层面。所以，因为自身缺乏劳动教育，缺乏就业和创业的实践锻炼，能力的提升就显得有些缓慢，不能够满足用人单位的要求，不能够满足社会对创业人才的需求。

三、时代背景下大学生就业创业行为引导策略

（一）树立正确的就业创业观

职业本身无高低贵贱之分，正如马克思所说"如果我们选择了最能为人类而工作的职业，那么，重担就不能把我们压倒，因为这是为大家做出的牺牲；那时，我们享受的就不是可怜的、有限的、自私的乐趣，我们的幸福将属于千百万人。"这是马克思的职业观，我们在择业时应该根据自己的兴趣爱好来进行选择，我们应该冲破传统观念的束缚，活出时代背景下大学生的风采，我们选择自己喜欢的职业而不是大家认为的"好职业"或"好工作"，三百六十行，行行出状元，只有选择了自己喜欢的职业，才能激发干劲，才能使我们不断在此领域探索，才能使我们津津有味而乐此不疲地工作，而不是消极被动地工作，把工作只是当时养家糊口的手段，因为兴趣爱好，职业才能成为事业，我们即使辛苦，心理也是欣慰的。其实，随着社会的发展，城市和农村的界限将不再

是那么明显，因为农村社会的不完善或者说落后，农村缺少人才、农村存在着广大的发展空间，国家推出"乡村振兴计划"，国家也通过政策倾斜，引导大学生走向农村，走向基层，国家给支援农村的大学生许多优惠的待遇，所以，时代背景下大学生应该抓住农村有利的发展时机，抓住国家政策倾斜，去农村实现个人的人生价值。今天网络的发展，交通的发达，城市和农村的差别越来越模糊，时代背景下的大学生应该转变观念，勇敢地下基层去发展，特别是去基层创业，创业项目和三农联系起来，去创一片天地。其实，许多大学生也认识到他们一生可能不止从事一份工作，那么对于国字性质的单位又何苦那么热衷，因为一些人的志向是创业，所以，稳定不稳定的工作又有何妨。纵观当今社会，是人才的较量，说到底是能力的较量，事物是发展变化的，任何事情都不可能一下定终身，只要努力，只要踏实、实干，既是刚开始的工作不满意，也会因为个人努力而慢慢有所改变，所以，选择职业时兴趣爱好是第一位的，要树立正确的就业创业观。

（二）完善高校就业创业课程体系，重新评估课程，构建教师队伍

基于高校现在开设的就业创业课程存在的问题，应该进一步完善高校就业创业课程体系。首先，基于学生自己的意愿，对学生进行评估，按照就业和创业两条路子对学生进行培养。在对大学生进行就业力提升时，基于学生的喜好，让学生选择三种左右的职业，针对具体职业对人才的要求，将学生分成小组，着重进行相关职业的能力培养，从专业知识培养到应聘技能的培养，尽量细化和专业化。在对学生进行创业力提升时，鼓励大学生大胆进行创业实践，从创业企划书到创业实践，建立联合导师制，和中小企业、公司建立合作关系，要加大企业、公司的人到学校中授课，并一定要有选择地挑选导师，并落在实处。企业、公司的人主要是实践指导，高校老师主要是理论讲授，并且建立就业、创业课教师到企业、公司挂职锻炼的机制，使老师走在就业创业的最前沿。就业创业教师选拔时一定要突出创新性、实践性、可操作性，要能够调动学生兴趣，能够指导学生实践。当然，课时有限，应该发挥学生社团的辅助力量，让社团活动在大学生就业创业中发挥重要作用。各高校的政策导向很重要。各高校要建立一套配套制度，完善课程体系，完善教师队伍。

（三）大学生自我调适，勇于实践，提升自我就业创业能力和素质

时代背景下大学生聪明、智慧、有胆量，但就是缺少劳动教育，吃苦耐劳能力有待加强，大学生应该立足自身实际情况，从自身条件出发，从社会环境出发，从国家需要出发，权衡这些之后对自己做一调适，选择职业，提升素质。首先，基于自己的兴趣爱好、特长进行自我评估；其次，制定切实可行的职业

生涯规划，并根据情况的改变而略微做出调整，将长期目标和短期目标相结合；将个人发展和社会需要相结合；将主观和客观条件相结合。再次，制定行动规划。将阶段性目标和长期目标相结合。行动的具体步骤，借助条件、人员的配备、时间的保障、意外事件的处理都涵盖在内。最后，反馈和修订。在实践中发现，制定的职业生涯规划是否可行，存在什么问题，问题属于暂时性问题还是克服不了的困难，职业生涯规划的可行性分析，最后重新修订职业生涯规划。有了切实可行的规划后，接着围绕规划，提高自身能力，对能力要求进行具体划分、归类，进行一个个能力具体达标，最后达到提升能力的目的。当然，在这个过程中和企业、公司等用人单位接轨很重要，大学生要将自己的规划置于社会中去检验其可行性，去具体的公司、企业中接受实践的检验，最后，再进行调整、修订甚至如果不可行，还有创新制定职业生涯规划。

（四）形成社会、家庭、学校、个人"四位一体"的大学生就业创业支持体系

大学生目标明确、方案可行，社会、家庭、学校应该给予有力支持。形成社会、家庭、学校、个人"四位一体"的大学生就业创业支持体系。当然，特别是家庭的支持非常重要，大学生去基层发展可能一些父母不愿意，可以做父母的工作，父母都希望孩子能够幸福，所以，如果大学生坚持去基层发展，态度坚定，自信满满，相信最终父母会被我们的真诚所感动，支持大学生就业或创业。所以，自身态度坚定、目标明确是非常关键的。在此过程中也要坚决抵制社会不良风气的影响，只有在同不良思潮或社会风气做斗争的过程中，大学生才能在历练中成长，才能肩负起家庭、家乡乃至国家、民族的大任。

第四节 时代背景下大学生信仰引领研究

一、时代背景下大学生信仰引领的必要性分析

（一）时代背景下对大学生信仰的影响

由于传媒的发展以及新的信息传播方式的特点，构成了大学生在时代背景下特有的学习、生活方式。大学生借助于手机、网络等现代传媒工具可以广泛了解和认识世界，但过度的网络使用也使得大学生依赖于此获得信息，对其认知方面、意志的培养方面及价值观的树立方面都有着潜移默化的影响，这对大学生信仰产生了一定的冲击，也给高校思政教育人员的工作提出了挑战。

1．拓宽信息获取渠道的同时带来认知的弱化

大学生信仰的形成与发展依赖于其所获取思想信息的数量和质量。网络生活中获取的海量信息和多渠道资讯一方面给大学生的生活、学习、交往带来便利，给他们的生活增添色彩；另一方面却也容易给社会经验尚浅、人生阅历不足的他们带来思想上的混乱。"信仰需求"是对信仰具备一定的认知基础上的产物，大学生倘若对主流信仰的认知混乱，对社会价值、人生价值认识模糊，就会出现精神世界的荒漠化和信仰需求的边缘化。

2．满足心理需求的同时带来情感的淡化

网络生活吸引着处于情感叛逆期的大学生，他们在网络中可以获得更多的独立空间，可以在网络中随意伪装自己，成为想要成为的形象，表达现实生活中无法表达的思想和情感，宣泄现实生活中无法宣泄的心情。但大学生一旦过多地沉浸在网络虚拟世界的情感交流中，必将造成作为一个社会自然人的社会功能缺失，这种缺失具体体现在：生活中沉默寡言、不善言谈、显出一副冷漠姿态。其后果导致他们逐渐远离社会实践，人际关系疏离。情感是信仰产生的心理基础，为信仰的强化与扩张提供了不可或缺的凝聚力和驱动力，情感的冷漠势必造成信仰的缺失。

3．享受生活便捷的同时带来意志的退化

网络的便捷性，虽然大大提高了大学生利用信息的效率，使他们可以随意在网络上读书、评论、娱乐、游戏、交友等，可以花比以前更少的时间和成本获取更多的信息。在得到现成知识的同时也面临着各种各样的诱惑，一些大学生缺乏足够的免疫力，容易养成急功近利的浮躁心理。大学生长期被这类不良思想所浸染，如果思想上辨识不清、意志不够坚定，将如同"温水中的青蛙"，渐渐丧失自律和自主的毅力。虚拟空间中他律与自律的缺位，容易使一些大学生处于信仰的游离状态。

（二）时代背景下背景下加强大学生信仰引领的重要性

1．加强大学生信仰引领对国家发展意义重大

党的十八大和十八届三中全会以来，全国高校都在积极响应党中央的号召，投身于加强大学生意识形态建设以及大学生信仰引领，着力培养和弘扬社会主义核心价值观，提倡中华民族传统美德。社会主义现代化建设、中华民族伟大复兴、全面建设小康社会和中国梦的实现都需要当代大学生拥有积极向上的思想政治状况和坚定的信仰，高校作为我国高等教育的重要组成部分，同样肩负

人才储备，培养合格公民的使命。从这一角度出发，加强高校大学生信仰引领具有非常重大而且有深远影响的战略意义。

当今世界各国政治经济联系紧密，国际和国内的形势都发生了深刻变化，高校大学生的培养战略面对的不仅仅是自己的国家，而且是瞬息万变的世界大环境，国际环境复杂，外国敌对势力肆意宣扬"中国威胁论"，公开与我国争夺下一代人才资源的斗争愈加明显和尖锐，当代大学生面临的是一个充斥着各种西方文化思潮和价值观念的社会。

然而目前高校大学生信仰教育工作存在很多缺陷与不足，还不能适应当今状态下的新形势，很多薄弱环节凸显出来。所以改进和加强大学生信仰教育是一项非常紧迫具有深远意义的重要任务。

2. 加强大学生信仰引领的必要性

改革开放以来，我国高校发展历经起步发展、快速发展、竞争发展三个阶段进入转型发展阶段。虽然当前教学质量参差不齐，但也在一定程度上表现出了当代大学生数量上的增长和对接受教育的需求的增长，高校肩负着为社会输送大量高水平高素质人才的重要历史使命。加强大学生意识形态建设和信仰教育，加强思想政治教育工作队伍的建立，不仅仅是对大学生信仰教育的基本要求，而且上升到了国家富强和中华民族振兴的战略要求，是当今社会对全面可持续大战人才的强烈需求，是实现科教兴国人才强国的要求，是构建社会主义和谐社会的内在要求。

当今大学生同样热爱党、热爱祖国，热衷于社会主义事业、维护国家利益，坚决拥护党的各种方针政策，积极学习党的新的政策和方针，贯彻落实党的规定和要求；同时，当今大学生时代感较强，思想上与时俱进，实践能力强，比较务实，注重当下。他们希望得到社会的接受和认可，渴望成才，为国家的建设出自己的一份力。但由于当前高校办学质量参差不齐，体制和机制不完善的原因，一些高校也存在不同程度的过于重视经济效益，对学生信仰教育工作没有投入大量的精力、没有建设性的建议和办法、学生信仰教育工作队伍不强、与实践结合不紧密脱离实际、教育教学质量不高的问题。在高校中，真正地教育学生做人、做事、育人，完善管理和服务的合力还在酝酿之中尚未形成相对成熟的局面。在一部分大学生中，依然存在着不同程度的迷茫、对未来没有规划缺乏远大目标理想、法治意识淡薄法律观念薄弱、忽视校规校纪、学习气氛缺乏没有学习习惯等问题。在信仰问题上，他们对社会主义的前途、命运不再关心，西方文化的渗透冲击着社会主导的价值观，关于是非的标准也越来越模糊，大学生的信仰受到网络媒体的极大冲击。

二、时代背景下背景下大学生信仰现状与发展趋势

（一）大学生信仰现状调查

为了解时代背景下大学生的信仰现状，课题组围绕大学生信仰的认知、情感和意志三个层面设计了 30 个封闭式题目的调查问卷，并抽样调查了陕西省三所高校，共 350 名学生，发放问卷 350 份，回收 296 份，其中有效问卷 265 份，问卷回收率为 84.5%，问卷有效率为 89%。调查的对象包括从大一到大四不同年级的本科生。本次调查问卷的专业涵盖文、理、工、商、医等五大类学科，男女比例为 1∶2，女性偏多。问卷在三所高校每个院系采用随机发放形式，且收回率较高，所以该样本具有一定的代表性。

（二）调查结果分析

1. 就调查结果的总体样本而言，时代背景下大学生信仰的主流是积极健康向上的

高校大学生是我国建设创新型国家的储备资源；他们思维活跃、有较强的社会责任意识和历史使命感；他们能够把握自我、诚实守信、有较强的集体主义感和主人翁意识；他们精力充沛、朝气蓬勃、思想开放，善于接受新思想新事物，富有创新意识，他们能够自觉抵制不良思想的影响，理性地看待中国经济发展过程中社会主义建设取得的成就和不足；他们支持和拥护党的改革开放政策，认真学习和领会马克思列宁主义、毛泽东思想和有中国特色的社会主义理论体系，对中国特色的社会主义道路未来发展充满信心。[4]虽然，一些大学生有宗教信仰、个人主义、享乐主义和功利主义的倾向，但当前大学生信仰的主流仍然是积极健康向上的。

2. 大学生选择信仰的态度是理性和谨慎的

调查发现，时代背景下大学生能够包容多种价值观念并存的格局，在选择价值观念的过程中，能够自觉抵制错误价值观念的侵扰，坚持真理和价值的统一，选择符合历史潮流和人类发展趋势的正确的价值观。在信仰的选择和确立过程当中，时代背景下大学生不再随波逐流、人云亦云，而是在拥有知识的基础上，在清醒的头脑和理性思维的指导下，经过冷静地分析、仔细地甄别，理性而谨慎地做出选择。

3. 高校主导信仰权威性下降

在调查中，对社会主义和资本主义的区分已经没有什么实际意义的观点持赞同态度的达到 32%。对"社会主义前途很渺茫"持同意态度的达 18%。这说

明，在进入时代背景下的大背景之下，马克思主义虽然是大学教育中思想政治教育的主要蓝本，但随着网络社会的快速发展，在各种思潮的冲击下，大学生对作为中国社会主导信仰——马克思主义信仰的坚定程度大不如从前，其主导地位和权威性日益被削弱，马克思主义信仰对当今大多数大学生来说仅仅是为了应对一张考试试卷。大学生对马克思和社会主义缺乏了解，共产助于远大理想不够坚定，缺乏坚定的信仰与信念。

4. 大学生信仰呈现多元化趋势

在问卷调查中关于大学生信仰倾向的调查结果显示：选择马克思主义的占16%，选择西方民主政治的学生占 23%，选择中国传统文化的占 13%，无信仰的占 17%，信仰宗教的占 6%，这些数据说明大学生信仰倾向中的数据没有一项占绝对优势，大学生呈现出多元多变多样相互交织的复杂局面。当今人们的信仰需求已经觉醒，信仰争夺战已经开始。青年是各种信仰争夺的对象。时代背景下是一个思想活跃、观念更新、文化交融的时代背景下。西方文化殖民主义者利用网络文化的平等、公开、全球化的特征实施其"文化帝国主义""网络文化霸权主义"的野心，大肆将利己主义、享乐主义、拜金主义以及所谓"自由""平等""民主"的"普世价值论"向我国推行，这些形形色色、千差万别的价值观念，直接影响着大学生的信仰，使大学生的人生信仰取向面临"多元价值"的腐蚀。直接导致少数大学生信仰根基不稳、徘徊不定，面临着被侵蚀的危机。

5. 大学生信仰存在功利性倾向

例如，45%的学生在入党动机方面具有很大的功利性，认为入党是为了就业和个人发展。而在"学生党员是否比一般同学思想觉悟高"的问题上，近 1/3同学持反对意见。这说明部分学生把政治看作是自己从成长的客观条件，另一方面又不愿承担相应社会责任。网络生活相较于现实生活诸多的约束条件，大学生身在其中感受更多的是自由。缺乏约束力量规制的大学生容易滋长个人主义的意识倾向。凡事以自我为中心，使得部分大学生在建立信仰的时候更多的是以满足个人欲望为目的，虽然同样注重理想和追求，但更加注重现实和功利，他们从注重奉献的理想主义转向注重实惠、实用和物质享受的现实生活，价值目标日趋功利化、世俗化。在新媒体及网络技术条件下信息极大得到传播，高校和社会逐渐打破"围墙"，已经模糊了信仰的大学生们对经济利益产生无限的追求，更多关心具体而实在的现实问题。在被问及"你认为目前大学生中最流行的价值取向是什么？"时，调研结果显示："实用主义，金钱和利益最重要"的占 57%，选"西方民主和自由"的占 49.8%。这些数据都说明，微时代背景下大学生信仰的功利化和世俗化倾向突出。

6. 大学生的信仰具有不稳定性

在被问及"你曾经的崇拜的偶像和现在的崇拜的偶像是否存在偏差，他们分别是谁时"，47%的同学选择"存在偏差"。"信仰具有很大的稳定性，一旦确定就不易改变，但是社会和生活的变化、自我意识的不断觉醒又使这种稳定性成为相对性，因此保持自己的信仰并非在社会生活的变化之外来进行，而是在变化的过程中完成的。"受信仰主体的主观意识和客观外界环境的影响，信仰显示了其很强的波动性。当信仰主体的思想意识等方面还不够十分成熟，外界环境对信仰主体本身的影响又极其强烈时，信仰主体很容易受到外界环境和社会现实的制约和影响，继而出现信仰的不稳定状态。

虽然时代背景下大学生的信仰主流是积极健康向上的，但是由于他们真正参加社会实践的机会还比较少，加上外界环境和时代背景以及大量外界信息的激烈碰撞，稍有不慎，便会出现思想偏差和价值选择的失误，最终导致大学生信仰的波动性。大学生信仰波动性的直接后果是一元主导的信仰被打破，呈现信仰的多样化趋势。多样化的信仰格局又使得科学正确的信仰受到挑战，大学生信仰选择的迷茫无措。

（三）时代背景下大学生信仰发展趋势

随着全球化程度的不断发展，各国的思想文化也在逐渐融合，表现在信仰领域多元化趋势已是必然，大学生作为新文化的积极追逐者，对于新的信仰文化会有一定的好奇心，导致在信仰的选择上趋向个性化，这也是当代中国大学生信仰发展的趋势之一。主流信仰在重建过程中主导地位不断巩固。在积极地引导下，大学生信仰内容同时趋于主流化发展。

三、时代背景下背景下大学生面临的信仰困境及成因分析

时代背景下大学生是当前网络媒体的主要群体，是时代背景下的网络原住民，他们是"微制造""微传播"的重要力量。然而，时代背景下的到来是一把双刃剑，时代背景下新媒体解构了高校信仰教育的基础，分化了高校信仰教育的载体，销蚀了高校信仰教育的权威。给高校大学生信仰引领带来了信仰虚无冲突、多元信仰冲突、信仰异化冲突等新的问题。

（一）时代背景下大学生信仰教育存在的问题

1. 高校信仰教育工作者对"时代背景下"的重视力度不够

在"时代背景下"的环境下，大学生信仰教育工作者没能真正理解"时代背景下"对大学生思想及信仰产生的影响，忽视了微博、微信等相关微平台在大学生思想政治教育中的作用，在使用观念上相对滞后。高校思想政治教育工

作者没能主动利用时代发展和科技进步的大趋势，创新和发展高校大学生信仰教育工作。

高校思想政治教育工作者对"时代背景下"的重视力度不够导致他们不能及时地跟踪微时代的信息传播，对信息传播的不良内容不能及时删除及解读，无从与学生在微信、微博等微平台平等对话及介入，为高校思想政治教育工作带来了极大的难度。

2. 信仰教育工作的方法和内容比较单调

"时代背景下"下对大学生进行信仰教育工作创新，是一种新的尝试。"时代背景下"的到来打破了以往信仰教育在时间和空间上的限制，实现了信息传播时间和空间的无屏障性。时代背景下信息传播的开放性和便捷性实现了信息资源的共享，满足了大学生对知识多样化的需求。微博、微信的流行迎合了大学生自主进行信息选择、发布的心理，微平台的运用在给大学生带来积极影响的同时，也对传统的信仰教育方法提出了挑战。"时代背景下"的强大功能扩大了大学生的视野，可以随时随地进行信息的浏览、评论、转发等。对于一些新潮的思想观念、流行用语的出现，可能是思想政治教育工作者前所未闻的，这使教育者在进行思想政治教育工作中陷入了尴尬的局面。面对新兴的"时代背景下"媒体，传统的思想教育方法已经过时，不能再适应当前的新形势，"输入型""灌输式"的教育方式已被打破，削弱了传统教育的效果。

3. 大量的信息垃圾给思想政治教育工作带来冲击

"时代背景下"信息传播的大众性和开放性使得每一个人都是时代背景下中的网络原住民，发布信息的同时也在接收信息。微博、微信作为"时代背景下"新兴的平台，将信息传播的门槛进一步降低，在"时代背景下"中，人人都可以上微博，人人都可以玩微信。在某种程度上来说，"时代背景下"中信息传播具有"无屏障性"。对于微博的使用者来说，可以随时随地发表自己的观点看法，也可对赞同的观点进行转发，140字限制的微博使其信息内容简短，加大了信息传播的碎片化。对于微信的使用者来说，更加大了其信息传播的任意性，这些不良信息没有进行及时的筛选和删除，导致了大量的信息垃圾。这些信息垃圾对于涉世不深、资历尚浅的大学生来说，必定会带来思想上的冲击。面对低俗的信息垃圾，大学生不能进行良好的判断，久而久之会腐蚀大学生的心灵，不利于大学生培养正确的价值观念，加大了培养正确舆论导向的难度。

（二）时代背景下大学生信仰教育工作存在困境的成因

1. 高校思想政治工作者媒介素养意识不强

进入时代背景下后，高校思想政治教育教师队伍逐渐呈现年轻化、流动性高，以及工作负荷大等特点，这就决定了思想政治教育工作浮在面上，很多教师不会投入更多的时间与精力耐心细致的做大学生意识形态建设及信仰建设。特别是在时代背景下背景下产生的大量碎片化信息，高校思想政治工作者对网络媒介传播的大量信息的认知、解读和评估感到心有余而力不足，对各种思潮和信息冲击达到创造性传播的能力以及利用网络媒介信息发展和完善自我的能力更为缺失。

2．相关网络监管制度不健全

时代背景下，信息文化的大量传播在一定程度上冲击了传统思想政治教育的内容和导向功能。部分高校虽然制定了一系列的网络监管制度，但是在实际工作的过程中，还是缺乏一些制度上的保障。一是检查制度不健全，思想政治教育工作者利用微平台进行大学生思想政治教育工作的过程是一个任务烦琐、责任心较重、时间较久的过程，高校相关组织领导制度、责任制度的不健全则不能保证每一个思想政治教育工作者有效地展开思想政治教育；二是信息监管制度不健全，大学生利用微博、微信等平台进行信息的发布和互动越来越即时快捷，高校无法在第一时间掌握大学生的思想动态和信息内容的传播，缺乏相关的信息监管，将会导致信息传播内容质量不高，直接影响到高校思想政治教育工作者进行信息传播的效果；四是考核奖励制度不健全，目前大部分高校无法对思想政治教育工作者利用微时代的平台开展思想政治教育工作的效果进行合理的考核和评价，也没展开适当的奖励或惩罚，导致教育主体失去工作的积极性。因此，制度的不健全将影响到时代背景下大学生思想政治教育的效果。

3．时代背景下信息传播内容多元化

时代背景下，信息传播的大众性使得微民人人平等，加大了发表言论的话语权。任何人都可以利用微博、微信等平台来表达自己的观点和见解。这将大大增强了信息传播内容的平等性、参与性和多样性。时代背景下信息传播具有"无屏障性"使得信息传播的内容良莠不齐，碎片化趋势增强，产生大量的垃圾信息严重削弱了思想政治教育工作者的主体地位。可能会产生两种现象：一种是符合社会意识形态的主流信息仅仅是大学生思想政治教育信息内容洪流中的部分支流；另外一种现象是利用微平台来进行大学生思想政治教育时，信息传播内容的多样性、趣味性甚至一些低俗信息将占据主导地位。这两种现象的产生导致思想政治教育工作的主导性、教育性变得模糊，不利于思想政治教育工作者开展工作。

4．大学生自身沉溺于微网络

当前在校大学生基本都是"90后"甚至是"95"后，这一代学生是伴随着信息化发展成长起来的，接受新生事物特别快，网络应用也是得心应手，时代背景下信息传播的特点之一就是方便快捷，这加大了大学生对时代背景下的相关平台的依赖性。每一个注册微博、微信的用户，都是信息的发布者和接收者。在微博和微信中，大学生可以通过电脑或手机等上网设备随时登陆以关注自己感兴趣的内容，把大量的时间花在微博和微信上，易变成"微博控""微信控"，从而无暇顾及对现实世界的交流。

四、时代背景下大学生信仰引领的路径研究

（一）从马克思主义理论成果中挖掘大学生信仰元素

马克思主义虽然是人类优秀文化遗产，是科学的世界观和方法论，却日渐在大学生的思想意识中失去其权威地位。主要原因是其影响力不够，影响力不够的原因是对教条化的理论缺乏精确而又通俗的解释，不能得到大学生的认同。网络平台是滋生各种思想的温床，社会现象和社会问题复杂多变，主流意识形态只有对此有精确通俗的解释才能被大学生所认同，才能增强其影响力，进而才能被接受，最终确立为行为指南。

马克思主义指导思想是社会主义核心价值体系的灵魂，是党和国家的根本指导思想，也是构建社会主义和谐社会的理论基础。马克思主义价值观是立足于广大人民群众和全体无产阶级，其所包含的全部理想、信念、信仰的出发点和落脚点都是站在无产阶级和人民大众的立场上，以实现全人类的解放和人的自由全面发展为终极目标。当前，大学生政治信仰危机的主要表现是马克思主义信仰危机。突出表现为：怀疑党的执政能力；对社会主义道路丧失信心；认为共产主义根本就是幻想；崇尚西方的所谓"民主""自由"等错误思想观念充斥头脑，根本影响大学生正确价值观念的形成和发展。因此，解决大学生信仰危机必须加强马克思主义理论知识的宣传和教育，大力推进青年马克思主义者培养工程，推进理论创新和实践创新，将理论与实践相结合，将新媒体新平台应用于马克思主义信仰教育，多元化马克思主义传播方式，从而引导大学生树立科学的价值观，以确立马克思主义信仰的主导地位。

（二）时代背景下背景下大学生信仰教育工作机制

时代背景下相关平台的广泛应用，使高校思想政治教育工作的环境和意识形态领域发生了重大的变化，一些新的问题、新的情况也随之而来。高校思想政治教育不能及时适应时代发展的新需求，在一定程度上存在着大学生信仰教育工作机制不顺畅、教育观念落后、教育方法单一等问题。这就导致部分大学生出现政治信仰迷茫、价值观扭曲、集体荣誉感和社会责任感缺乏。因此，创

新大学生信仰教育工作机制，是时代背景下高校思想政治教育工作者所面临的重大课题。

理顺时代背景下大学生信仰教育工作机制，首先要从战略高度认识到"微平台"在高校意识形态建设和信仰引领中的重要作用。时代背景下的到来，使信息传播更加即时便捷，大量的信息不断地出现在公众的视野中。对于新鲜事物，大学生有着较强的好奇心和求知欲，这就促使他们不断地接收信息，并逐步影响着他们的思想和行为方式。这就要求高校思想政治教育工作者充分利用时代背景下的相关平台，积极构建"学校—家庭—社会"三位一体的信仰教育大格局。通过微平台的即时性、开放性等优势特征，形成三方有效的联动机制和方法，产生强大教育合力，使信仰教育从被动到主动。努力探索当代大学生信仰教育的立体互动模式和运行机制，形成全方位的当代大学生信仰教育的有机系统。从而引导大学生接收积极、健康的信息，摒除落后腐朽的思想观念。

（三）构建时代背景下信仰引领新环境

随着时代的进步和技术的不断发展，思想政治教育环境也随之呈现出复杂性和多变性。因此，在新的形势下，对于高校思想政治教育工作者来说，对思想政治教育环境加以优化并积极搭建"微时代"思想政治教育的新环境，增强思想政治教育工作的效果，实现思想政治教育的目标，有着重要的时代意义。

首先，要搭建时代背景下思想政治教育新环境。可以利用微博、微信等"微时代"新平台，做好校园网络基础建设，加大网络的覆盖面，使越来越多的大学生参与其中。培养青年教育工作者树立科学的思想价值观念，进而引导大学生乐于接受新鲜的物质环境并逐渐地适应。教育工作者要形成良好的物质环境优化的方法运用能力，能够根据教育的目的，灵活合理地选择实施的方法，吸引大学生接受教育。

其次，推动时代背景下思想政治教育制度环境的创新。传统的思想政治教育制度环境只停留在文件的装订上，得不到有效的落实，没能充分发挥教育者的主体地位。创新时代背景下思想政治教育制度环境首先要强化受教育者的参与度。制度的规范要贴近大学生生活实际，可以利用微博、微信等平台进行制度环境的创新。完善微平台的监督和反馈制度，针对不同的人群，建立与其配套的监控手段，定期地进行信息的交流和反馈，对异常信息进行即时的更正，在制度环境的影响下，引领大学生的信仰趋向。

（四）优化大学生信仰选择与生成机制

任何信仰的选择与生成首选要获得主流地位，然后将信仰内化为个体认同，最后升华为群体认同。当代大学生马克思主义信仰的选择与生成是一个价值认同的过程。在大学生中普遍认可并信仰马克思主义信仰，也是一种价值内化的过程。马克思主义信仰是从人的本质出发，植根于社会生活和实践，系统的、自觉地反映当时社会经济形态、政治制度的思想体系。因而成为主流的信仰。这种价值体系一提出并不一定就会被马上认同，如何将这种理想信念体系为大众所接受，就需要将主流信仰进行个体化转变。当信仰内化为习惯，无论是个人的行为、性格、实践等各个因素都会体现这种信仰的理念和价值。个体信仰理念认同是群体信仰理念认同的基础，个体认同转化为群体认同需要建立良好的信仰信息沟通渠道以及注重原则的设定。

（五）立足时代背景下，提升高校信仰教育工作者及大学生媒介素养

媒介素养是指人们面对媒介各种信息时的选择能力、理解能力、质疑能力、评估能力、创造和生产能力以及思辨的反应能力。微博、微信的出现，使网络文化成为"不设防"的文化形态，文化扩张、文化入侵、文化安全越来越引起人们的高度关注。大学生在铺天盖地的信息包围下无法正确辨别事情的真假与原委，因而受网络的不良影响而违法乱纪的事件也时有发生。因此，提升高校信仰教育工作者及大学生媒介素养，增强对网络不良文化的抵抗力已刻不容缓。

首先，培养高校信仰教育工作者的媒介素养意识，提高高校信仰工作者的信息传播能力，并多开展一些提高高校信仰教育工作者的媒介素养的活动。作为一名教育工作者，只有媒介素养意识而缺乏媒介信息传播的能力是万万不行的。时代背景下，媒介信息传播速度之快，信息传播的内容良莠不齐。这就要求思想政治教育工作者要具有媒介批判和反思的能力。面对大量的信息，对信息进行过滤和反思，分清信息的价值，进而传播对大学生成长成才有益的信息。其次，高校信仰教育工作者要具有分析和制作信息的能力。面对复杂的信息，不应简单地进行信息的堆砌，而是要对信息进行分类整合，使之呈现出深层次的内涵。通过声情并茂的语言文字描述、生动形象的图片视频、身临其境的声音表达等来进行大学生的信息传播。

其次，提高高校大学生媒介素养。调查表明，很多大学生网络接触过多，在网络媒介消费上缺乏理性。在网络媒介的认知判断上缺乏清醒认识。在网络媒介的道德规范上自律意识薄弱。不少大学生一有时间就泡在网上，乐此不疲，从了解新闻、休闲娱乐到获取新知识，网络吸引了多数大学生的眼球，为了上网可以通宵达旦不休息，甚至逃课。不用思考的"快餐式文化"网络内容受到大学生普遍青睐，而学术性、思想性强的网络内容则很少有人问津。

网络成为当前大学生了解社会的主要渠道，微博的使用者既是受众，也是

传者。作为受众，应能够正确理解和分析媒介信息，提高对负面信息的免疫能力。良好的媒介信息接收者，不一定是很好的分析者和批判者，网络信息并非完全是客观世界的真实拷贝，而是经过刻意筛选的，是政治、经济、文化等许多因素的融合。微博呈现出更多的是碎片化、浅表性的内容，个人不再是一个简单的接受者，更可能成为一名传播者。如果对微博信息缺乏全面的解读和批判能力，就很容易成为微博的传谣者。加强媒介素养应学会理性地辨别信息的真伪，不盲目相信媒介所传播的信息，应运用自己的理性思考提高对网络负面信息的免疫力和抵抗力，克服从众心理。提高大学生对网络信息的解读和评估能力、创造和传播能力。从而提高大学生利用网络媒介信息来发展和完善自我的能力。

第五章　时代背景下大学生心理健康焦点问题探源

第一节　早期亲子依恋与大学生人格发展

一、成人依恋

（一）成人依恋理论的发展

依恋（attachment）是儿童社会性和情绪性发展中的一个重要研究课题。它源于从精神分析的角度对婴儿的观察，最早关注依恋的是弗洛伊德，他认为父母，尤其是母亲对婴儿的喂养及喂养时母亲与婴儿相处的方式决定着婴儿的依恋性质，儿童对母亲的依恋会成为日后各种情爱关系的原型。但真正对依恋进行精心研究的是英国的精神病理学家 John Bowlby，他认为导致一个人对其他人产生一定程度亲密感的任何行为模式都有个体差异，这可能会持续一个人的整个一生。这就使得依恋理论研究扩展开来，研究者开始关注成人的依恋。Bowlby（1969）把依恋定义为个体与特定的其他人形成牢固的情感纽带的倾向，它能使个体在生命早期与他们的照顾者保持密不可分的关系，从而获取温饱、关爱等一切赖以生存和顺利发展的条件。此时，依恋理论仅限于母婴依恋的研究领域。20 世纪 70 年代的研究发现，母亲自身的早期依恋体验会影响他们照看孩子时的敏感性程度，并由此对孩子的依恋安全性产生影响。

通过进一步的研究，Main 和 Kaplan 等人提出假设：成人对其早期依恋经验的回顾，以及这些早期经验对于当前心理和社会功能影响的评价，会成为一种与依恋相关的相对稳定的心理状态（state of mind）。Bowlby（1982）认为个体在童年时代与其照看者之间在交互作用过程中会形成"内部工作模型"（internal working model），它是系统伴随人一生的机制。Bartholomew（1991）提出一个两维的成人依恋的内部模型，用于解释成人依恋的认知机制。这个模型主要包括对自己和他人的认知，它是在童年经历的基础上发展起来的，当前承担着组织各种依恋信息的义务。Hazzan 和 Shaver（1987）提出成人婚恋关系中的情感联结也可以被理解为一种依恋关系。他们认为，婚恋关系是自然选择的产物，提出了婚恋依恋关系区别于亲密关系的条件有：一是把依恋对象作为寻求和保持亲近的目标；二是在压力情景下把依恋对象作为寻求保护和支持的对象；三是在探索外部世界时，将依恋对象作为安全基地。因此，从依恋角度研究婚恋关系是有条件的，而不是指所有的婚恋关系。

（二）成人依恋类型的研究

有关依恋类型的理论在国外主要有以下三种分法：

（1）John Bowlby 在其著作中描述了儿童的依恋会转变为成人依恋模型，并描述了三种不安全依恋类型：强迫给予照顾型，它是通过取悦和满足别人的需要来获得他人的接纳；强迫寻求照顾型，它来源于童年期处于一种害怕丧失或被遗弃状态，在成人关系中渴望爱与支持；自我依赖型，它是把自我从他人身上转移开，以避免被亲近。

（2）George，Kaplan，Main（1985）的成人依恋访谈量表（Adult Attachment Interview，AAI）对成人依恋做了三种分类：安全型、回避型、矛盾型。安全型是个体对早期关系看法恰当；回避型是否认或者低估早期依恋关系影响；矛盾型是对过去经历理解混乱。

（3）Bartholomew，Horowitz（1991）成人依恋访谈量表有四个分类系统：安全、先占、拒绝和恐惧。安全型反映了个体在人际关系中的舒适，认为关系有价值，既有亲近感，又有自主性（对自我和他人都是积极的观点）；先占型具有焦虑和情绪化的特征，过度沉浸和依赖（人际关系对自我是消极的，对他人是积极的）；拒绝型的特征是崇尚独立（对自我是积极的），否认渴望亲近（对他人是消极的）；恐惧型的特征是焦虑、不信任和害怕拒绝（对自我和他人都是消极的）。

（三）成人依恋国内研究现状

相对于国外丰富的研究成果而言，我国在成人依恋研究领域却是刚刚起步。最早见诸刊物的研究成果是2001年浙江大学李菲茗和傅根耀修订过的AAQ3.1(成人依恋问卷)，得到较好的信度和效度。该量表是AAI的自陈式量表。接着金华职业技术学院的许兴建以依恋研究史为线索综述了依恋概念的提出、依恋形成发展理论、依恋评估方法的进展、依恋与个体心理及行为发展的关系等几个方面的内容，并提出了在依恋研究领域中有待进一步研究的问题。自该篇综述开始，2002—2004年就有一系列有关国外对依恋的研究进展的述评，这些综述涉及依恋的各个方面，包括它诸多理论、评估测量、研究方法、在临床病理学中的研究、跨文化依恋研究、青少年依恋研究等等。有关依恋类型与婚姻质量关系的研究还未见诸报端。而与此研究有关的是黄希庭的学生周春燕发表在心理科学进展（2004.12）的成人依恋表征和婚恋依恋的研究，该文介绍了依恋表征和婚恋依恋的理论背景、测量方法及主要成果。还有黄希庭的硕士研究生古玉的硕士论文对恋人依恋的交互作用进行了初探（2004）；上海师范大学傅安球的硕士研究生田瑞琪的硕士论文对大学生成人依恋的测量及相关人格研究（2004）。

（四）成人依恋临床心理病理的研究

这一研究自 1969 年 Bowlby 对孤儿院儿童心理障碍的关注开始，目前仍比较活跃。近年来，对依恋的精神病理学的研究主要集中在以下三点：一是依恋和焦虑、抑郁的关系。David A .F.H 等对此作了三个研究，表明抑郁症状与成人依恋的自我评定的不安全性有关。Valerie E.W 等从婚姻关系横向考察了夫妻间成人依恋和抑郁的关系。二是对受虐个体依恋关系的研究。Robert T.M 等考察了有受虐史的成人样本的依恋安全性和精神失常的关系。Paige C 等从依恋的理论观点出发对一个 13 岁的有受虐史的男孩进行了有效的干预。三是 Yoel E 等探讨了男同性恋的身份确认和个人的自我、家庭和社会支持的关系，表明同性恋关系的发展过程不仅与同性恋者的内部关系模式有关，家庭和朋友的支持对他们的发展结果和依恋模式的形成有不同程度的影响。Robert T.M 等的研究还探讨了成人依恋类型和创伤后紧张症的关系。

二、父母教养方式

（一）父母教养方式的定义

由于父母教养方式的研究正处在发展阶段，因此，关于父母教养方式的界定也没有统一的标准。各个学者根据自己关注的侧重点不同，对其定义也是有所不同。张文新认为父母养育方式是概念是：父母的养育孩子的观点、父母和子女之间的行为表达或者情感表达的一种彼此影响的组合方式，它是比较稳定的，它反映的实质是父母与孩子之间的交往。Darling 和 Steinber 等人认为父母与孩子的关系中所有情感因素的整体构成了父母教养方式。关于 Darling 和 Steinberg 对父母教养方式的概念理解中，其认为父母教养方式只是通过情感因素进而影响孩子的学业成绩，这一观点的解释并非很清楚明白的。所以，关于 Darling 和 Steinberg 对父母教养方式的定义中关于父母教养方式的整体结构，是不能够全面地诠释父母教养方式的内容的。整体来说父母教养方式是一个综合的概念，它至少包括三个方面。一方面是父母教育的观念，就是父母对子女有什么样的教养理念。第二个方面是行为，这样的概念是父母对子女教养的行为方式。第三个方面是非语言行为，这样的内容是指父母在教养行动过程中所表现出来的非语言的行为方式。它反映了父母与孩子的相互作用的性质，具有更高的稳定性。父母的养育行为一方面包括家长有特定目标导向行为，他们对自己的孩子履行自己的职责。另一方面还包括没有目标取向的行为职责，比如父母和孩子进行沟通时语调的变化、情绪的表露、手势、姿势等方面（Nancy 等人，1993）。

（二）父母教养方式的类型和维度

关注父母教养方式的学者有很多，然而最早对其关注的是美国心理学Symonds，他认为父母与子女之间关系包括两个基本的维度——支配与服从和接受与拒绝。Baumrind 是最早采用类型法进行研究的美国心理学家，他认为教养方式由两个维度组成。一个维度是要求，就是指父母对孩子的教养过程中表现比较多的是对子女的要求。另一个维度是反应性，就是指父母对孩子的行为表现所做出来的反应。因此，他认为父母的教养方式分为三种类型：权威型、专制型和放任型，他的维度划分进一步促进了父母教养方式的研究（Baumrind，1971）。Baldwin 采用的是访谈及观察的方法来观察父母与子女之间在家庭的关系，认为父母教养方式的两个重要维度是——控制维度与民主维度。

在我国，研究者对父母教养方式也有不同的划分。刘金花在 1995 年研究得出，父母教养方式由六种类型组成。第一种类型是期待型，它是指父母对自己的孩子是报期望的方式进行教养。第二种类型是溺爱型，父母对自己的孩子比较娇惯。第三种类型是矛盾型，父母对待自己孩子的养育方式有所差异。第四种类型是严厉型，父母在教育孩子时的态度比较苛刻。第五种类型是拒绝型，这样的父母对子女的要求一般是拒绝的态度。第六种类型是分歧型，父亲和母亲对待孩子的态度不一样。白燕经过自己的研究，认为父母教养方式应该分为四种类型。第一种类型是专制型，自己的孩子必须听从父母的安排。第二种类型是启发诱导型，当孩子在处事时，父母对其是渐渐的加以引导和指教。第三种类型是溺爱娇纵型，父母对自己的孩子比较娇惯、放纵。第四种是放任自流型，父母对自己的孩子不管不问。大多数学者认为父母教养方式应该包含溺爱型、教育型、专制型、启发型、随心型几个方面（苏娟，2007）。

（三）父母教养方式的相关研究

父母教养方式是父母与子女在家庭环境、社区环境等环境中彼此之间彼此作用所产生。从 21 世纪 40 年代开始，许多中国和国外的学者对父母教养方式进行了很多的探究：Mc1ntyre&Dusek（1995）研究发现，父母采用理解型的教养方式，他们的孩子在处理事情时大部分运用的是社会支持的方式，当遇见困难时采用的是问题解决的方法。而父母采用严厉、苛刻的教养方式时，他们的孩子在解决问题时采用的处理方式比较死板，与此同时情愿一个人去解决，而不会寻求帮助。Cooper Smith 的研究证明，家庭的财富、父母接受教育的差异、父母的工作环境等方面对孩子自尊的影响不太显著；而对其自尊的发展影响比较大的因素是父母对子女的教养态度和教养行为。刘丹等人（2008）的研究表明，造成个体形成不同的依恋类型的因素中，父母的养育方式对个体的早期经验在这些因素中扮演着重要的角色。林崇德、张文新（1998）的研究结果证明：许多儿童和少年的自尊的发展和他们父母的教养方式各个因子之间有着比较明显的正相关或负相关关系。

三、家庭教养方式与成人依恋的关系

父母的抚养方式在孩子能否形成安全的依恋上起到至关重要的作用，其中母亲敏感、合作、接受、易接近的教养行为有利于孩子建立安全的依恋模式。所以父母在早期教育孩子上一定要对孩子给以充分的关心和爱护，对孩子充满温情，以及敏锐的观察力。对孩子发出的信号给予正确的理解，满足孩子的生理需要和心理需要，但不要过度干预，要进行精心的养育。不管孩子的气质类型如何，是否难以教养，都要具有耐心，要使母婴之间产生"交互作用同步性"的交流方式，即抚养者能对婴儿发出的信号在恰当的时间以恰当的方式做出反应。要使孩子达到"拟合优度水平"，也就是让孩子的反应方式与环境要求和谐一致，达到一种良好拟合，这样才能适应环境。

四、早期亲子依恋对人格发展产生影响的研究

人在早期由于依恋特点的差异导致了内部工作模式的差异，从而对个体以后的生活产生了不同的影响。依恋研究者在探讨早期依恋特点对人的影响方面，更多的是探讨早期依恋对个体未来人格发展以及个体人际关系社会性发展的影响作用，从中我们可以看出早期亲子依恋模式有着重要的心理病理学意义。

对人格的影响，从人格发展角度上看，早期依恋特点影响了个体成年后人格的发展方向，不良的早期依恋更倾向于导致个体人格上的病态发展。同时，不同依恋还会导致人格特质上的差异。

1. 早期依恋与精神障碍

鲍尔比是临床精神病医师，他的依恋理论的创立就是源于他在 20 世纪 50 年代对二战后孤儿院中孤儿心理障碍的研究，那时他就已经指出养育机构的危害，并认为母亲的死亡或其他影响儿童身体或心理的事件，会使儿童产生焦虑和行为不良，成年后产生心理疾病。目前，对依恋研究的一个重要的部分是对儿童可能发生行为问题的原因和环境进行研究，近 10 多年来依恋研究在精神病理学中非常活跃。

很多研究者认为婴儿的不安全依恋并不直接引起以后的精神障碍，但是，

它与儿童及成人期的各种形式的精神病理学现象有密切联系。一些短期研究已经发现具有安全依恋的儿童比不安全依恋的儿童在以后的生活中更自信，更合作，更友好，更热情，更有好奇心，更有能力，而不安全依恋的儿童多在学前期出现退缩，敌意攻击行为以及成人期的婚姻质量低，药物滥用。

不安全依恋的类型由于出现心理病理学现象的概率比较高，所以不安全依恋类型一直是精神病理学研究的主要对象。在研究中，研究者们普遍认为焦虑—回避型依恋（A）、焦虑—反抗型依恋（C）、混乱型依恋的儿童都属于不安全依恋的类型。在这些不安全依恋的类型中，A型依恋儿童在以后发展中，很容易出现攻击行为，C型依恋儿童很容易表现为退缩行为，D型依恋儿童则表现出A型和C型儿童的混合行为，发展的结果常常是产生许多的行为问题和心理障碍。研究者认为D型儿童是最不安全的高危儿童，他们成为精神障碍者的可能性最大。因此，对这类儿童的研究也最为集中。研究者发现D型儿童的一些特点：D型儿童在情感上存在强烈的矛盾，即寻求亲近与试图回避的矛盾。当两种倾向相互冲突时，儿童就变得冷漠、茫然、不知所措；一些被虐待的儿童与父母之间出现角色颠倒现象，即儿童好像是照料方，而父母成了被关心的对象，研究者认为这也许是被虐待儿童担心失去少有的爱，于是更加小心地维护与父母的关系的原因；D型儿童的母亲一般受教育程度低，家庭收入低，抚养压力较大，因此他们一般对儿童严厉，应答性低，对孩子的教育要求不连贯；D型依恋儿童往往是情感失调父母的后代，这说明依恋这一心理现象具有代际传递性。

虽然不安全依恋并不必然导致精神障碍，但许多研究表明，不安全依恋模式与精神障碍之间有着明显关系。由于时间和精力的关系，研究者不可能对个体由早期到成年进行长期追踪研究，所以更多采用成人依恋访谈或自我报告法来获得成人的依恋表征或成人当前的依恋模式，探讨这些模式同精神障碍之间的相关性，依据内部工作模式稳定性的特点推论出早期依恋模式对成人的影响作用。

弗那基（E.Fonagy）等的研究表明，78%的精神病患者，75%的抑郁症患者，84%的焦虑症患者、64%的物质成瘾者，93%的摄食障碍患者，以及92%的边缘型人格障碍患者，在成人依恋访谈中被评为不安全依恋，在精神病患者中，75%被评为悬而未决型，65%的人报告曾遭受严重的虐待，远高于正常人群。罗森斯坦（D.S.Rosentein）等对60名住院青少年障碍患者的调查发现，绝大多数表现为不安全依恋类型。有研究表明，在依恋的具体类型与精神症状之间存在特异性联系。例如，阿达姆（Adam）等对一组轻精神障碍患者的研究发现，有自杀意念或自杀行为者更多地表现为沉迷型依恋状态。戴克（H.Detke）等的研究也发现，摄食障碍患者 76% 表现为漠视型依恋，而抑郁患者较多为沉迷型依恋模式。罗森斯坦等的研究表明，表现为漠视型依恋的青少年患者，以品行障碍、物质滥用、自恋或反社会型人格障碍等多见，而被评定为沉迷型依恋者则倾向于以情感障碍、强迫、癔症、边缘型或分裂型人格障碍为主。也有人研究发现，不安全依恋与情感障碍联系更密切，与思维障碍则较少关联。

2. 早期依恋与人格特质

依恋理论中提出人格的发展受依恋关系的影响，一个假设是安全依恋类型的人会有外倾表现，常常对他人热情，与他人互动较好，而有回避性依恋类型的人较少卷入他人的关系中，因此依恋类型和与其相应的对待自我与他人的工作模式均可能与人格特质有关系。塞维尔（P.R.Shaver）和布瑞恩（K.A.Brennan）用人格量表（五因素人格模型）评估外倾性、宜人性、神经质、经验开放性与谨慎性五个特质。研究发现安全依恋类型的个体比矛盾和回避依恋类型的个体较少表现出神经质，而更多表现为外倾性。卡维尔（C.S.Carver）在 1997 年也用五因素人格模型评估人格特质，发现安全依恋类型与外倾性和宜人性的人格特质有关，而矛盾依恋类型与神经质有正相关，回避依恋类型与外倾性和宜人性有负相关。海赞（C.Hazan）和塞维尔的研究发现安全依恋类型的成人比焦虑—矛盾依恋类型的个体有更高的自尊，且表现得更直率，较少孤独。总之，研究发现不同成人依恋类型的个体在某些人格特征上也有差异，并会持续其一生。

关于对早期依恋模式对个体后期影响的研究都是建立在理论和实践相结合的基础上进行的，同时也有来自生活中的证明。这说明早期的经验确实对个体以后生活或多或少会产生影响。心理学的研究不仅要了解这种影响是什么，还要研究如何去避免这种不良影响。目前，心理学各学科研究中，描述、解释多，干预、纠正、治疗少。而这些往往是现实生活中人们最缺乏的，所以在以后的研究中，心理学应更多地去研究对不良生活方式的应对上，不仅要探讨问题产生的深层的原因，还要尽可能给出解决问题的最佳方式。让人们能在生活中了解自己的心理，同时能够做出自我解释，拥有一套策略去干预自己的心理，使自己更幸福的生活。总之，心理学研究的目标应该是帮助人们学会健康，乐观的生活。

第二节　童年创伤与大学生拖延行为

一、拖延行为解析

拖延（procrastination）是一个普遍和复杂的现象。在很久以前的中国，拖延被用作一种策略词。然而随着时代的不断发展，拖延已经成为公认的一大问题。国内外研究发现，约有 90%的大学生存在不同程度的拖延行为。国内学者翘楚等（2010）根据大学生最常见的 5 种拖延行为表现得出结论：大学生的拖延行为主要表现在其学业与任务完成中，也就是说大学生拖延行为与学业拖延行为存在紧密的联系。生活中常见的拖延表现为赖床，而在寄信、回电话、赴约等日常行为中较少拖延。这说明大学生对于简单事务能及时回应，但遇到有一定要求和难度的学业及其他任务时，不善于安排时间，拖延行为易发生。由此可见，大学生拖延行为表现在生活的方方面面，这也使更多学者将研究视点放在拖延行为上。

关于拖延行为的定义，国内外学者也做出了各种不同的解释。国内部分学者将其定义为拖延行为是指个体在面临一项必须完成的任务时不能立刻投入并按时完成，而是有意地从事与之无关的其他行为活动，并推迟从事任务的现象（翘楚，肖蓉，林倩，2010）。王孟成等（2009）提出：拖延是指个体推迟开始和（或）完成必须完成的任务时的非理性倾向。国外也有很多学者对拖延也做了不同的解释，例如，Sabini&Silver（1982）将拖延视为一种不合常理的延迟行为；Solomon&Rothblum（1984）则提出拖延就是有目的性的推迟，从而使任务无法在顺利进行，并且给人带来一种不适；Lay（1986）定义拖延是一种没必要的延迟；Beswick&Mann（1994）和 Henri C.Schouwenburg&Clarry H.Lay（1995）则认为拖延是对实施计划的一种阻碍，阻止某件事情的开始和完成。总体来说，拖延就是明知自己会导致计划或者进展变缓慢甚至出现差错，但是又不想做出具体行动的一种表现行为。通过诸多的学者从自己的研究角度定义拖延的含义，也从侧面说明拖延行为在当今社会中的重要性以及迫切性。

那么到底是什么因素影响拖延行为呢？国内目前的研究分为两种情况：一种是将因素分为大学生自身主观因素和外在客观因素；另一种是将因素分为认知、情绪和情境之间进行分析。纪芳（2013）指出：影响大学生拖延行为的主观因素是指大学生受到的来自大脑或是感官感觉等内部条件而非外界刺激直接产生拖延行为的影响因素。主要有人格、动机、自我效能感和规划调控力四个方面。除了大学生自身的主观因素外，家庭教育—父母教养方式、时间条件与外部环境、任务性质等外在的客观因素也操纵着大学生的拖延行为。而张萌萌等（2013）提出拖延行为影响因素分析包括：认知（非理性信念、完美主义、时间管理、动机因素）、情绪（抑郁、焦虑、人格特质）、情境（任务性质、教养方式、环境）。在个体发展过程中，环境等外部因素由于比较难以操作，于是大多研究重点放在个体内部因素探讨中。在此基础上，许多研究者分析了人格这一重要因素具体如何影响大学生的拖延行为。有研究指出高神经质、低外向性和严谨性的个体更易拖拉（肖蓉，骆云峰，林倩，翘楚，2010）。甘良梅（2007）研究发现行事风格和外向性这两个人格维度可以显著影响到大学生的拖延行为。

　　已有研究表明，大学生的拖延行为受到人格因素的影响。而在个体人格发展形成过程中，早期儿童创伤经历对于个体行为及发展起着重要的作用。根据1999年WHO的定义，儿童期虐待是指对儿童有抚养、监管义务或有操纵权的人做出的，足以对儿童的健康、生存、生长发育以及尊严造成实际的或潜在的伤害行为。这一概念由三个方面界定：虐待者与儿童之间存在亲密关系；虐待的严重程度标准；虐待的方式（言语虐待、情感虐待、躯体虐待、忽视和性虐待等）。儿童期忽视的定义是Golden（2002）等人提出的，即"由于疏忽而未履行对儿童需求的满足，以致危害或损害了儿童的健康或发展"。目前，研究者一般认为儿童早期心理创伤的内容是包括以上两者，即儿童忽视和虐待。关于童年创伤大多数研究中均认为，不管是短期影响还是长期影响，儿童早期的心理创伤都在他们心理留下了或大或小的阴影（赵冬梅，2011）。

　　对于当今大学生来说，另一个值得关注的问题便是手机成瘾问题。大部分的本科大学生拥有更多可支配时间，然而越来越多的大学生每天手机几乎24小时不离手。大多数学生也抱怨玩手机耽误了很多正常要做的事情。已有研究指出，大学生手机成瘾和拖延行为之间存在正相关（史桂蓉等，2016），同时，童年时期的不良生活事件与成年后的不良行为习惯有着密切的关系，例如成瘾问题（Nicol-son，Lank，& Crandall，2014；Sacks，McKendrick，& Banks，2008）。而大学生普遍存在的一种成瘾问题就是手机成瘾问题。大学生若长期沉溺于智能手机带来的感官体验，将对个人的成长和身心健康带来很大影响（师建国，2009）。谢芳（2016）研究表明儿童期遭受心理虐待和忽视的个体成年后的自尊水平会更低、焦虑水平会更高，同时个体会感受到更高的孤独感，而这些变量恰好是直接导致手机成瘾的危险性因素。有研究则直接指出心理虐待中干涉因子和责骂因子对手机成瘾倾向总分具有显著的正向预测作用；除此之外，忽视总分也可显著地预测手机成瘾倾向，其中情感忽视因子对手机成瘾的正向预测作用最显著（王惠玲，2014）。杨玲等（2017）研究也发现，童年创伤既可以直接影响大学生网络成瘾，又可以通过应对方式间接影响网络成瘾。

拖延行为发生的另一重要原因之一便是时间管理能力的不足。时间管理倾向（Time Management Disposition）是一种时间维度上的人格特征，是个体在对待时间功能和价值上，在运用时间方式上所表现出来的心理和行为特征，它由时间价值感、时间监控观和时间效能感构成（黄希庭，张志杰，2001）。研究发现拖延者与非拖延者在时间分配和认知上存在差异。如拖延者与非拖延者比花更少的时间在可能成功的任务上而花更多的时间在不可能成功的任务上，他们往往还会低估完成任务所需要的时间花更少的时间去收集完成任务所需的信息，在组织时间上存在困难并且把时间利用看得更无个人意义。国内的研究也发现拖延与时间监控行为和时间管理效能倾向存在显著负相关。个体在时间透视上的差异是造成拖延行为倾向的重要原因（王孟成，杨忍，戴晓阳，2009）。国内学者已指出时间管理倾向是一种人格特征，那么童年作为个体发展的重要阶段是否会对时间管理产生一定影响，并进一步影响拖延行为呢？这个问题还未得到研究证实。

综合分析以往研究发现，众多研究已经指出：童年创伤对手机成瘾具有一定预测作用，个体的手机成瘾以及时间管理能力对大学生拖延行为又存在着一定正向预测。然而，这些研究大都是在个别因素之间进行分析比较，例如大多研究只是针对童年创伤对手机成瘾的影响或者只是对手机成瘾和大学生拖延行为的研究，但是至于童年创伤和拖延行为是否通过手机成瘾的某种机制起作用，或者时间管理倾向到底在此之间扮演何种角色，这样的研究却并未发现。由此本研究预测，童年创伤、手机成瘾、时间管理倾向之间与拖延行为可能存在着相互影响。综上，本研究基于童年创伤视角，考察童年创伤与学业拖延的关系中时间管理倾向和手机成瘾是否起到链式中介作用。

二、大学生拖延行为调研

（一）被试

使用网络问卷方式收集量化数据，共有 350 名大学生填答了本研究的网络问卷，剔除填答信息不全的问卷 14 份后（主要是年龄没有填答和填答存在明显错误），最终获得有效问卷 336 份，有效率为 96%。平均年龄为 21.03 岁（SD=1.678）。其中男生 104 人（31.0%），女生 232 人（69.0%）。大一 87 人（25.9%），大二 100 人（29.8%），大三 76 人（22.6%），大四 73 人（21.7%）。

（二）研究工具

1. 儿童期心理虐待与忽视量表

采用邓云龙等人（2007）编制的儿童期心理虐待与忽视量表（Child Psychological Abuse and Neglect Scale，CPANS），该量表共31个项目，由心理虐待（包含责骂、恐吓和干涉，忽视3个维度）和忽视（包含情感忽视、教育忽视和身体/监督忽视3个维度）两个分量表组成。采用4点计分法，从"0=无这"种情况到"4=总是"。该量表要求学生回忆成年以前家庭氛围以及成长过程中家长是如何对待自己的，得分越高，其遭受到的虐待和忽视越严重。本研究中CPANS内部一致性a系数为0.958。心理虐待和忽视两个分量表的内部一致性a系数分别为0.938，0.919。

2. 青少年时间管理倾向量表

采用黄希庭、张志杰等人（2001）编制的青少年时间管理倾向量表（ATMD），该量表共44个项目，由时间价值感量表、时间监控观量表和时间效能感量表三个分量表组成。采用5点计分法，从"1=完全不符合"到"5=完全符合"，其中9、17、41、27、30为反向计分项目。本研究中ATMD内部一致性a系数为0.922。时间价值感量表、时间监控观量表和时间效能感量表三个分量表的内部一致性a系数分别为0.785、0.881、0749。

3. 大学生智能手机成瘾量表

采用苏双等（2014）编制的大学生智能手机成瘾量表（SAS-C），该量表共22个项目，由戒断行为、突显行为、社交安抚、消极影响、APP使用和APP更新6个分量表组成。采用5点计分法，从"1=完全不符合"到"5=完全符合"。本研究中SAS-C内部一致性a系数为0.933。六个维度的内部一致性a系数在0.635-0.872之间。

4. Aitken 拖延问卷

采用Aitken编制，陈小莉等人（2008）修订的拖延问卷（API），该问卷共19个项目，采用5点计分法，采用5点计分法，从"1=完全不符合"到"5=完全符合"其中9个题目为反向计分项目。API总分为所有条目得分综合，总分越高表明拖延越严重。本研究中API内部一致性a系数为0.817。

（三）统计方法

本研究采用Spss22.0对问卷数据进行共同方法偏差检验和相关分析，使用Amos22.0进行结构方差模型设定和拟合。

三、拖延行为研究结果分析

（一）共同偏差检验

共同方法偏差（common method bias）指的是由于同样的数据来源或评分者、同样的测量环境、项目语境以及项目本身特征所造成的预测变量与效标变量之间人为的共变，是一种系统误差。因为本研究全部采用自评调查问卷，可能会受到同源误差的影响而对研究结果造成混淆（周浩，龙立荣，2004）。因此，我们对研究中存在的共同方法偏差产生的影响进行检验。根据 Podsakoff 等人（2003）的建议，采用 Harman 单因子检验对共同方法偏差进行检验，对所有题目进行探索性因素分析。结果显示，特征值大于 1 的因子共有 24 个，且第一个因子解释的变异量 17.459%，小于 40% 的临界标准。说明本研究不存在明显的共同方法偏差（熊红星，张璟，郑雪，2013）。

（二）童年创伤、时间管理倾向、手机成瘾与拖延行为相关分析

针对童年创伤、时间管理倾向、手机成瘾与拖延行为进行相关分析。结果发现：心理虐待与忽视总分及其两个维度与时间管理倾向（ATMD）总分和时间价值感、时间监控、时间效能感三个维度均不存在显著的相关，而心理虐待与忽视总分及其两个维度与手机成瘾和拖延行为存在显著的正相关。时间管理倾向及其三个维度与手机成瘾之间无显著相关，而与拖延行为存在显著的负相关。手机成瘾与拖延行为之间存在显著的正相关。见表 5-1。

表 5-1　描述性统计结果和变量间的相关分析（n=336）

	1	2	3	4	5	6	7	8	9
1. 心理虐待	1	.815**	.945**	-.001	-0.024	-0.061	-0.029	0.423**	0.386**
2. 忽视	.815**	1	.959**	-.021	-0.047	-0.060	-0.048	0.416**	0.351**
3. CPANS 总分	.945**	.959**	1	-.012	-0.038	-0.064	-0.041	0.440**	0.385**
4. 时间价值感	-0.001	-0.021	-0.012	1	0.566**	0.625**	0.779**	0.089	-0.163**
5. 时间监控观	-0.024	-0.047	-0.038	.566**	1	0.776**	0.945**	-0.080	-0.405**
6. 时间效能感	-0.061	-0.060	-0.064	.625**	0.776**	1	.0882**	-0.085	-0.387**
7. ATMD 总分	-0.029	-0.048	-0.041	.779**	.945**	0.882**	1	-0.042	-0.380**
8. 手机成瘾	.423**	0.416**	0.440**	0.089	-0.080	-0.085	-0.042	1	0.439**
9. 拖延行为	.386**	0.351**	0.385**	-0.163**	-0.405**	-0.387**	-0.380**	0.439**	1
M	15.81	21.63	37.45	36.70	78.84	34.76	150.30	62.35	49.73
SD	11.055	12.784	22.717	5.797	11.707	4.6715	19.697	15.201	9.118

注：**p<0.01

（三）手机成瘾、时间管理在童年创伤与拖延行为之间的中介作用

根据相关分析结果，由于时间管理倾向各维度与童年创伤、手机成瘾相关不显著，于是我们对预设模型进行调整，建立手机成瘾在童年创伤与拖延行为起中介作用的模型。并使用 AMOS22.0 对调整后模型进行验证。根据中介检验程序，以童年创伤为自变量，手机成瘾为中介变量，拖延行为因变量，构建结果方程模型（如图1）。以极大似然估计考察模型的拟合情况，首先检验童年创伤对拖延行为的直接效应，然后加入中介变量手机成瘾后，考察其显著程度及模型拟合情况。结构方程模型直接效应分析的结果发现：童年创伤对拖延行为的直接路径显著（$\beta = 4.556$，$P < 0.001$），模型拟合良好（$\chi 2 / df = 2.417$，$RMSEA = 0.065$，$GFI = 0.936$，$IFI = 0.954$，$CFI = 0.954$，$SRMR = 0.0484$）。在童年创伤与拖延行为之间加入中介变量手机成瘾，构建中介模型。结果发现模型拟合指数可接受，模型拟合指标为 $\chi 2 / df = 3.012$，$RMSEA = 0.077$，$GFI = 0.956$，$IFI = 0.970$，$CFI = 0.970$，$TLI = 0.953$，$SRMR = 0.0405$，根据温忠麟关于中介关系的判定得出：该模型拟合良好，可以接受（温忠麟，侯杰泰，马什赫伯特，2004）。其中，童年创伤对拖延行为（$\beta = 0.22$，$P < 0.001$），童年创伤对手机成瘾（$\beta = 0.51$，$P < 0.001$），手机成瘾与拖延行为（$\beta = 38$，$P < 0.001$）的路径系数均显著。根据 Bootstrap 检验，若路径系数 95% 的置信区间不包括 0，表明间接效应显著。本研究对路径进行 1000 次 Bootstrap 检验，发现童年创伤—手机成瘾—拖延行为的间接效应路径系数：95% 的置信区间为 [0.128，0.293]。因此，该模型中手机成瘾的间接效应显著，加入中介变量后童年创伤对拖延行为的路径系数显著（$\beta = 175$，$P < 0.001$），这表明手机成瘾在童年创伤和拖延行为中起部分中介作用。见图 5-1：

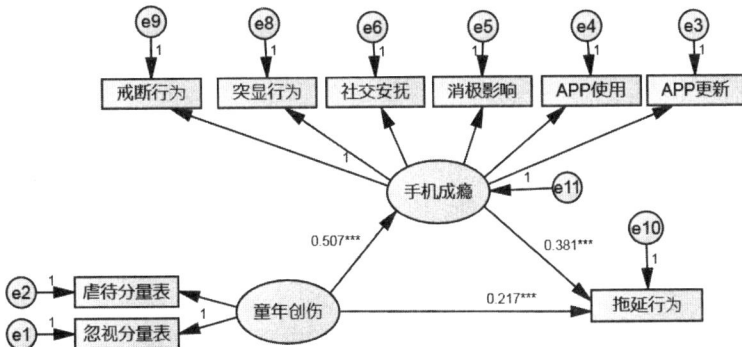

图 5-1　手机成瘾在童年创伤与拖延行为之间的中介模型图

四、手机成瘾在童年创伤与拖延行为中扮演着部分中介作用

众所周知，拖延行为害人害己，人们在生活、学习中都希望自己能够摆脱这一问题，但是还有众多的大学生深陷其中无法摆脱。尽管已有研究对此做了大量研究，但是仍然未得到有效改善。以往研究大多关注于拖延行为与当前行为或者与人格等相关因素，但是很少有人将关注点放到大学生早期发展经历上。因此，本研究则从主要影响拖延行为的一个新角度：童年创伤视角以及目前最普遍的行为因素：手机成瘾和时间管理倾向这三个方面去探讨这一问题。

研究采用问卷调查的方式，考察童年创伤与学业拖延的关系中时间管理倾向和手机成瘾的链式中介作用，通过相关分析发现：心理虐待与忽视总分及其两个维度与时间管理倾向（ATMD）总分和时间价值感、时间监控、时间效能感三个维度均不存在显著的相关，而心理虐待与忽视总分及其两个维度与手机成瘾和拖延行为存在显著的正相关。时间管理倾向及其三个维度与手机成瘾之间无显著相关，而与拖延行为存在显著的负相关。手机成瘾与拖延行为之间存在显著的正相关。根据假设，时间管理倾向与学业拖延存在显著的负相关，这一研究结果得到证实，这也与以往研究一致。张娜等人（2016）的研究也指出，大学生时间管理倾向与学业拖延显著负相关。

另外研究发现，童年创伤与手机成瘾之间存在正相关，手机成瘾与拖延行为之间存在显著的正相关，这些结论也与前人研究一致。童年心理虐待与忽视会对手机成瘾产生预测作用，大学生的手机成瘾行为也有其更深层次的影响因素。如果童年早期家长对儿童缺乏情感关注，经常忽视儿童的情感需要，或者经常用责骂和过分干涉孩子自由的方式来教育儿童，会对儿童的身心产生不利的影响。在这样的家庭环境中成长起来儿童的可能会隐藏自身的真实感受来避免家长的责骂或干涉自身自由。长此以往，个体可能会防御和拒绝表达自己的真实体验，而会更多地选择关注于虚拟世界，用手机与他人进行无须面对面的交流，最终导致网络成瘾。同时，当个体沉迷于手机体验其所带来的即时刺激时，大部分的时间已经被消耗，而本该完成的任务或者目标则因此而拖延甚至耽误，这就限于一种无限的循环。但是，根据研究假设童年创伤与时间管理可能存在显著的相关关系，但是本研究中并未发现二者之间存在显著的相关关系。

此结果与假设不一致。通过文献等查询发现，有研究指出：尽管童年创伤经历可能会对个体其后的心理健康造成影响，但并非所有经历创伤的儿童其后的社会功能都必然受损，部分创伤经历者在与创伤进行抗争的过程中体

验到了心理方面的正性成长，创伤并不必然带来负性结果（涂阳军，郭永玉，2010），同时周永红（2016）的研究指出：应对方式在儿童创伤经历与成年心理健康和幸福感之间有一定的中介作用。因此本研究结论可能受到这些因素影响，这也是在今后的研究中可以进一步探讨的内容。此外，本研究发现的一个新的角度即童年创伤可以直接影响大学生拖延行为，这也进一步说明拖延行为的改善不仅仅是对当前状态的了解和改善，还涉及大学生早期童年创伤经历。这一结论也为我们今后更好的调节拖延行为提供了进一步的研究支持。

通过模型调整发现，手机成瘾在童年创伤与拖延行为中扮演着部分中介作用。童年时期的心理虐待和忽视会对个体当前的行为产生消极的影响，导致个体不能很好地应对不良的行为，进行更好的自我控制，最终过度的使用智能手机，而手机成瘾又加重个体的拖延行为。童年创伤对个体影响是深远的，童年创伤会影响个体的行为问题，即手机成瘾问题，这和王惠玲（2014）的研究结果一致。拖延行为在大学生中相当普遍，我国有90%以上的大学生都存在不同程度的拖延现象。研究显示，拖延行为倾向与大量负面的身心健康状况有关，导致个体承受更高的压力与焦虑。而且手机依赖所带来的身心问题，使得个体无法进行良好的时间管理和控制，导致大学生在学习生活中的各种任务不能按时完成，从而产生更多拖延行为（李宗波，梁音，王婷婷，2017）。

由此可知，大学生的拖延行为不仅需要审视当前的手机成瘾行为的影响，而且也应该深入了解个体早期发展的影响。以往关于拖延行为童年早期经验的研究大多只是在父母教养方式等方面，而很少有对于童年忽视与虐待的研究。本研究则提供了一个新的视角去看待拖延行为，拖延的改善不只是个别因素之间的互相作用，而是一个需要整体协调的过程。大学生群体是一个自由又独立的群体，自由支配时间更多，近70%的严重拖延症患者，这也对这一问题的解决提出更高的要求。大学生以及心理咨询工作者也应该认识到，学业拖延行为不仅是当下的一种行为表现，还受到早期童年经验的影响，因此在改变拖延行为的过程中要更关注早期成长过程。只有深入了解家庭以及童年早期经历，并结合当前的生活和学习情况之后，才能使大学生做出更有针对性的改变和调整活动，促进其拖延行为改善，使其获得更加长远的发展。

综上所述，可以得出如下结论：

童年创伤对个体的时间管理能力无预测作用，时间管理倾向对于个体手机成瘾也并没有预测作用。但时间管理倾向越高，拖延行为就更少，二者存在相关关系。

童年创伤即可以直接作用于大学生的拖延行为，也可以通过手机成瘾来影响其拖延行为。

第三节　习得性无助与贫困大学生负向人格

作为一个特殊群体，贫困大学生在完善自我、走向成熟的大学时期，由于社会认同等复杂因素，容易产生多种心理困扰与冲突。因而，提高大学生心理素质是一项非常重要的任务。本次研究试图通过对高校贫困大学生心理健康问题的调查，了解大学生的心理健康状况，为预防各种心理问题的发生、有针对性地进行心理健康教育提供科学依据和可操作方案。

一、贫困大学生心理健康状况调查

（一）调查对象与方法

1. 调查对象

本次调查针对高校的大学生，样本选自三所高校，按不同年级随机抽取学生进行调查。分两部分进行，一是使用症状自评量表（Symptom Checklist SCL－90）进行测量；二是使用自编问卷进行针对性调查。参加测试的共有3632人，其中大专生1773人，占参评人数的48.82%，本科生1859人，占参评的51.18%；男生1318人，占参评的36.29%，女生2314人，占参评人数的63.99%；大城市生源203人，占参评人数的5.59%，中小城市生源627人，占参评人数的17.26%，小城镇生源544人，占参评人数的14.98%，农村生源2221人，占参评人数的61.15%；其他不确定人数员有37人，占总参评人数的1.02%。调查中发放问卷共计3000份，收回有效问卷2835份，回收率达94.5%。

2. 调查方法

采用SCL－90量表和自编问卷，以无记名方式进行，要求被试者依据自己的真实情况，填写测评量表，并对问卷中的每个问题做出独立回答，在现场回收问卷。之后，问卷数据资料全部输入信息库，用EXCEL软件进行统计分析。

（二）问卷测试结果

1. 大学生心理健康状况的总体情况

项目	人数	百分比	位次
抑郁	108	2.97%	1
焦虑	88	2.42%	2
自卑	73	2%	3
躯体化	71	1.95%	4
性心理障碍	69	1.90%	5
强迫	62	1.7%	6
精神病倾向	60	1.65%	7
社交攻击	57	1.57%	8
偏执	54	1.48%	9
依赖	52	1.43%	10
冲动	48	1.32%	11
社交退缩	48	1.32%	12

从测试结果来看，本次测试对象排在前三位的是抑郁、焦虑和自卑。

2. 测试结果分类进行心理健康状况比较

（1）不同类别学生的心理健康状况。

项目	大专生（n=1773）		本科生（n=1859）		t
	M	SD	M	SD	
躯体化	13.30	4.07	13.41	4.29	−.047
焦虑	15.95	4.88	15.95	5.13	.004
抑郁	15.46	4.87	15.15	4.95	1.869
自卑	14.53	4.95	14.28	5.09	1.541
社交退缩	14.41	5.23	14.34	5.21	.422
社交攻击	12.94	4.12	12.88	4.13	.439
性心理障碍	10.18	4.89	10.14	4.91	.218
偏执	13.23	4.78	13.39	4.81	−1.032
强迫	18.57	4.84	18.38	5.03	1.123
依赖	16.38	4.90	16.27	5.05	.639
冲动	14.17	4.20	13.96	4.27	1.456
精神病倾向	11.42	3.49	11.43	3.53	−.141

通过分析，大专生和本科生在12个因子上没有明显差异。

（2）不同专业学生的心理健康状况。

项目	理工类（n=1433）		文史类（n=1795）		文化艺术类（n=211）		F
	M	SD	M	SD	M	SD	
躯体化	13.69	4.25	13.39	4.14	12.18	4.26	12.22**
焦虑	16.28	5.08	15.96	4.94	14.35	4.82	13.80**
抑郁	15.49	4.9*7	16.38	4.79	13.65	5.30	13.29**
自卑	14.82	5.07	14.29	4.91	12.65	5.32	18.29**
社交退缩	14.76	5.27	14.28	5.11	12.40	5.19	19.448**
社交攻击	13.11	4.05	12.91	4.14	11.46	4.13	14.86**
性心理障碍	10.7	5.08	9.91	4.76	8.34	4.80	25.83**
偏执	13.68	4.70	13.24	4.58	11.50	4.79	20.91**
强迫	18.72	4.85	18.38	4.92	17.31	5.46	8.08**
依赖	16.59	4.98	16.29	4.95	15.32	5.27	6.27**
冲动	14.29	4.22	14.06	4.2	12.73	4.60	12.50**
精神病倾向	11.79	3.61	11.29	3.43	10.34	3.48	19.04**

注：**代表 $P<0.01$ ，*代表 $P<0.05$

理工类与文史类学生在躯体化、社交退缩、性心理障碍、偏执、强迫和精神病倾向因子上存在显著性差异，文化艺术类与文史类学生在 12 个因子上都存在显著性差异，文化艺术类与理工类学生在 12 个因子上也存在显著性差异。

（3）不同年级学生 SCL-90 得分 F 检验。

调查项目	大一（N=126）	大二（N=184）	大三（N=111）	大四（N=105）	F	SIG.
躯体化	0.37±0.53	0.40±0.54	0.44±0.61	0.31±0.46	1.156	0.326
强迫	0.87±0.64	0.88±0.63	0.79±0.68	0.45±0.55	12.118	0.000**
人际关系	0.76±0.65	0.73±0.58	0.66±0.69	0.39±0.60	8.476	0.000**
抑郁	0.61±0.65	0.67±0.66	0.62±0.68	0.38±0.53	4.750	0.003**
焦虑	0.56±0.61	0.55±0.59	0.46±0.58	0.31±0.49	4.645	0.003**
敌对	0.51±0.72	0.54±0.60	0.57±0.71	0.40±0.57	1.430	0.233
恐怖	0.43±0.57	0.45±0.62	0.40±0.60	0.28±0.56	2.011	0.111
偏执	0.58±0.57	0.61±0.58	0.52±0.65	0.38±0.60	3.365	0.018*
精神病性	0.53±0.61	0.54±0.53	0.44±0.57	0.32±0.52	4.116	0.007**

不同年级学生的心理健康水平存在差异，新生的心理健康水平比毕业生的心理健康水平低。

（4）不同来源学生的心理健康状况。

项目	大城市 （n=203）		中小城市 （n=627）		小城镇 （n=544）		农村（n=2221）		F
	M	SD	M	SD	M	SD	M	SD	
躯体化	13.19	4.60	13.32	4.51	13.50	4.07	13.42	4.07	.364
焦虑	15.46	5.2	15.52	5.28	16.1	5.06	16.08	4.88	2.89*
抑郁	14.55	4.76	15.11	5.13	15.55	4.96	15.37	4.84	2.49
自卑	13.39	5.19	13.69	5.11	14.31	4.96	14.71	4.96	9.90**
社交退缩	13.44	4.89	13.51	4.95	14.43	5.40	14.68	5.22	10.67**
社交攻击	13.26	4.40	13.01	4.33	13.23	4.26	12.76	3.99	2.662*
性心理障碍	9.86	4.78	10.17	4.61	9.90	4.67	10.23	5.05	.921
偏执	13.18	4.71	13.45	5.11	13.55	4.78	13.22	4.48	.10
强迫	18.14	5.43	17.76	4.95	18.11	5.08	18.77	4.82	8.33**
依赖	16.02	5.28	16.12	5.13	16.68	5.15	16.30	4.85	1.51
冲动	14.80	5.03	14.66	4.65	14.39	4.37	13.73	3.95	12.12**
精神病倾向	11.31	3.85	11.30	3.69	11.54	3.60	11.44	3.40	.59

大城市、中小城市、小城镇、农村在焦虑、自卑、社交退缩、社交攻击、强迫及冲动因子上存在显著性差异。

（5）男女学生的心理健康状况。

项目	男（n=1318）		女（n=2314）		t
	M	SD	M	SD	
躯体化	13.16	4.17	13.54	4.18	−2.66**
焦虑	15.39	5.02	16.27	4.97	−5.16**
抑郁	14.94	4.86	15.50	4.93	−3.31**
自卑	14.05	4.96	14.60	5.04	−3.22**
社交退缩	13.98	5.25	14.60	5.19	−3.46**
社交攻击	13.13	4.51	12.78	3.88	2.41*
性心理障碍	10.53	4.48	9.95	5.10	3.59**
偏执	13.44	4.82	13.23	4.55	1.30
强迫	18.54	5.19	18.43	4.79	.611
依赖	15.95	5.02	16.53	4.94	−3.39**
冲动	13.84	4.41	14.19	4.13	−2.34*
精神病倾向	11.66	3.91	11.29	3.26	2.88**

注：**代表 $P<.01$，*代表 $P<.05$

男女学生在躯体化、焦虑、抑郁、自卑、社交退缩、性心理障碍、依赖、精神病性因子上有显著性差异，在社交攻击、冲动因子上存在轻微差异，而在偏执和强迫因子上不存在显著性差异。

3. 学生总体心理症状和压力源状况

（1）学生总体心理症状

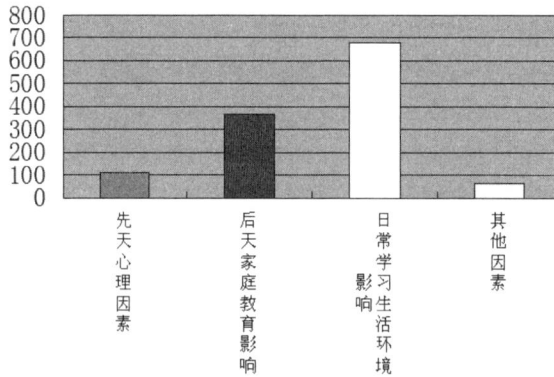

（2）学生心理困扰源状况

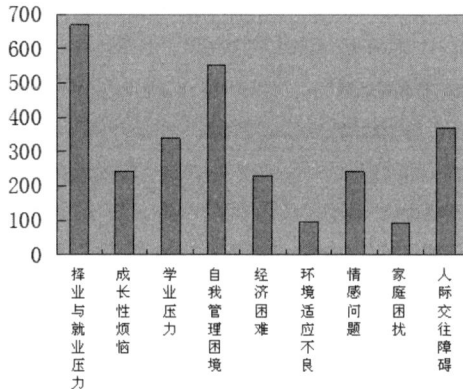

4. 调查结果分析

本调查结果表明，高校大学生的心理症状检出率较高，SCL—90 的各个因子分别明显高于中国常模水平，这说明 高校大学生的心理健康状况普遍偏低。从心理健康状况的 t 检验中可以看出，男女学生在躯体化、焦虑、抑郁、自卑、社交退缩、性心理障碍、依赖、精神病性因子上有显著性差异，在社交攻击、冲动因子上存在轻微差异，而在偏执和强迫因子上不存在显著性差异。大专生与本科生在十二个因子方面没有显著差异。不同专业的学生在躯体化、社交退缩、性心理障碍、偏执、强迫和精神病倾向等因子上存在显著性差异。不同来源的学生在焦虑、自卑、社交退缩、社交攻击、强迫及冲动因子上存在显著性差异。不同年级学生的心理健康水平存在差异，新生的心理健康水平比毕业生的心理健康水平低：各具体因子得分比较可以看出，大一学生在人际关系和焦虑方面心理健康水平低于大二、大三和大四学生，这与大一新生还没有完全适应新生活新环境有很大关系；而大二学生在强迫、抑郁、偏执和精神病性四个方面的心理健康水平方面明显低于其他三个年级；这表明，年级越低，学生心理体验的冲突就越多，呈现出来的心理症状也就越多。

　　而结合问卷调查结果来看，学生心理症状受日常学习生活环境的影响较大，而心理困扰源主要来自择业与就业压力、自我管理困境、人际交往障碍、学业压力、情感问题等方面，大一学生在这几方面的心理症状尤为鲜明。这是因为，随着社会的不断进步，整体对人才需求的质量要求也在不断提高，使得大学生刚入校园就背上了沉重的心理压力，这是心理问题的根源，也是大学生心理疾病不断攀升的主要原因。而贫困大学生作为从小只有课表资源的一大群体，其内心的焦虑感更为强烈。社会对大学生课课堂以外能力的批评性评价带来的对未来职业生活的恐惧笼罩在整个大学生活期间，如果得不到很好的处理，就会造成严重的群体性心理危机。国内戴梅竞教授对 203 名大学生为期 3 年的追踪观察，结果显示 50%的大学生在 3 年的大学生活中个性发生了改变。所以应充分利用在大学时期学生性格的可塑性特点，积极发掘有效的心理健康教育，帮助高校贫困大学生优化心理素质，进一步提高他们的心理健康水平。

二、运用习得性无助理论解读高校贫困生负向人格

　　从心理学角度看，人的负向人格来自以往多次对比中的心理体验。积极心理学的创始人塞利格曼在 20 世纪 60 年代曾对这种心理体验所产生的应对方式做过大量研究，并提出了"习得性无助"理论。该理论认为个体对未来无助的预期会带来其他结果，如认知迟滞、低自尊、沮丧、失去进取心等。这就是说人在过去的压力体验会影响其应对事件的行为方式。如果一个人总是在不断地尝试中获得失败的压力体验，那么他就很容易对未来类似事件甚至其他事件产生习得性无助感，从而消极应对。

　　这个理论最初是通过实验得到的。在实验中，塞利格曼及其助手将狗固定放在一个中间用矮板墙隔开的实验室里，让它们学习回避电击。一开始狗会到处乱跑乱叫，但伴随着电击次数的增多，狗逐渐发现电击是无法避免的，于是当下次电击来临时，它们干脆趴在地上消极忍受电击，不做任何反应，即使最后抽掉中间的矮板墙，狗也不会再采取跑到另一边的积极应对方式。塞利格曼认为，这一实验结果表明，动物在有了"某些外部事件无法控制"的心理体验之后，会产生一种叫作习得性无助的心理状态，这种无助感会使动物表现出反

应性降低等消极行为，妨碍新的积极应对行为的产生。

高校贫困生负向人格的形成印证了习得性无助理论的解释力。这些贫困生在长期比较中获得了失败的压力体验，并逐渐产生了一系列的消极应对行为，这正是习得性无助感的基本表现。因而，我们可以运用习得性无助理论来解释贫困生负向人格的形成，并尝试消解贫困生负向人格，打破其心理体验带来的思维定式，消解其失败带来的负面情绪，进而帮助贫困生学会正确的自我归因方式，构建积极向上的认知模式，实现从负向人格到正向人格的转换。

三、习得性无助理论视域下高校贫困生负向人格的典型特征

贫困生所在地区往往受地理位置影响，经济发展比较薄弱，贫困生日常生活的经济压力较为突出。而同时，信息的相对闭塞、技术的相对落后，教学资源和师资力量相对的薄弱，使得高校贫困生思想、人格等方面的关注在基础教育阶段比较匮乏，往往用无差别的政治教育来代替人格教育，对贫困生人格方面的引导也比较少。从个人方面来看，高校贫困生大多来自边远地区，信息闭塞，观念落后，不管是贫困生本人、家庭还是周围邻居，对于上大学的目的依然是抱着"学而优则仕"的传统观念。在他们的观念中，上大学的直接目的就是找一个"铁饭碗"，这导致其对成绩过度重视而对学习本身的意义没有足够的认识。来到高校以后容易产生强烈的心理落差，对自己失望，对前途失望，对未来迷茫、焦虑，从而产生一系列负向人格的表现。

（一）归因出现偏差

经济困难首先是这些贫困生面临的最大问题，也是他们的主要压力来源。经济的窘迫使他们在和家境好的同学对比中产生巨大的心理落差，容易引起内心的自卑。家庭经济的困难也使得他们从小接受的教育方式比较单一。因为没有条件去接受学校教育之外的其他教育培养，这些贫困生往往爱好特长较少，在与同学的交往中表现出知识面窄、思维方式单一、思维不活跃等劣势，从而更加重了他们的自卑心理。再加上西部边远地区整体教育水平偏低，造成了这些贫困生从起点上就逐渐拉大的教育差距，这也在一定程度上影响了他们在大学里的学习能力，也给他们带来巨大的心理压力。环境的闭塞和经济条件的限制也使他们没有机会接触到现在年轻人玩的很多新奇东西，跟同学们在一起相处会感觉被动而无助，从而产生更大的心理压力。

其次，贫困生在自己原来的地方都是些相当优秀的学生，他们的自尊心都很强，巨大的心理落差会使得他们更在乎别人的眼光，往往情绪不稳定，多疑且敏感。原来在自己小圈子里相当优秀的一个人到了大学里面突然发现自己不

优秀了，这对于从小以成绩好为骄傲的贫困生来说，显然是一个比较大的打击，容易引起他们对自我的怀疑。从经济能力到教育水平到爱好特长，不管哪个方面，自尊心强又从小好胜的他们很容易从比较中看到自己在各方面的劣势，自我怀疑很容易转变为归因的偏差，认为这些差距和失败都是由于自身能力的原因造成的，甚至认为差距和失败是很难改变的。

归因出现偏差则容易引起情绪失调。最初的不良情绪在反复的心理强化过程中会逐渐表现出烦躁等外部表征，发展到后来就会越来越变得冷淡、悲观、颓丧，逐步陷入抑郁状态。而抑郁带来的直接后果就是消极应对行为的产生：积极反应的要求逐渐降低，长期消极被动，对任何事都提不起兴趣。

（二）认知出现障碍

这些自卑、被动、无助的心理体验长期积累，就会给贫困生造成严重的心理阴影和心理压力，会让贫困生对自我现实状态做出错误的评估，认为自己与同学之间的巨大差距是无法缩小的，从而认定自己很难成功甚至没机会成功，产生自我认知偏差。这是贫困生自我认知障碍的缘起。

自我否定情绪如果积久弥深，必然使贫困生的目光长期盯在自身短处上，否定自己的长处或对自己的长处缺乏足够的认识，不能客观看待自身的成功与失败。在问题、困难面前容易低估自己的能力，日常生活中经常会觉得自己处处不如人，从而害怕或者拒绝社交，平时不管在课堂上还是课外活动中，都不再愿意说话，这种退缩源于最初自我认知的偏差，而后形成一种强烈的自我保护意识，并把自我完全封闭起来，不愿意面对外部看来格格不入的世界。自我认知障碍便逐渐扩展到社会认知障碍，形成外部事件无法控制的心理定势。

（三）自我效能感降低

个体的自我效能感产生于具体的活动之前，是个体对自身能否有效完成某一行为或取得某一结果的主观判断。一次失败的心理体验会降低个体的自我效能感，而且还会把这种低自我效能感泛化到类似的情境中去，让个体在下一次活动之前失去信心。

认知是个体自我发展和自我实现的基本前提和根本保障，也是个体自我效能感的直接来源。贫困生认知障碍的出现直接影响了他们对自我行为的正确判断。长期对差距的恐慌、对失败的逃避、对自身及环境的无能为力感，使他们缺乏明确的自我观念，总是认为自己能力不足，没有信心和决心应对困难，这些都是低自我效能感的直接表现。更让人忧心的是这种低自我效能感伴随着认知障碍的长期存在会形成一种恶性循环，使得自我效能感越来越低，最终导致个体发展和自我实现出现障碍。

四、习得性无助理论在高校贫困生负向人格消解中的应用

（一）通过训练纠正归因偏差

根据我们前面的分析，挫折的心理体验往往成为归因偏差的源头。这一般会引起两种结果：其一，当他总是把失败归因于自身的时候，往往会从此相信是自己做不好事情，是自己没有能力，那么他就会认为在以后其他的类似任务中自己也很难取得成功，因而也就不再愿意付出更多的努力。不努力就更不会有成功，最后的结果又无可避免地印证了他本人对结果的估计，这是引发自卑的直接原因。其二，当他总是把失败归因于外部不可控因素时，往往会对外部环境产生排斥心理，拒绝与外部环境的互动，悲伤退缩，害怕或者厌恶社交。这是引发抑郁、自闭的主要原因。我们要解决这些深层次的问题，就需要纠正这种归因偏差，让学生学会将成功与失败归因于内部的稳定因素，例如自身的努力。这样正确积极的归因方式的训练可以逐渐消除学生对于困难的恐惧，提高他们对成败的认识，增强学生的自信心。是把学生向正面积极引导的关键性一步。

（二）构建正确的自我认知模式，培养乐观向上的人生态度

如果说正确而积极的归因训练是增强贫困生自信心的关键性一步，那么构建正确的自我认知模式就是奠定积极人生态度的基石。首先，我们需要纠正贫困生以往的认知模式，让他们能够看到个体发展的多样性，看到自我实现的可能性，从而重新燃起对未来的希望。这首先需要帮助他们能够直面以往的挫折，承认自身的失败和不足；同时，更需要帮助他们看到自身的优秀面，看到自己的优势所在。只有当一个人能够直面自我的长处和短处的时候，他才能得到一个完整的自我，才能有一个正确的对自我的认知。这样我们才能进一步引导他们如何坚持，如何让希望进一步延续下去，进而指导他们怎样既考虑到现实状况又能展望未来，一步步地培养他们乐观向上的人生态度。

（三）培养贫困生良好的社会认知和社会适应能力

要解决贫困生的社会认知问题，首要的是解决他们面对复杂社会关系时的自我预期和社会预期。过高或过低的预期都会带来心理认知的偏差，因而，我们首先要让学生全面地认识他人和社会，防止学生对社会认知过于乐观或过于悲观。教会他们用辩证的眼光去看待他人和社会，妥善地处理人与人、人与社会的关系。

其次，需要培养他们良好的社会适应能力。对于这些贫困生而言，更多地传授他们一些技能，例如教授他们解决问题的方式、与人交往的技能，是培养学生社会适应能力的有效途径，因为学生的自我认可往往伴随着自身技能的增

强而来。自我认可会带来强烈的自信心，而解决问题和与人交往等能力的提高又能有效帮助学生在日常生活中解决各种实际问题和建立牢固的社交关系。在这个过程中，教师的角色在于指导，引导学生正面、积极地面对问题，激发他们征服难题的勇气，而不是帮助他们解决任何问题，更不是直接给出一个结果。

（四）营造一个无差别的回应性群体环境

人是群体性动物，一个健全的人格体系的建立是离不开群体环境的。而贫困生的这种负向人格的形成本来就有很深的群体环境因素，所以我们需要做的是努力改善周围的群体环境，建立一个回应性的群体环境，这需要多方面的努力。

首先，不要把贫困生与非贫困生区别对待。把学生区别开来的做法并不是帮助贫弱的好办法，因为从心理学角度看，没有人愿意自己作为一个另类存在。进一步区分只会放大贫困生的劣势点，更加深学生的自卑心理。

其次，要鼓励贫困生对其他人和周围环境加以关心。贫困生的消极应对行为都源于对自我价值的怀疑，当他们意识到自己对周围人和环境是有价值的时候，就会逐渐对自我感到满意了，对周围人和环境的排斥感也会减弱很多，这样他们就能逐渐地融入进去了。

第三，给予学生即时正面的反馈，根据能力和成就奖励学生。外部反馈会影响学生的自我归因和自我效能感。在学校里，我们应该鼓励所有人发挥效用，对于学生各方面的能力和成就都应该肯定。学生的能力和成就不管是大是小，不管是学习方面还是其他方面，必须以清晰、直接的方式即刻给予回应。当人人都感觉到自己对于集体的价值时，所有的学生就能够真正地团结起来，这样我们就建立了一个回应性的群体环境。而个体能够快乐健康地成长正是需要这样的无差别的回应性群体环境。

第四节　大学生心理健康状况与危机干预现状

改革开放以来，高校进入迅速成长的时期，大学生作为社会人才库的一大群体，也日渐成为经济社会发展的中坚力量。他们的身心健康也备受社会的广泛关注。作为一个规模较大的、较为特殊的群体，大学生正处在最青春的时期，大学阶段对于大部分人来说都是人生发展的重要，在这个阶段里，随着年龄的增长和生活环境的不断变化，不管是从生理还是心理上，大学生都会发生各种不同的变化。从之前我们所做的关于大学生心理健康的调查显示来看，高校大学生的心理健康状态总体上处于正常状态，大部分学生的心理都是比较健康的，

时代背景下大学生思想教育与行为引导研究

但其中不乏出现不同程度和类别的心理问题，特别是由于周围所处环境的改变，如果不能正确处理好自己与他人、社会的关系，那么就会很难适应新的环境，从而导致各种心理问题的出现。尤其是近年来出现了不少有关大学生由于心理疾病导致的恶性事件，因此大学生心理问题越来越引起高校的重视。

作为一个特殊群体，高校大学生在完善自我、走向成熟的大学时期，由于社会认同等复杂因素，容易产生多种心理困扰与冲突。他们的心理问题如果得不到很好的处理，易造成严重的群体性心理危机。因而，提高大学生心理素质是一项非常重要的任务。为此，以多个学校为样本，通过对部分大学生心理健康状况的调查，来了解大学生心理健康状况。

一、大学生心理健康总体状况

通过前期在三所高校的调研，结果表明，当前高校大学生的心理症状检出率较高，SCL—90 的多个因子分别明显高于中国常模水平，这说明高校大学生的心理健康状况普遍偏低。从心理健康状况的 t 检验中可以看出，男女学生在躯体化、焦虑、抑郁、自卑、社交退缩、性心理障碍、依赖、精神病性因子上有显著性差异，在社交攻击、冲动因子上存在轻微差异，而在偏执和强迫因子上不存在显著性差异。大专生与本科生在十二个因子方面没有显著差异。不同专业的学生在躯体化、社交退缩、性心理障碍、偏执、强迫和精神病倾向等因子上存在显著性差异。不同来源的学生在焦虑、自卑、社交退缩、社交攻击、强迫及冲动因子上存在显著性差异。

而结合问卷调查结果来看，学生心理症状受日常学习生活环境的影响较大，而心理困扰源主要来自择业与就业压力、自我管理困境、人际交往障碍、学业压力、情感问题等方面，大一学生在这几方面的心理症状尤为鲜明。而当代高校大学生也是社会批评性评价比较多的一大群体，其内心的焦虑感更为强烈。社会的批评性评价带来的对未来职业生活的恐惧笼罩在整个大学生活期间，如果得不到很好的处理，就会造成严重的群体性心理危机。

二、大学生心理问题的特征

把握大学生心理问题的特点是解决心理健康问题的关键，西北某高校长期以来十分关注大学生的心理健康问题，经过大量问卷调查和观察显示，由于大学生性格各异，所处环境和经历也有很大不同，因此呈现出各种不同程度和类型的心理问题，从整体上看，主要有以下几种类型特点。

首先，最为普遍同时也最为常见的是困扰型心理问题。这种心理问题根据程度的不同可以分为不同的类型。大学生正处在人生观和价值观逐渐形成的阶段，面对纷繁复杂的社会，特别容易出现迷惑和茫然的状态，这些困惑长期围绕在学生身边就会出现心理困扰。心理困扰是当下几乎所有大学生都存在着的心理问题，这种困扰的来源较为广泛，可能是一时的烦恼，也可能是短暂的焦虑，或者是对于个人未来的担忧，诸如此类的种种不良情绪导致大学生出现不同程度的心理困扰。心理困扰是程度较低的心理问题，它暂时还不具有较高的辨认度，并未列入临床综合征之内。由于心理困扰只是大学生不良情绪的一种反应，因此只要找到症结所在，然后通过自我调节可以得到缓解和解决。大学生出现这种心理困扰属于正常的心理反应，它可以算作是个人成长和发展的一个阶段，还不需要专业的心理医生进行干预措施，随着知识的不断累积和阅历的不断增加，大学生的心理承受能力和解决问题的能力会不断提升，尤其是进入到社会之后，由于适应能力的提高，这种心理困扰会随着自身的逐渐成熟与发展而渐渐消失。

当然，如果大学生的心理困扰问题自出现之后一直得不到缓解和解决，那么随着时间的推移，大学生会面临越来越多的压力，在各种压力的作用下，这种心理困扰就会发展成心理障碍甚至是心理疾病。心理障碍是心理困扰发展之后的又一阶段，它是非器质性的，不同于心理困扰，心理障碍已经具有了某些临床综合征的特点，如果大学生出现了心理障碍，那么单纯的自我调适已经不能解决这种问题，在这种情况下就需要寻求专业心理医生的帮助，通过专业心理医生的治疗和疏导重新恢复健康的心理状态，在治疗过程中，如果心理障碍程度较重，医生会辅以药物治疗。一些大学生由于长期的心理压抑或者心理困扰不能排解导致心理障碍，这种问题需要引起大学生的高度注意，一定要及时就医，以免状况的恶化。

心理疾病是不同于心理困扰和心理障碍的另一种心理问题，其根源在于大脑功能的失调，心理疾病是精神疾病的一种，心理疾病会导致精神活动出现严重的障碍，因此需要使用抗精神的药物进行专业治疗。一般情况下，大学生出现心理疾病的并不多见，如果一旦患有心理疾病，那么就需要专业的精神病专科的医生进行诊断治疗。

其次，西北某高校经过长期观察发现，目前大学生不但存在着很多心理问题，心理处于亚健康状态，同时还发现心理问题容易出现新旧困扰累加的状况。随着当今社会发展速度的急剧加快，人们的压力也随之增大，大学生作为一个特殊的群体，虽然还未进入社会，但是由于年龄的增长和环境的改变，来自学习、情感、家庭、朋友等各方面的压力也越来越大，而且大学生毕业就面临着就业困难的问题，因此，越来越多的困扰围绕着他们，最终导致心理健康出现问题。

除了以上两点之外，大学生心理问题的特点还体现在具有多重并发的特点。

时代背景下大学生思想教育与行为引导研究

当今大学生普遍存在着自我意识模糊的问题，还没有形成稳定的人生观、价值观和世界观，并且由于多为00后，家庭状况通常都比较好，从小养成了娇生惯养的习气，因此进入大学之后很难协调学习和生活之间的关系，更难以处理与周围同学朋友的人际关系，缺乏一定的责任感，种种问题交织在一起导致大学生的心理困扰增多，并且出现了多重并发的特点。通过随机采访发现，自我认识的不到位，成长欲望的强烈，家庭的过高期望都是造成这种结果的直接原因。

三、高校大学生潜在心理危机及易感因素

通过 SCL—90 量表检测，并结合问卷调查结果来看，学生心理问题受日常学习生活环境的影响较大，而心理困扰源根据分布情况依次为择业与就业压力、自我管理困境、人际交往障碍、学业压力、情感问题等，年级越低，各项因子值越高，大一学生在这几方面的心理症状尤为明显。这是因为：

（1）随着高等教育的不断发展和经济生活的持续进步，社会对人才需求的质量要求整体也在不断提高，就业已经是大学生面临的主要困境。

随着就业压力的不断增大，尤其是新冠疫情以来的持续影响，高校大学生内心的焦虑感显得更为强烈。社会的批评性评价所带来的对未来职业生活的恐惧甚至会笼罩在这些学生的整个大学生活期间，因而，职业生涯焦虑和自我认知危机高居榜首。

（2）如今的 90、00 后大学生中，成长环境较为舒适的占绝大多数，家庭对子女普遍比较溺爱。

这导致了当代大学生在社会化的过程中容易出现一些心理偏异，例如：依赖性强而自主性差、缺乏与人协作的精神、抗挫能力弱、自我中心、弱竞争性、社会适应能力差等。这是调查结果中自我管理困境、人际交往障碍和情感问题比重较高的主要原因。

（3）目前高校本科办学以社会需求为导向，在课程设置、教学内容的选择等方面较多地讲求实用性、技术性和操作性。

而生源的构成、录取批次等因素，又促使一部分大学生进入高校后成为看起来不算优秀的一大群体，在高校普遍的高标准严要求的教育之下，学业上的压力便成为其心理上的另一主要困扰源，这也是各高校心理咨询记录中除情感问题之外的第二大常见咨询内容。

（4）SCP-90 检测结果显示：不同年级学生的心理健康水平存在差异，新生的心理健康水平比毕业生的心理健康水平低。

各具体因子得分显示，大一学生在职业生涯焦虑、自我认知危机、人际关系和自我管理困境方面的心理健康水平明显低于大二、大三和大四学生，这与

大一新生还没有完全适应新的生活环境、自我认知与社会认知还没有完全成形以及还未做出明晰的职业生涯规划有很大关系。总体结果表明，年级越低，学生心理体验的冲突就越多，呈现出来的心理症状也就越多，因而对新生的心理健康多加关注、对不同年级的学生区别对待是必要的。

四、大学生心理问题教育对策及危机干预

（一）大学生心理问题的健康教育基本方向

针对当前大学生出现的各类心理问题，西北某高校认为必须又针对性地对各类心理问题进行心理健康教育。首先，要正确分析大学生的心理健康状态，在明确学生的心理健康水平之后再对症下药。心理困扰是几乎每个大学生都会遇到的心理问题，它属于个人成长的一种正常显现，因此对于有心理困扰的大学生而言，通过自我调节的方法进行心理疏导是最有效的方法，并不需要寻求心理医生进行治疗。相对心理困扰而言，心理障碍和心理疾病就严重得多，它们属于异常的心理现象，已经属于临床综合性范畴，因此大学生一旦出现心理障碍或者心理疾病的现象就必须经过专业的心理医生进行心理咨询和治疗，切不可放任不管，导致更严重的后果。

目前，大部分大学生面临的心理问题是心理困扰，我们应当鼓励其进行自我调适以恢复健康的心理状态。自我调适可以不断帮助大学生缓解自身的心理压力，同时还有助于形成积极乐观的心理暗示，从而促进他们健康快乐地生活，因此，心理自助应该是目前高校进行大学生心理健康教育最重要的手段，鼓励学生努力进行自我定位与认知，让大学生成为自己的心理导师是最有效的治疗心理困扰的方法。对大学生进行心理健康教育要注重阶段，做到分层次、有重点。首先应该把教育重点放在低年级的学生中，尤其是大一刚入学的学生。大学新生由于刚刚进入大学校园，所处的生活环境和学习方式与高中有了完全的不同，因此如不能很好地适应周围的新环境的话会很容易产生心理困扰。因此大学入学教育最重要的一点就是要对新生进行心理健康教育，西北某高校每年都会对大一新生进行心理健康教育，对新生进行新生活的指导和帮助，鼓励其尽快融入新的生活，为大学生活奠定一个良好的心理健康基础。其次要对大二和大三的学生进行人际关系教育，经过大一的适应之后，大二大三的学生想要建立自己的交际圈，同时也想要恋爱和交往，因此这学期学校的心理健康教育重点就应该放在对人际关系的处理上，学校要鼓励大学生扩大自己的交际范围，培育他们的人际交往能力。而对于大四的学生，则重点对其进行就业心理教育，大四学生马上面临毕业找工作，关于就业有很大压力，这个时候学校开展就业心理教育能够让大学生认清就业形势，找好自己的定位，以一颗积极的心态面

对即将带来的社会挑战。

（二）构建基于积极心理学理论的心理教育模式

1. 积极心理学对大学生心理教育的影响

从前期研究可以看到，我国大学生心理健康教育仍存在将解决学生心理问题作为工作目标的局限性思想，而忽视了大多数普通的学生，我们并未关注他们的心理状况。这样我们可能忽略掉很多潜在的问题。积极心理学强调每个人都有积极的心理能量，我们不能等到已经产生心理疾病，已经恶化到神经症或精神障碍的时候再采用精神分析、催眠等方法去解决，这是消极的病理学的处理方法，而不是心理学。积极心理学（Positive Psychology）作为心理学上一种全新的思潮，于 21 世纪悄然兴起，越来越多地受到教育者的关注，正如美国前心理学会主席 Seligman 所言："当一个国家或一个民族被饥饿所困扰的时候，社会科学和心理学的任务主要是抵御和治疗创伤；但在没有社会混乱的和平时期，致力于使人们的生活更加美好则成为他们的主要使命。"在五六十年代，作为心理学第三势力人本主义心理学家也在不断地试图扭转心理学过分关注病态心理的主流思想，然而由于当时的社会环境因素，人本主义学者们并未完全成功，随着时代的发展，社会的进步，这个问题被心理学家们再次提出，究其本质其实就是积极与消极的态度或思路问题，与以往消极心理学或者病理学模式不同，积极心理学更多关注的是处于心理健康平均水平的普通人，这与人本主义关注人的本能及潜力的观念相似，强调普通人如何在适当的环境下更好地成长、发展以及成功，如何挖掘人们自有的内心力量与美德。我们试图探索基于积极心理学的理论创建适用于应用型本科院校的大学生心理健康教育模式，能关注到更多的学生。

2. 探索高校大学生心理健康教育模式

针对以往大学生心理健康教育形式化、课程化，医学化等倾向，重新整合大学生心理健康教 f 育目标，将心理教育的目标明确为：积极的认知品质、积极的情绪品质、积极的意志品质、积极的人格品质。

（1）全面普及大学生心理健康教育的积极理念。积极心理学倡导心理研究和教育的积极取向，关注人类积极的心理品质，基于积极心理学的充分发挥个人潜能的理论思想，将心理健康教育的对象从之前的紧盯在有心理问题，精神疾病等学生身上的视角转为更多关注普通的绝大多数同学身上，批判地传承以往仅仅面对少数有心理问题或心理疾病学生的心理健康教育旧模式，开启面向每一位同学的积极关注、全面预防的心理健康教育新模式。改善以往的旧观念，因为在这样一个人人追求幸福满足的时代背景下，没有了硝烟，没有了饥饿，我们不再需要用消极的观念时时提醒自己不要生病、不要自卑、不要抑郁、不要纠结，我们要做的是如何快乐、如何满足、如何成长、如何发展最后达到如何幸福。这样观念的转变要从每一位教育者开始，我们要做的工作是关注每一位学生的积极品质，帮助每一位学生积极的成长，并在这过程中及时发现潜在的问题，从此心理健康教育工作重在预防而不是治疗。

（2）加强大学生积极情绪教育。孟昭兰认为积极情绪是与人的某种需要的满足相联系，通常伴随愉悦的主观体验，并能提高人的积极性和活动能力，积极情绪体验更多的个体，在生活中表现出活动性更强，工作能力更强人际交往范围更广等特点。在积极心理学中讲积极情绪分为积极的情绪体验和积极的内心感受，而其中被广泛研究的就是主观幸福感，主观幸福感指个体在各项幸福感指标上体验到快乐和满足，幸福感指标涉及工作、人际交往、感情、自我体验等各个方面。主观幸福感高的个体能体会到更多的积极情绪，同时也能促进个体的认知的发展。大学生的主观幸福感可以提升大学生的生活品质，改善大学生应对消极生活事件应激状态，增进大学生的自我认知和自我实现。

（3）完善大学生积极人格培养。人格（personality）是一个人体区别于其他人的最本质最根本的特征和特点，包括我们的每个人独有的认知风格，个性特征，气质类型等等。一个健康的人最大的特点就是拥有健全的人格，而作为大学生拥有积极的人格特质是成长成才的关键，不断培养完善大学生的积极人格又是大学生心理健康教育工作的最终目的。积极心理学强调要不断发掘人内在的积极力量，人性中的爱和所有的美德，只有这些积极的因素不断地被强化不断地增长，人性中消极的因素就会被抑制乃至逐渐的消退。因此在培养大学生适应社会的种种技能的同事，更要注重培养学生自尊、自信、独立、积极的个性。积极心理学认为，积极的人格特质主要是通个体的各种现实能力和潜在能力的激发而不断被强化，当一个自卑的人有机会在大家面前演讲，虽然紧张或不自信，但是演讲受到好评，那么自信的人格特质就被激发，如果再后续可以不断强化，那么这个人就会变得越来越自信，当自信这种积极人格特质不断强化那么自卑这种消极的人格特质就会逐渐地消退。所以大学心理健康教育工作者应努力地寻找学生的积极人格特质，创造更多的机会来不断强化学生的积极特质，全面培养和塑造全体学生的积极心理品质。

（4）营造大学生的积极心理支持系统。积极心理学认为个体的经验是在环境中不断习得及强化的，同样环境也在很大程度上影响着个体的发展，良好的环境可以促进学生的人际交往能力，如果个体在环境中体验到安全和爱及归属感，那么个体在这个环境中就能激发出更多的积极品质。所以努力营造一个积极的心理支持系统，让学生在积极环境中不断的成长，激发学生更多幸福、快乐、希望、爱等品质。在当前构建和谐社会的氛围之下，构建和谐的校园环境也是当务之急，学校应该努力构建"个人—家庭—学校—社会"四位一体的积极心理支持系统，在校园里建立"个人—宿舍—班级—心理养成中心"四维度的积极心理支持系统，让学生在任何时候都能找到爱和归属感，充分体验积极心理学视角下的人文关怀和科学精神，形成立体的教育体系，让每一个学生参与到大学生心理健康教育工作中来，每一位学生既是被教育者同时也在系统环境中默默地影响着其他个体，让大学生心理健康教育变成体系，让每一位大学生学会健康快乐地成长和生活。

（三）高校大学生心理危机干预机制的建构

从调查结果来看，高校大学生潜在心理危机及易感因素涉及大学生日常生活学习的多个主要方面，关系到大学生的健康成长。而目前常用的四级危机干预显然不足以全方位地应对可能出现的心理危机，因而，我们需要构建全方位的危机干预机制，可以从以下几个方面考虑：

1. 一级预防——加强校内五级预警体系的建设

以前期调查中三所西北高校为例，原有的四级预警体系为"宿舍/班级—各二级学院—学生管理中心—校领导"，这一预警体系在不断的建设中逐步完善。但要真正把心理危机从事后的控制转到事前的预防，发挥大学生心理危机预警机制的预见性，还需要进一步完善预警机制。可以通过建立"学校、学院、班级、宿舍、学生个人"五级心理危机预警网络，确定具体的各级负责人，并建立相关工作制度，发挥学生自己发现问题、发掘心理危机及隐患的作用，使心理危机在萌芽状态就得到及时发现和解决，以便预防重大突发事件的发生，降低心理问题对大学生的直接危害程度，真正实现心理危机预警机制的早发现、早干预、早解决的目标。

2. 二级预防——建立"家庭—学校—社会—互联网"危机干预网络

个体的健康发展受到多种外部环境的影响，就大学生个体发展而言，学校、家庭、社会以及蓬勃发展的网络无不影响着他们的心理成长，因而，我们有必要建立"家庭—学校—社会—互联网"危机干预网络，以便主动、快速、准确地干预心理问题。学校除了从各个方面加强危机预警之外，还应该积极与学生家庭联系，通过和学生家长及时、有效的互动，掌握和分析学生的基本状况。同时，采取有效方式，减少社会和互联网对学生思想方面的不良影响，在可能的情况下，帮助建立一个积极健康的社会和互联网环境。

3. 三级预防——建设各级各类针对性危机预防体系

在高校大学生心理健康状况调查中，不同年级、不同专业、不同来源、不同性别的大学生在各因子上存在显著差异。学校应该重视这些差异性心理症状，针对不同年级、不同专业、不同来源乃至不同性别的大学生，建立起各级各类的针对性危机预警机制。例如：对男女学生开展不同的针对性辅导和训练，以团体辅导和小组训练的方式进行早期介入等；针对不同年级的学生可以开设不同的针对性课程，大一新生可以侧重在提高适应能力、帮助学生设立恰当的目标、合理规划职业生涯、正确认识自我等方面，大二的学生可以侧重在培养正确的世界观、人生观、价值观，提高社会适应能力和应对能力上，大三学生可以侧重培养积极乐观的处事态度，大四则可以把关注点放在学生的就业问题上，通过加强对学生的就业与创业指导，帮助学生树立积极主动的就业、创业与竞争价值观，降低学生的就业压力等。

4. 四级预防——构建和谐校园环境

校园文化作为学校凝聚力和向心力的体现，承载了很大一部分德育的任务。积极向上的校园文化会让身在其中的大学生受到正面引导。因而，各高校应致力于开展有效的心理健康教育，不断扩展心理健康的宣传范围，丰富宣传途径和宣传方式。同时，积极组织各种健康有益的活动，并鼓励大学生参与其中，为大学生健康发展提供机会和条件，这是提高高校大学生心理健康水平、增强其心理承受能力和抗风险能力的一大法宝。

5. 五级预防——与"两课"教学紧密结合

近年来，在多种主客观因素的影响下，大学生的心理冲突更多地表现在道德价值观方面的多种危机，如道德认识偏差、道德情感错位、道德意志薄弱、道德行为错误等，这是"两课"教学的主要任务，亦是大学生心理健康教育的着力点之一，因而，探求"两课"教学与大学生积极心理教育的结合路径是提高大学生心理健康水平的又一有效路径。可以在教学文本上注意与时俱进和内容的实时革新，关注大学生价值冲突；在教学过程中注重以商谈等新的价值性手段来加强与学生的沟通，拉近与学生的心理距离，以积极的师长力量感染学生；在实践教学环节要重践行而非重知识，帮助学生提高道德认知和道德评价能力、形成道德观念、养成道德行为习惯；教学过程及结束后注重学生反馈与互动，关注学生心理动态，及时处理；在整个教学过程中要重视学生积极情绪的培养和挖掘。同时，通过提高应用型本科院校大学生自我意识和社会认知；培养和发展情商、学会管理情绪；指导应用型本科院校大学生做好生涯规划与实践；培养应用型本科院校大学生学习兴趣、创造力和创新思维；提高人际交往能力；挫折调适与压力管理的习得等途径，提升学生自我效能感，从而达到激发积极情绪的目的。

第六章 多元整合维护思想稳定，系统塑造促进行为调适

第一节 高度关注思想裂变，优化教育环境

通过前几章的调研可以看到，大学生正处于"三观"成型的关键时期，是各种观念与自身行为在冲突中不断稳定、固化的一个时期，在日常教育中需要高度关注大学生思想裂变，不断优化教育环境，通过多种方式协同推进，维护大学生思想稳定。这首先需要从心理健康的优化入手，加强大学生心理健康教育，帮助大学生保持稳定的情绪、形成完善的人格，以及积极向上的人生态度。

一、以生命教育为抓手，着力增进核心素养培育

核心素养视域下生命教育体验式教学的实践与反思。关于核心素养，国外一些国家多年前就已经提出。我国在十八大和十八届三中全会提出的"关于立德树人的要求落到实处"中开始提出，2014年教育部研制印发《关于全面深化课程改革落实立德树人根本任务的意见》，提出"教育部将组织研究提出各学段学生发展核心素养体系，明确学生应具备的适应终身发展和社会发展需要的必备品格和关键能力"。其后"核心素养"课题组历时三年集中攻关，并经教育部基础教育课程教材专家工作委员会审议，最终形成研究成果。我国所提出的学生发展核心素养紧紧扣住对"核心"及"素养"的本质解释，以科学性、时代性和民族性为基本原则，以培养"全面发展的人"为核心，分为三个方面（文化基础、自主发展、社会参与）、六大素养（人文底蕴、科学精神、学会学习、健康生活、责任担当、实践创新）、十八个基本要点（图）。

1. 核心素养视域下的生命教育

核心素养与学科核心素养之间的关系，是全局与局部、共性与特性、抽象与具象之间的关系。核心素养是当代公民素养的高度概括，它凸显了学校教育的根本目的和课程改革的方向。核心素养是跨学科素养，任何核心素养都不是单独的一门学科可以完成的。每门学科都尤其对于核心素养发展的共性贡献与个性贡献。通常认为，核心素养落实到课堂教学上，必须经过从核心素养到学科核心素养，再从学科核心素养到课程标准，最后到重组教材的

多层级转化过程。

北京大学肖川教授曾经明确指出："从学科角度讲，要为素养而教（用学科教人），学科及其教学是为学生素养服务的，而不是为学科而教，把教学局限于狭隘的学科本位中。"肖教授的观点无疑是十分精辟的，一方面让教师进一步认识学科核心素养与核心素养之间的关系，另一方面也启发了教师必须以核心素养的视角来思考学科教学。

（1）核心素养视域下的生命教育内容彰显"人的意义"。首先，从教学价值角度说，核心素养指向的是"教育应该培养什么样的人"的问题，更体现"全人教育"思想。于是，在教学内容方面，核心素养理念将确定教学内容的依据从知识在学科中的意义转向知识在核心素养培养中的意义，更加关注学科知识的双层意义，尤其关注知识的文化意义，因此，教学内容更彰显文化意义、思维意义、价值意义，即"人的意义"。在这种种关注之下，学科教学目标的确立就必须变革：从传统的知识定位、能力定位走向思维定位、智慧立意，把教学目标的设定上升到"改变思维、启迪智慧、点化生命"的核心素养高度。为了实现核心素养视域下教学目标的有效达成，学生的学习方式得变：要改变传统的整齐划一，要强调以生为本的个性化选择，更要强调学习方式的多样化和个性化；核心素养视域下的课堂教学得变：教师要借助设计思维，重组课堂教学组织方式，立足于帮助学生更愉悦、更投入、更有效地开展学习活动，解决实际问题，努力研究和实施大数据背景下的云课程、翻转课堂、移动学习等新的课堂形式；核心素养视域下的教学模式得变：要超越传统的模式与课型，努力探索与实现从"生本课堂"向"自本课堂"转化的教学模式与课型革新。核心素养视域下的教学评价得变：要更加注重整体性与发展性，更加注重定性与定量结合的综合性评价，更加注重现代信息技术在教学评价中的作用等。概而言之，最根本性的变革是实现课堂教学的转型——从"知识传递"的教学转向"知识建构"的教学，从"教堂（灌输中心课堂）"转向"学堂（对话中心课堂）"。

刘恩山教授认为，核心素养作为一种跨学科素养，它强调的是各学科都可以发展、对学生最有用的东西。教育的首要目标不仅是为了让学生在学校中表现出色，而是为了帮助他们在走出校园后可以生活得更好，即培养学生形成伴随一生的能力——"真实学力"，这才是发展核心素养的根本所在。

（2）核心素养视域下的生命教育要厘清几个问题。让核心素养落地，不仅是要将核心素养理论落实在课程开发与设计中，还要落实在课堂教学中。课堂是核心素养落地的主阵地，是教室无意识核心素养落地的主力军。核心素养落地对每一位一线教师的课堂教学革新提出了严峻的挑战。因此，教师必须改变教学观念，以核心素养视域来研究和改变课堂教学。只有这样，才能应对这个挑战。我们教师必须重新审视"学"与"教"的关系，并把它作为新青年素养视域下课堂教学研究和革新的重点，厘清以下几个重要问题：

指向核心素养的教学革新，是时代发展的趋势，是教育改革的必经之路。一是倡导并实施自主、合作、探究式学习，实现学习方式的革新；二是实施主题、模块、任务群学习，实现教学方式的革新；三是强化综合、过程化学习，实现教学评价的革新。

（3）核心素养视域下的生命教育要创新课堂教学设计。"学会学习"是核心素养的重要组成部分，核心素养视域下的小语课堂应当是学生自主的课堂。而现行教材大部分并不具备自主学习式教材的特点。这就要求我们教师要更新理念，创新教学——要以学生的眼光解读教材，以高于学生的眼光使用教材。以促进学生发展为宗旨，把握和处理教材，创造性地使用教材。在解读教材的环节要围绕学生的核心素养展开研究，对教材做好深度挖掘和选择处理：要关注学科知识的双层意义，要把握学生起点和最近发展区域，要清楚教材中的重点和难点。

以学生核心素养的视角取舍和确定教学内容，核心素养视域下的教学内容筛选和确定，首先必须明确"为什么教"。教师必须认真解读和研究新课程标准，明确每个学段的教学目标。在明确课程标准的基础上，教师对编写者的编写意图一定要充分领会，要思考一下：为什么要让学生学习这些内容？为什么要在这个教学位置上学习它？学习这些内容与前后内容有何联系？要凭借它学习哪些知识、发展哪些核心素养？

核心素养视域下的教学内容筛选和确定，其次要明确"为谁教"。学生是学习的主人，教学是否有效、是否发展学生核心素养，只有从学生的角度判断才有实际意义。王荣生教授说："学情的分析如果具体到每篇课文学生所具有的学习经验、他们已经懂得了什么、已经能读出什么、他们还有哪些不懂、还有那些读不好、感受不到，实际上等于没做过。"因此，学情分析不容忽视。

核心素养视域下的教学内容筛选和确定，还要弄清楚"教什么"。教材是学生进行实践和训练的例子和素材，而不是最终的归宿。依托教材叫什么，这是对教师专业思想和技能的考验。教师在选择教学内容时应着力选择既有教学的认知价值，又有核心素养教育价值的方面进行挖掘、研究教材，合理确定教学内容，打造开放而有活力的课堂。因此，需要教师根据学生实际，根据核心素养的目标，对教材内容进行"重构"——处理、加工、改变乃至增删、更换，教师需要通过研读课程标准和解读教材，准确把握和确定教学内容。在取舍和确定教学内容时，要以学生核心素养的发展为根本，要以学生核心素养发展的需要为依据，要以开发和利用资源为优化手段。

2. 生命质量与核心素养

（1）新时期教育的价值取向。党的十八届三中全会以来，深化教育领域综合改革大力推进，国家教育发展战略发生了根本性的变化，这主要体现：一是教育战略主题的调整，更加注重教育质量。在"十三五"期间，教育质量成为新时期教育的战略主题，从"十二五"期间注重教育公平，转变到了提高教育质量。这种教育质量是一种综合的教育质量，它更加注重学生的道德品质、身心健康、创新品质和实践能力的培养。我们认为，提高教育质量的核心是提升学生的生命质量，关注学生自然素质、社会素质和精神（心理）素质发展，提升学生的自然生命质量、社会生命质量和精神生命质量。二是从素质教育的角度，提出了学生核心素养体系，进一步明确了素质教育的核心内涵和目标要求。2016 年 9 月，教育部在北京师范大学发布了中国学生发展核心素养指标体系。这种体系从文化基础、自主发展和社会参与三个方面，包含"人文底蕴、科学精神、学会学习、健康生活、责任担当、实践创新"六个维度，并确定了十八个关键表现。

（2）教育要关注学生生命质量。北京十一学校校长李希贵在《36 天，我的美国教育之旅》一书中讲："教育是人的生命质量不断提升的全过程。"明确提出，教育要关注学生的生命质量。就生命质量本身概念而言，它是根据一定的社会标准来衡量和评价人的个体生命的自然素质的质量状态，又称为生活质量、生存质量。生命质量最初是社会学概念，后来医学领域广泛开展了生命质量的研究工作，探索疾病及治疗对生命质量的影响，形成了健康相关生命质量（HRQOL，health related quality of life）的概念。从生命教育的角度讲，我们认为，生命质量不仅是个体生命的自然素质的质量状态，它还包括社会素质、心理素质的质量状态，是一个基于自然素质、社会素质和心理素质全面协调发展的质量标准，是人的自然生命质量、社会生命质量和精神生命质量的统一体。生命教育是通过教育促进人的生命成长，提升学生的生命质量的过程。这种生命质量关系学生核心素养培养、全面素质发展和幸福生活技能的养成。

（3）核心素养是生命教育的核心。从学生核心素养体系的构成来看，生命教育和核心素养培养是紧紧联系在一起的，是一体化的。可以这么讲，核心素养是生命教育的核心价值追求，生命教育是核心素养培养的关键途径。

首先，核心素养的三个方面对应于生命教育的三大素质。我们认为核心素养的"自主发展"对应于学生"自然素质"，"文化基础"对应于学生的"精神素质"，"社会参与"对应于学生的"社会素质"。"自主发展"要求学生要"学会学习，健康生活"，这是从自然生命的角度关注人的生命成长要求，满足人的生存发展的基本需要；"文化基础"要求学生具备"人文底蕴、科学精神"，这是从精神生命的角度来要求学生养成科学品质，具有人文素养、健康身心、健全人格，做一个精神生命健康的人；而"社会参与"让学生"责任担当，实践创新"，则是从社会生命角度提出了一个社会意义上的人应该具有的社会责任和能力准备。

其次，人的素质特征和核心素养的关键表现的相互一致性。人的自然素质是从人的解剖心理特征和生理机能特征来表现的，主要体现在运动素质、反应速度、适应能力、抵抗能力等学会生存，懂得生活的基本素质，在核心素养体系中表现出来的"珍爱生命、自我管理、乐学善学、勤于反思"等要素就是人的自然素质的集中体现。人的社会素质主要包括科学文化（语言、数学逻辑的知识技能、科学的理论信念、世界观等）、政治道德、劳动审美等等，主要体现人的社会属性的关键素质，在核心素养体系中表现出来的"劳动意识、问题解决、技术运用、社会责任、家国认同、国际理解"等等要素就是人的社会素质的集中体现。人的精神素质主要包括智力因素和非智力因素（动机、兴趣、意志、性格等）等方面的人格品质和心理素质，在核心素养体系中表现出来的"健全人格、理性思维、批判质疑、勇于探究、审美情趣、人文情怀"等等要素就是人的精神素质的集中体现。而生命教育则正是在长期探索和实践着对学生的这些素质的培养，核心素养自然地成为生命教育目标的核心价值追求。

（4）人的发展与教育的本源。现在我们可以来回答怎样才能让人成为一个有尊严和幸福的人这个问题了。一个具有良好核心素养的人，一定是生命质量很高的人，一定是生活得很有尊严和幸福的人！让每一个人有梦想，让每一个人去追求尊严和幸福的生活，这是我们生命教育者的教育使命。提升教育质量，关注学生生命质量，加强核心素养培养是生命教育的现实责任。

3. 推进生命教育的实践策略

开发生命化的校本课程，打造生命化的课堂教学，开展生命化的教育活动，建设生命化的校园文化。将"生态道德"建设融入校园文化建设中，建设开放式的生命教育馆，从而构成动态发展的隐性课程与显性课程相结合的课程体系，围绕学生的核心素养培养，大力推进生命教育校本化实践。

（1）打造生命化的课堂教学。建设绿色、生态和生命的课堂，是开展生命教育的基础和前提。学校在实施生命教育的时候，率先从课堂主阵地入手，大力进行课堂教学改革，摒弃传统的教学观念，尊重学生个体生命需要，满足以学生个性发展为教育主张，建构开放、民主、和谐、生动、人文的课堂教学环境。加强生命教育在学科教学中的渗透，教师在学科教学过程中充分挖掘与生命教育密切相关的课程内容和主题，从人的自然生命，精神生命和社会生命角度去阐释和升华，积极引导学生认识生命，尊重生命和珍惜生命。

（2）组织生命化的教育活动。我们可以广泛组织开展基于生命教育的各种学生活动，坚持以学生社团为主体，丰富学生的生命体验和感悟。让学生在活动中认识生命的意义和价值。通过开展校内主题教育，分序列有步骤地实施主体化的生命教育活动；开展家校共育活动，发挥家庭教育的积极作用；开展研学旅行活动，发挥生命教育基地影响作用。

（3）开发生命化的校本课程。课程是教育理念和价值目标实现的关键载体。生命教育的实施，没有课程作为支撑，是不能够真正落地生根的。我们探索开发基于国家课程的学校生命教育校本课程体系的建立和实施，挖掘自然生命、社会生命和精神生命中的某一种或者几种教育内涵，展开有关生命教育的探讨。

（4）建设生命化的校园文化。学校根据"生命教育"的理念，对学校的环境进行合理整治、规划与布置，努力把学校打造成既能体现人文关怀，又能起到熏陶感染作用的人性化的温馨家园——生命教育生态园，让校园的每一块墙壁会说话，让校园的树木花草能成为无声的老师，让校园的每一个角落都是安全、舒适的，是有利于学生身心健康成长的，从而促进学生生命发展的不断完善和提升。

4．生命教育的"体验式"教学

"体验式"教学是教育者依据德育目标和未成年人的心理、生理特征以及个体经历创设相关的情景，让未成年人在实际生活中体验、感悟，通过反思体验和体验内化形成个人的道德意识和思想品质，在反复的体验中积淀成自己的思想道德行为。未成年人在各种体验中主宰自我、修正自己，在与人交往中，在日常行为中去体验、去感悟、去构建社会与时代所希望他们拥有的爱国情怀、民族精神、集体意识。

（1）生命教育的"体验式"教学关注人的发展。什么是"人"和"人的发展"呢?马克思在关于"完整的人"的基本特性描述中说到，人是自然、社会和精神的统一体。人是由自然因素、社会因素和精神因素构成的有机体。人的发展就是在社会实践基础之上的自然素质、社会素质和心理素质的发展，就是在人的各种素质综合作用的基础上人的个性的发展。从这一科学论断中我们应该有两点认识：一是人的生命有三条，自然生命、社会生命和精神生命，这三条生命有机地构成了人的生命，人的生命成长，就是人的自然生命、社会生命和精神生命的协同成长。二是人的发展是自然素质、社会素质和精神素质（心理）的协调发展，一个全面发展的人应该具有良好的心理素质、健全人格、健康身心；良好的社会素质，懂得感恩和责任;良好的自然素质，能够珍爱生命，学会生存生活。从人的本质与人的发展论断中，我们明确了教育的本源、方向和未来。

（2）生命教育的"体验式"教学回归教育的目的。教育的起点在生命。教育是伴随着人的成长需要而诞生的。在人的成长和发展过程中，需要传承人类的文明和文化，这就需要教育，通过教育让人的发展获得更多的人类经验。联合国教科文组织在《学会生存》报告中指出，教育的目的在于使人成为他自己，"变成他自己"。 现代教育的实质在于追求良好的生活质量。这就说明，教育是使人成为"他自己"。让人成为他自己就是尊重人的自身生命，充分发展并完善其自身潜在的自然素质、社会素质和心理素质。2016 年，联合国教科文组织在《反思教育:向"全球共同利益"的理念转变?》中进一步指出，"教育是人的生存和发展的权利，教育要尊重生命、尊重公正、平等"。这份报告把教育作为了人的一种基本权利，把"尊重生命"放在了更加突出的位置。进一步指明了教育的目的和使命。东方诗圣泰戈尔说，教育的目的应当是向人传送生命的气息!从教育本源出发，教育的目的是尊重生命。

（3）生命教育的"体验式"教学促进教育的目标达成。教育的终极目标是培养幸福的人。苏联教育家苏霍姆林斯基说:"教学大纲和教科书规定了学生的各种知识，但却没有规定给予学生的最重要的一样东西，这就是幸福。我们的教育信念应该是:培养真正的人!让每一个从自己手里培养出来的人都能幸福地度过自己的一生。"从教育的本来价值追求来讲，幸福，是教育的终极目标。联合国教科文组织在《反思教育:向"全球共同利益"的理念转变?》报告中进一步指出，"教育要使人们过上有尊严和幸福生活"。人们通过教育充分发展自身素质，掌握生存本领，学会幸福生活。因此，教育的本质就是尊重生命，促进人的发展，让其成为一个完整的人，幸福的人。这种人的发展是人的自然素质、社会素质和心理素质的发展，通过这些素质的培养，促进学生自然生命、社会生命和精神生命的成长!

生命是教育的起点，教育要回归源点。尊重生命，促进人的发展是教育的来处，也是教育的归处。怎样才能让人成为一个有尊严和幸福的人?生命教育作为人的幸福人生奠基的事业，不能不回应这个问题!

在整个教学过程中，教师不再强迫学生接受知识，而是主动接受学习，学生真正成为学习的主人。

"体验"的"体"，意为设身处地、亲身经历;"验"，意为察看感受、验证查考。体验具有过程性、亲历性和不可传授性，是充满个性和创造性的过程。从心理学角度讲，体验是"理智的直觉"，是建立在个体"内部知觉"基础上的一种特殊活动，它总是与个体的自我意识紧紧相连的。所以，从词源学的角度看，一个人在成长过程中，也需要亲身经历，亲自验证，才能获得科学知识，养成道德品质，掌握技能。

体验:指学习者通过实践来认识事物，在亲身经历的学习与探究活动中获得情绪感受，融入自身的经验，并对原有经验发生影响，是影响学习者情感、态度、价值观的重要活动。

体验式教学：是以体验为特征，在教学过程中通过创设一定的情境，使学生联系自己的生活经历，凭借自己的情感、直觉、悟性等直观的感受、体味、领悟去再认识、再发现、再创造知识，达到认知过程和情感体验过程的有机结合、激情明理与行为引导相互促进的一种教学价值观和教学方法，是一种基于学习者自身的活动，强调让学生通过模拟情境和真实情境的体验活动，获得真实感受，综合实践活动课运用体验式教学更是锦上添花，如鱼得水。

体验式教学的主体是学生，教师在开发课程资源时，必须考虑学生的学情。了解学生首先是为了服务于学科教学，为教师处理教学内容、确定教学目标、把握教学重点难点、选用教学方法提供依据。教师必须从中学生的心理特点、认知程度、学习兴趣、知识结构等方面综合考虑学生的实践能力，即学生在体验的过程中能够达成教学目标的几个维度，达到多高的程度。

5. 核心素养视域下的生命教育体验式教学的反思

杜威被普遍认为是体验式教育的现代版之父。杜威提出"教育即是生活"，教育是继续不断地重新组织经验。杜威在《民主与教育》一说中谈及经验是如何让人们学习到知识："行为一旦延续到承受后果，行为造成的转变一旦反射回来就造成了改变，原本单纯的波动就充满了意义，于是我们学习到了知识。"由此可以解释，体验式教育模式是如何让学生收获知识的。体验学习过程中，学生会评估反思自己的行为、优势劣势以及行为产生的后果，并且根据预估的未来引导每一天的行动，在经历行为、观察、思考、评估的过程中，便学习到了知识。同时因为体验行为直接决定着后果，学生会以行动促成较佳的成果，避免不好的结果。

陶行知在杜威的教育思想上探索衍生出了新的教育思想"生活即教育"中"社会即学校"。"生活即教育"，以现代的理解看来，是指在生活中接受教育，教育在个人的生活体验中生命经验中进行。"社会即学校"，最恰当的解释是离开学校进入社会情景中，任何所见所闻都有教育的效能。

体验式教育模式可采用大卫·科布尔（DavidKolb）于1984年提出的体验学习循环模型，大卫，科布尔（David Kolb）是研究体验学习最具影响的学者之一。教育的过程是生命成长的过程，教育本身就肩负着提高生命质量的责任。在学科教学中开展生命教育是目前我国实施生命教育的主要途径。美国学者杰•唐纳•华特士于1968年最早明确提出生命教育。清华大学樊富珉教授认为：生命教育是教导个体了解、实践和体会"爱惜自己、尊重他人"的一种价值性活动。

（1）核心素养视域下的生命教育教学设计要着眼于学生"学会学习"。以学生核心素养的视角设计教学目标。核心素养视域下的教学目标的确定，教师必须明确课堂教学不仅仅以对知识技能的学习为目标，而是知识、技能、情感、态度、价值观的多元发展。依据核心素养的内涵，对教师的"教"和学生的"学"提出明确而具体的要求，做到教学目标具体化、清晰化。在认真设计学生发展核心素养的教学目标时，要真正实现教学目标的定位转向，要正确处理核心素养多元纬度之间的关系，要明确指出学习的目标任务，要做好学生学习任务分析。

核心素养视域下的教学策略设计要着眼于学生"学会学习"，教师作为学生学习的引导者和引路人，就要努力把教师的教学策略转化为学习策略。在设计"学会学习"策略指导上，要注意策略选用的匹配性和适切性，要充分考虑到学生已有的经验和实际能力，要遵循知识与技能学习的一般规律。

（2）核心素养视域下的生命教育要引导自主学习。苏霍姆林斯基说过："在人的心灵深处，都有一种根深蒂固的需要，这就是希望自己是一个发现者、研究者、探索者，而儿童的精神世界中这种需要特别强烈。"我们教师要诊视这种与生俱来的探索欲望，改变原来的"提问—讲解—巩固—作业"的教学方法，改变原来的"我讲，你听；我问，你答；我给，你收"的教学关系，引导学生主动学习，有效探索，主动建构知识。在实施中要做到以下几点：要创设鲜活的情境，激发学生主动探索的动力。托尔斯泰说过："成功的教学所需要的不是强制，而是激发学习的兴趣。"创设鲜活的情境，并借助现代信息教育技术，让课堂生"色"生"辉"，"声"动课堂，学生的兴趣就会随之盎然，很快便全身心投入学习中。

苏霍姆林斯基说："如果教师不想办法使学生产生情绪高昂和智力振奋的内心状态，就急于传授知识，那么，这种知识只能使人产生冷漠的态度，而使不动感情的脑力劳动带来疲劳。"学生核心素养的形成，不能仅仅依靠教师单方面的传授，更要依赖学生能参与其中的教学活动；不能仅仅依靠记忆与积累，更要依赖感悟与思维。因此，基于核心素养的教学，要求教师抓住知识点本质，巧妙设计方法，启发学生深入思考，让学生在掌握所学知识、技能的同时，感悟知识的本质，积累思维和实践的经验，形成和发展核心素养。朱熹云："事必有法，然后可成。师舍是则无以教，弟子舍是则无以学。"要关注经历过程，留给学生自主探索的时空。英国教育家彼得·克莱恩说："学习的三大要素是接触、综合分析、实际参与。"在课堂上，教师要让学生真正地参与学习，要关注学生学习经历的全过程，了解学生参与学习的深度、广度和积极性，有针对性地采用各种教学策略，真正提升课堂教学效率。

（3）核心素养视域下的生命教育要创新教学模式与课型。核心素养视域下的教学，是教与学的交往、互动，在师生双方相互交流、相互沟通、相互启发、相互补充的过程中，教师与学生分享彼此的思考、经验和知识，交流彼此的情感体验和观念，丰富了教学内容，求得了新的发现，从而师生之间达成共识、共享、共进，是吸纳了教学相长和共同发展。因此，核心素养视域下的，成功的教学模式应该体现以下特征：意识教学的综合性与完整性，二是教学程序的项目性和可操作性，三是教学过程的灵活性与稳定性并存。作为教师，站在革新的立足点，就得处理好知识传授与技能训练的关系，处理好发展智力与培养创造力的关系，处理好课堂教学与课外学习的关系，处理好动机教学与目的教学的关系。

核心素养视域下，生命教育从教学目标的设置、课堂互动活动的设计、课堂实践性功能的发挥等方面加以改进，并逐步树立清晰的课程意识，从学科本位走向学生生长；重构适切的教学内容，从接受训练走向自主建构。

二、保持大学生心理健康教育与时俱进

在学生能够珍爱生命、正确对待生命的基础上，学生思想行为的调式和塑造还需要依赖心理健康的水平，因而需要不断从各种理论中汲取营养，保持大学生心理健康教育与时俱进。进入时代背景下以来，随着网络生活在人们日常中所占比重的不断加大，心理健康教育领域与时俱进面临的最大挑战就是如何守好网络阵地，如何从网络阵地走向大学生内心深处。在此，我们可以借鉴建构主义理论，从建构的视角去分析。

（一）建构主义理论

1. 建构主义基本观点

在教育学领域，建构主义的思想主要表现为知识观、学习观和教学观。

（1）建构主义的知识观。知识不是对现实的纯粹客观的反映，它只不过是人们对客观世界的一种解释、假设或假说，它不是问题的最终答案，它必将随着人们认识程度的深入而不断地变革、升华和改写，出现新的解释和假设。

知识并不能绝对准确无误地概括世界的法则。在具体的问题解决中，知识是不可能一用就准，一用就灵的，而是需要针对具体问题的情景对原有知识进行再加工和再创造。

知识不可能以实体的形式存在于个体之外，尽管通过语言赋予了知识一定的外在形式，并且获得了较为普遍的认同，但这并不意味着学习者对这种知识有同样的理解。真正地理解只能是由学习者自身基于自己的经验背景而建构起来的，取决于特定情况下的学习活动过程。否则，就不叫理解，而是叫死记硬背或生吞活剥，是被动的复制式的学习。

（2）建构主义的学习观

①主动建构性。学习不是由教师把知识简单地传递给学生，而是由学生自己建构知识的过程。学生不是简单被动地接收信息，而是主动地建构知识的意义，这种建构是无法由他人来代替的。

②社会互动性。学习不是被动接收信息刺激，而是主动地建构意义，是根据自己的经验背景，对外部信息进行主动的选择、加工和处理，从而获得自己的意义。外部信息本身没有什么意义，意义是学习者通过新旧知识经验间的反复的、双向的相互作用过程而建构成的。

③情境性。学习意义的获得，是每个学习者以自己原有的知识经验为基础，对新信息重新认识和编码，建构自己的理解。在这一过程中，学习者原有的知识经验因为新知识经验的进入而发生调整和改变。

（3）建构主义的学生观。

①教学不能无视学习者的已有知识经验，简单强硬的从外部对学习者实施知识的"填灌"，而是应当把学习者原有的知识经验作为新知识的生长点，引导学习者从原有的知识经验中，生长新的知识经验。教学不是知识的传递，而是知识的处理和转换。教师不单是知识的呈现者，不是知识权威的象征，而应该重视学生自己对各种现象的理解，倾听他们时下的看法，思考他们这些想法的由来，并以此为据，引导学生丰富或调整自己的解释。

②教师与学生，学生与学生之间需要共同针对某些问题进行探索，并在探索的过程中相互交流和质疑，了解彼此的想法。由于经验背景的差异的不可避免，学习者对问题的看法和理解经常是千差万别的。其实，在学生的共同体中，这些差异本身就是一种宝贵的现象资源。建构主义虽然非常重视个体的自我发展，但是他也不否认外部引导，亦即教师的影响作用。

2. 建构主义理论对高校心理健康教育的启示

高校心理健康教育在我国已获得长足发展，而其进一步的深化发展需要先进的理论做引导。建构主义是学习理论中行为主义发展到认知主义后的进一步提升和发展，建构主义观点为主动建构的高校心理健康教育体系化提供了理论支持与启迪。

（1）突出学生为主体。建构主义学习观中对学习者主体性的强调启示我们，在高校心理健康教育过程中对学生主体要重视。建构主义理论注重学习主体性的强调和培养，学习者基于自身的知识需求和经验背景来开展相应的学习活动，同时建构主义研究的目标主要在于学习的过程本身而不在于学习的目标。因此，高校心理健康教育的开展要围绕学生主体，并且心理健康教育的目标也应立足于学习者的主体化特征。一要确定心理健康教育有分层化目标，根据学生的心理健康个体差异生成主体目标；二要实现教育目标的主体生成，使之在开放的特定情境中互动生成，即学生主体健康心理发展本身。

（2）心理健康课程设计要突出体验性。心理健康教育课程不同于传统学科课程，它注重学生的心理体验以及体验的程度。也就是说，衡量心理健康教育课程是否有价值的一个重要指标，是学生在心理健康教育课程实施过程中是否产生了深刻的情绪情感体验。这种体验是经验与直觉的内在熏陶，是情境陶冶、内心感悟的有机融合。正因为如此，在课程实施过程中，教师要以学生为主体，多创设有助于学生亲身体验的活动，使学生在感悟、探究的过程中不断反思与建构，从而促进心理发展。

（二）网络心理健康教育的相关研究

1. 国外研究现状述评

随着计算机和互联网的诞生，就有心理学家开始研究基于互联网环境的人类心理学行为，"互联网心理学"（Cyberpsychology 或 Internet psychology）概念最早于 20 世纪 80 年代被提出，《互联网心理学》（*The psychology of internet*），可谓是互联网心理学的开山之作。Wallace 提出了一些关于互联网心理学的基础概念，不过当时的互联网属于局域网环境，计算机对于普通大众而言也是一种新兴产物，此书华莱士的研究主要针对人在面对与使用计算机所产生心理与行为观察。雪莱·特克尔（Sherry Turkle 1997）的《显示屏上的生活：互联网时代的身份》是 20 世纪 90 年代互联网心理学领域中的一部力作，阐释了已经日益侵入人们日常生活的屏幕与网络，是如何对人的心理产生影响的，从此虚拟环境下的心理学研究逐步走向深入。在《计算机与行为学研究》《互联网心理学与行为研究》《计算机与教育》《人机互动国际研究期刊》等杂志中，刊登了大量和互联网心理学相关的研究成果。本课题的研究基础除了互联网心理学之外，还与互联网教育学直接相关。互联网教育一般也称远程教育或者在线教育，主要指通过网络环境与技术来进行教习互动的模式。早期学者关注互联网教育的基本概念、学习方法以及教学模式设计，到了 21 世纪远程教育被推广之后，技术手段、管理方法以及教育效果评估等被赋予了更多的关注。

2. 国内研究现状述评

国内对构建大学生网络心理健康模式的研究，几乎都集中于 2010 年之后，尤其是近几年，随着高校互联网教育的日益普及，心理健康教育的网络平台建设成为研究热点。黄小梅（2011）针对当前大学生心理健康教育的发展需求，认为发展网络心理健康教育具有积极的意义，应当依据高校现有的资源，整合起网络心理教育和服务平台，帮助大学生建设积极健康的心理。孙喜英（2015）

认为网络已经深入到在校大学生的生活之中，心理健康引导也可以通过网络的方式，在多元、开放、保密的模式下，积极建设学生的健康心理。郑小方（2015）从目标、平台设计、路径实施、队伍建设等方面探究高校实施网络心理健康教育的机制搭建。黄晨（2015）概括了网络心理教育的内涵，总结网络心理教育具有拓展心理教育的对象、突破时空限制、增加资源利用率、私密性更强等优势，以及也存在机制不健全、内容不明确、技术待提高、安全性较弱等问题，认为必须依据存在的这些问题进行整改，才能搭建起网络心理教育体制。俞亚萍（2016）提出基于互联网的心理教育模式必须重视自主发展、平等交互、积极育人、系统整合等理念，需要创新机制和方法、建设团队，依靠合力来促进学生的心理健康。田硕等（2016）在对高校心理教育困境及问题的分析下，提出符合高校素质教育的网络心理健康教育模式，以此提高心理教育的有效性。孙江洁（2017）依据问卷调查，对搭建互联网背景下高校心理教育机制的形式、内容、方法、途径等方面进行全面的考量，建立起在线心理课程、心理服务和咨询、心理健康评估等平台。吴丽玫（2017）认为互联网心理健康教育不仅要搭建线上平台，更为重要的是要实现线上线下的融合，以双规并行的方式去保证心理健康教育的有效性。彭雅楠等（2017）介绍当前心理服务类 APP 的大致情况，从盈利、效用、流量等方面分析 APP 存在的问题，依据当前用户数据和功能使用情况分析心理服务 APP 接下去的运营方向。

（四）新媒体时代高校大学生网络心理健康教育

信息时代与网络背景造就了当代大学生新的学习与生活空间，网络成为学生的必需品和惯用品，也成为教育实施的平台与环境。心理健康教育若通过网络平台或者网络技术途径来开展，能够发挥出有别于传统教学方式的多种优势，但也会在实践中遇到一定的问题。开展网络心理健康教育拓展了高校心理教育的实施范畴，利用更为学生接受也更符合时代发展趋势的方法与技术去提高心理教育和服务的质量和效率，这是在远程教育广泛开展背景下心理教育发展的必然趋势。同时，心理学教育改变传统面对面的模式，而转成在虚拟环境下进行，势必会增加教育教学的难度，对心理健康教育工作提出更高的挑战。因此，对大学生网络心理教育模式展开研究，不仅符合当下高校心理学教育机制改革的趋势，也能帮助高校在践行网络心理教育时规避常见问题、搭建顺畅通道，为网络心理教育实践提供一定的理论借鉴。

1. 新媒体概念

对于新媒体的界定，学者们可谓众说纷纭，至今没有定论。一些传播学期刊上设有"新媒体"专栏，但所刊载文章的研究对象也不尽相同，有数字电视、移动电视、手机媒体、IPTV 等，还有一些刊物把博客、播客等也列入新媒体专栏。那么，到底什么是新媒体？

总的来说，新媒体是相对于传统媒体而言，是报刊、广播、电视等传统媒体以后发展起来的新的媒体形态，是利用数字技术，网络技术，移动技术，通过互联网，无线通信网，有线网络等渠道以及电脑、手机、数字电视机等终端，向用户提供信息和娱乐的传播形态和媒体形态。微博、微信、网站(网页)、Twitter、Facebook，QQ 空间等类似的这些都属于新媒体的范畴。新媒体的特征具有交互性与即时性，海量性与共享性，多媒体与超文本，个性化与社群化。随着科技的飞速发展，新媒体越来越受到人们的关注，成为人们议论的热门话题。新媒体在业界的繁荣也使得学界对其研究进一步加强，很多专家分别从不同的角度对新媒体进行了研究。

就现阶段而言，新媒体主要是指凭借互联网络技术、数字技术、移动通信技术等新技术向受众群体提供信息服务的一种新兴媒体；在具体分类上，可分为网络新媒体——网络新媒体亦被称作第四媒体、手机新媒体、新型电视媒体，其他新媒体——"隧道媒体、路边新媒体、信息查询媒体及其他新媒体。"

本文中的新媒体主要围绕着高校大学生日常生活中所能接触到并被广泛使用的网络新媒体和手机新媒体展开研究，如 WW、微博、微信、网站、Twitter、Facebook 等新媒体，尤其是手机新媒体以其便捷高效的特点受到高校大学生广泛的关注和使用。

2. 新媒体环境下高校心理健康教育面临的机遇和挑战

（1）新媒体环境下，高校可以从网络上获取更多的心理健康教育资源，从新生生活适应、专业学习、人际关系、校园爱情、心理卫生及生涯规划等多个方面，为学生如何度过充实、精彩的大学生活进行分析和指导，弥补学生心理健康教育课程内容存在的不足，有利于有效引导学生以科学的态度对待各种心理问题。

（2）新媒体的应用有利于促使心理健康教育的开展更加顺利，完善了大学生心理健康教育的模式。很多学生尤其是一些性格相对内向自尊心强，比较敏感的学生，都有较强的自尊心，即便是意识到自己心理出现了问题，往往也碍于面子，担心旁人的议论而拒绝主动寻求老师开导。因此，针对这类学生心理健康教育工作开展具有一定难度。新媒体的广泛应用可以使这些问题得到更好的解决。学校心理健康中心可以通过搭建网络心理咨询平台，向学生公开工作QQ、微信公众号、网络咨询号等联系方式，通过新媒体手段为学生提供咨询与交流的平台，不但保护了学生的个人隐私，也消除了学生的后顾之忧，使学生更有倾诉欲望，既有利于心理健康教育的开展，还有利于解决学生的心理健康问题。

（3）新媒体环境下，学生在接触和理解信息方面具有更大的自主权，思维也更加灵活，但学生获取信息量增大的同时，信息的质量也良莠不齐，学生的心理状况也因此变得复杂多变，容易出现消极、颓废、郁闷、烦躁等心理问题。

（4）新媒体环境逐渐改变了学生的人际交往方式，面对面的交流逐渐减少，更多地被网络社交取而代之，人与人之间的感情仅靠网络联系，情感缺失现象严重。朋友、同学之间长时间通过虚拟网络进行沟通交流，在现实生活中反而不知道如何与朋友相处，与社会脱节。现实生活中的交流障碍导致大学生对虚拟网络的过度依赖，形成恶性循环，不利于大学生的心理健康发展。新媒体环境也对大学生的感情观念产生影响，网上交友充斥着各种动机，学生在网络交友中如果受到欺骗和伤害，可能会导致学生在实际人际交往中产生信任危机。

（五）新媒体时代高校网络心理健康教育模式的构建

1. 建立高校网络心理健康教育模式的必要性

心理学的网络教育能够拓展教学实施的时空，能顾接纳更多的服务对象，能够提供更为丰富的资源鼓励学生自主学习，能够让学生更加彻底地打开心扉，也让教师辅导与关怀能够及时到位。

2. 大学生心理教育网络课程开发

高校《心理健康教育》课程旨在帮助大学生了解和掌握心理健康知识，提高心理健康意识，使学生更好地了解自我，悦纳自我，积极处理校园生活乃至社会生活中遇到的情绪、人际关系、情感、就业等问题，高质量的生活和学习，减少心理问题对自身的危害，从而降低心理问题对学校安全稳定的影响。课程中的内容涉及大学生生活的各种情境、遇到的心理问题及处理的办法等，传统的教学过程很难满足教学的需求和培养学生解决实际问题的能力。因此，开发合适的网络平台，结合课堂教学开展网络教学，对提高《心理健康教育》的教学实践效果有重要的意义。

首先，网络课程是心理学网络教育开展的重点，课程设计的研究，将为整个网络心理学教育体系的建立打下基础。主要内容包括：首先设计问卷，对本校在校生进行心理学网络课程需求调查，内容包括自主学习情况、利用网络进行学习的兴趣程度、认为网络信息对心理健康学习是否有帮助、学生自我心理评估、希望网络心理课程教习哪些内容等。其次，对问卷进行整理，分析调查的各种情况，尤其对大学生的自我心理评估和对心理学课程的需求做详细剖析，找出当前在校生普遍存在的心理问题，以及在校生对网路心理课程的重点需求。最后在此基础上设计大学生网络心理课程的基本内容和组织形式。

其次，课程设计要体现以学习者为中心的自主学习方法。"以学习者为中心"的教学理念代表了建构主义学习理论的精髓，建构主义学习理论提倡的学习是教师指导下的、以学生为中心的学习。有效的"以学习者为中心"的课程一般具有以下特征：内容及安排必须是清晰、易懂的；必须考虑学习者学习和交流的特点；必须考虑学习者的兴趣和动机；必须考虑到学习的社会性；课程设计上必须是吸引人的；课程必须考虑到学习者需要有意义的、及时的反馈。

3. 对高校心理学网络教育模式搭建进行基本设计

要包括心理学网络课程，作为必须或公选课，针对所有在校生，指导学生积极地进行心理建设；移动互联网端的教育资源提供借助移动互联网的便捷性，让学生在碎片时间以休闲的方式多接触心理学相关知识，做好校园心理学的普及工作；借助网络社交平台提供在线咨询服务，帮助有需求的学生能够更加快速、便捷又私密地获得心理咨询服务；在有条件的情况下，建立在线心理测评系统，对在校生进行心理普查，也可以多校联合开发在线测评系统，实现到心理教育资源共享。

4. 对高校实践网络心理学教育机制的效果进行评估

过对心理学网络教育课程的授课情况与学生考评情况、在线心理咨询服务的学生接纳量与服务效果情况、心理学教育资源使用情况与学生对网络心理学教育资源的感兴趣情况等进行充分考量，从而评估建立网络心理学教育是否有效。

第二节　增进思政教学实效，创新教育方法

思想政治教育是大学生思想行为调适塑造的主要阵地，需要引进多种手段、创新教育方法，以增进教学实效。目前亟待研究和改革的领域主要集中在思政理论课教学实效性的有效保证、思政课在线教学的有效落实、教育教学类 APP 作用的有效发挥等方面。

一、有效保证思政理论课教学实效性

高校思想政治理论课（下文简称"思政课"）是高校传播马克思主义理论，对大学生进行思想政治理论教育的主渠道、主阵地，肩负着培养中国特色社会主义建设事业建设者和接班人的特殊使命。《中共中央宣传部、教育部关于进一步加强和改进高等学校思想政治理论课的意见》提出："不断增强高等学校思想政治理论课教育教学的针对性、实效性和说服力、感染力，培养德智体美全面发展的社会主义合格建设者和可靠接班人"高校思想政治理论课教学的效果直

时代背景下大学生思想教育与行为引导研究

接关系到每一个青年学生的政治理念与价值导向，关系到国家未来社会主义道路前进的方向。思政课教学实效性是思政课教学目标的实现程度，即学生在知识和行为层面上达到的预期效果。实效性是实现高校思政课教学价值、功能的重要基础，也是实现其可持续发展的前提条件。

（一）思政课实效性概念及评价

思政课实效性，是指"根据社会和时代发展的要求，在思想政治理论课教学中以培养大学生运用马克思主义理论指导知与行的能力为核心促进其思想品德全面发展的实际效果"。高校思政课教学目的是对大学生进行系统的马克思主义理论教育和思想品德教育，帮助学生树立正确的世界观、人生观和价值观，确立中国特色社会主义的道路自信、理论自信、制度自信和文化自信，提高学生运用马克思主义基本立场、观点、方法分析问题和解决问题的能力，成为一个合格的社会主义建设者和接班人。

如何评价高校思政课实效性，学者们提出了多种标准。学者李斌雄指出，我国高校思政课教学评价体系在构建过程中可以参考马克思主义教育评价理论，这样有助于保证评价体系在实施过程中的客观性、便捷性和可操作性，从而真实客观反映教学效果，评估教学价值。学者段振榜以发现问题、分析问题、解决问题的思路研究高校思政课教学评价体系，主要对现有评价指标实施的现状和存在的问题展开分析，同时基于现状和问题提出一些对策与建议，他认为该体系在建设过程中也需要遵循一定的原则，如全面性、客观性、标准性和量化性等。学者盛湘鄂认为，思政课实效性评价可以从知识传授、能力培养和品德教育三方面进行。郑蕊指出，高校思政课实效性主要表现在三个方面：知识传授的实际效果、能力培养的实际效果和价值观教育的实际效果。学者林春逸提出，判断当前高校思政课实效性的根本标准至少有两点：一是是否有利于大学生坚持马克思主义指导思想、坚定中国特色社会主义信念、坚定走中国特色社会主义道路的信心，进而有利于提升国家文化软实力；二是是否有利于促进大学生全面发展、个性发展和可持续发展，进而有利于提升大学生个体核心竞争力。

（二）高校思政课实效性的调查分析

本科生在大学期间都会开设"思想道德修养与法律基础""中国近现代史纲要""毛泽东思想和中国特色社会主义理论体系概论"以及"马克思主义基本原理概论"四门主旨思政课。为进一步贯彻落实中央有关加强大学生思想政治教育的文件精神，深入了解和掌握思政课程教学和大学生思想状况，采用问卷形式，对在校学生进行了抽样调查。在校学生已经系统地学习思政课程，有较为全面的认识，所以调查结果具有针对性、客观性、真实性和说服性。通过调查，可以了解到学生对思政课比较真实的认知和态度，为改进思想政治理论课教学、提升实效性提供了第一手资料。

1．学生对思想政治理论课的总体认知

思想政治理论课对大学生开设的必要性。很少一部分的学生认为"非常必要也重要"，大部分学生认为"有必要，但要注意方式方法"，真正认为"完全没必要"的寥寥无几。思想政治理论课对大学生的作用。很少一部分学生认为"非常重要"，多数学生认为"比较重要"，个别学生认为"不重要"。学生对思想政治理论课的喜爱程度。少部分的学生"非常喜欢"，"比较喜欢"和认为"一般"的学生占多数，真正不喜欢的也会存在。

从上述可以看出，绝大部分学生对开设思想政治理论课的重要性和必要性是认可的，总体上是持肯定态度的。但同时，我们也注意到，从思政课程的"必要性"到"重要作用"到"喜爱程度"，学生正面选择比例有所下降。

2．对思想政治理论课程的学习态度

学生的到课率整体不错，但也出现了一定程度的逃课现象。思政课课堂学生参与度不高、课堂"抬头率"是思政课教学实效性的关键指标。学生虽出现在课堂，但并不表明其以主观能动性参与到教学中。一些学生并没有认真听讲，身在曹营心在汉，玩手机、看其他书籍和资料，甚至睡觉，而"低头一片"的课堂很难做到让学生入耳入脑。当问及"你在思政课上是否积极参与讨论并发言?"时，大部分学生在思政课课堂上的积极性和参与度并不高。学生不愿回答问题有两类原因：一是认为自己不回答肯定也会有其他人去回答的，而且老师最终也会给出答案；二是不想成为其他学生关注的焦点。

3．对思想政治理论课教师的评价

根据调查反映的情况，部分学生认为老师讲课偏于理论较枯燥，一些学生认为思政课的实用性不大，听与不听效果都差不多。"课堂枯燥乏味""脱离现实""老生常谈、没有新意""说教""跟所学专业没有太大联系，感觉没用""没基础、听课没有感觉"，此类描述常出于被访谈的学生口中。思政课不仅仅是"授业"，更重要的是"传道"，教学着力点在于德育，培养学生树立正确的世界观、人生观、价值观。

4．学生认可多样化的教学方式

思政课教师采取了各有特色的多样化的教学方式，有案例教学、主题演讲、专题教学、参与式教学等。例如，"思想道德修养与法律基础"课把大学生自身的思想问题和社会热点问题以情景剧或辩论赛的形式重现课堂；"马克思主义基

本原理概论"课指导学生阅读原著和相关书籍；"毛泽东思想和中国特色社会主义理论体系概论"课引入"每周播报"环节，由学生自主选择热点新闻和时事，阐发背景、亮出观点，在课堂进行讨论和辩论。调查发现，学生更加认可教师课堂讲授之外的教学环节，认同教师课堂灌输这一传统教学方式的同学只占了少数，这说明"95 后"大学生普遍不太认可思政课说教式的教学方式，而是比较倾向于各种多样化且富有活力的教学方式。

（三）影响思政课教学实效性的因素

影响思政课教学实效性的因素是多方面的，有课程本身的、有课程之外的、有教师的、有学生的、有个体的、有社会的。关键之处在于，思政课教师的素质和教学不能适应新形势下学生思想认识水平与心理需求。

1. 新环境新语境冲击了思政课育人效果

经济全球化、市场化和信息化带来了一个高度流动性、隐蔽性、不确定性的世界。就意识形态而言，呈现出多样化、即时性等特点，新自由主义经济思潮、政治自由主义、左派民粹主义等意识形态正对中国社会产生深刻的影响。虽然改革开放的巨大成就呈现出中国特色社会主义制度的蓬勃生机和巨大活力，但是转型期社会矛盾凸显，分配不公、诚信缺失、贪污腐败等消极现象在一定程度上影响了社会主义制度优越性的发挥，导致思政课的一些论点与现实形成反差，缺乏应有的实践说服力。新媒体环境下，多元化信息的获取方式对"95 后"大学生的行为模式、价值取向、思想观念等方面产生了巨大的影响，特别是通过互联网，言论的群体极化效应会放大网络事件的负面影响，一些落后的、陈腐的甚至消极思想文化的传播和渗透，给"95 后"大学生的思想、价值和文化等观念带来不良的影响，势必对高校思想政治教育工作增加了困难。与此同时，西方价值观成为"普世价值"和拥有强势话语权，也深刻地影响到我国高校的教师和学生对马克思主义的信仰和对思政课的信心，对思政课的教学效果构成挑战。

2. 思政课教学忽视了大学生的合理需求和思想实际

"95 后"大学生成长的背景是全球化、信息化和市场化，并且恰逢社会的急剧转型期。他们崇尚自由，普遍自我意识与个性较强，他们务实，关注就业和社会竞争，他们张扬个性，背弃传统，追求新潮接受新事物能力强，喜欢网络，善于通过网络资源获取信息，他们是动漫一代，哈韩追星追美剧，爱"吐槽"，他们是网络一族，手机一族，无网不欢。但是他们心理尚未成熟，正经受着顺应与冲突、理性与感性的心理发展过程；他们面对着四面八方扑面而来的各种思潮和价值观念，不知所措，难甄别是非；他们对不断涌现的新情况、新问题充满疑惑。因此，"95 后"大学生普遍具有价值取向多元化、意识形态淡薄化的特点，思想观念和行为带有明显的实用主义和功利主义色彩。思政课在教学理念、内容、方式方法等诸方面不同程度落后于学生认知和需求，重视宏大叙事缺乏关注学生微观心理。思政课宣传党的最新理论成果、党的路线、方针、政策，政治色彩浓厚，刻板说教居多。

（四）高校思想政治理论课教学实效性提升的意义

1. 有利于发挥思政教育"主渠道"的作用

习近平在全国高校思想政治工作会议上指出："要利用好课堂教学这个主渠道"。高校思政课是党的意识形态工作的前沿阵地，是党的宣传思想工作的基层和一线。通过思政课教学实效性的发挥，有利于掌握思政教育的主动权，培养出更多对中国特色社会主义事业有认同感，能自觉担负中华民族伟大复兴历史使命的人才。

2. 充分体现高校思政课"与时俱进"

高等学校思想政治理论课程设置，要体现马克思主义与时俱进的理论品格，更好地适应时代发展的要求。这些年思政课有了显著的变化，不论是形式还是内容，都有了创新、改变，变得更加贴近青年学生了。这一切以效果为导向，在这个前提下，根据不同年龄、不同人群、不同环境、不同要求，设计出更加多元的形式，更为丰富的教学内容。课程内容的不断完善和发展，必然决定不同时期，对思政课堂教学目标和教学效果的评价，也应该有所不同。

3. 是新时期适应大学生思想特点的重要举措

改革开放以后国家实力增强，社会生活水平有了极大改善，同时带来了社会价值形态的多元化。传统与现代交融，本土与外来冲突，网络时代获取信息异常便捷，由此引发的各种社会问题日益复杂。青年学生个性独特，思维活跃，关心实事，但同时也极易受到不良风气、负面消息的影响，从而产生消极错误的世界观、人生观和价值观。高校思政课教学，具有引领思想、人格塑造的作用，高校必须提升思政课教学实效性，帮助学生"扣好人生的扣子"，助力青年学生，实现人生理想。

（五）提升思政课教学实效性的对策

提升高校思政课教学的实效性是一项系统工程，是由多方面因素综合作用的结果。《中共中央宣传部、教育部关于进一步加强和改进高等学校思想政治理论课的意见》提出："不断增强高等学校思想政治理论课教育教学的针对性、实效性和说服力、感染力，培养德智体美全面发展的社会主义合格建设者和可靠接班人"。全国高校思想政治工作会议上，习近平总书记指出："思想政治理论课要坚持在改进中加强提升思想政治教育的亲和力和针对性，满足学生成长发展的需求和期待。"为提升思政课实效性做出了全局性的指导。

1. 树立以学生为本的教学理念

以人为本，在高校就是以大学生为本、以学生为中心、促进学生的全面发展，这是高校德育工作也是高校思想政治理论课的立足点。以学生为本是思想政治教育的出发点和归宿。以大学生为本的理念要了解和理解当前大学生，坚持贴近大学生的思想、贴进大学生的情感、贴进大学生的实际，实现三者的有机统一。以学生为本要认识高校思想政治理论课教学对象的变化，了解当前大学生的新特点，理解大学生的情感，要信任大学生。在人文关怀基础上进行理论传授、思想交流和情感沟通，才能增强教育教学的吸引力和感染力。尊重他们大胆而富有主见的表达，才能在知识传递的基础上唤醒学生的心灵，增强思政课教育教学的信度和效度。

2. 满足大学生需求的理念

要提高高校思想政治理论课的实效性，不仅要了解思想政治理论课教学对象的变化，还必须了解当前大学生的特点和需要。大学生在社会转型中有着自己的困惑、情感和思考，他们内在地需要了解当今社会与世界。因此，高校思想政治理论课教学内容不仅是党和国家的意识形态的体现，同时也是大学生成才的内在要求，这是因为大学生是时代发展和社会进步的重要力量，大学生学习思想政治理论，特别是中国化马克思主义的新成果，能更清楚地认识当前中国发展的大局，更准确地把握未来发展的大势，提高自己的政治素质、理论素质、思想水平和实际能力，从而为自己的成才奠定扎实的基础，确立体现时代精神的精神支柱。

3. 加强教学内容和方法的研究

要提高思想政治理论课教学的有效性，由"高到课率"到"高听课率"再到"高信课率"，必须正确处理思想政治理论的科学体系与思想政治理论教学体系的关系，构筑能有效地反映思想政治理论科学体系的教学体系，提高大学生对思想政治理论课的接受度。能否及时把握学生关注的学术热点和理论疑惑，教学内容是否符合时代发展要求，教学方式方法和手段是否贴近学生需求，是提升思政课实效性的关键。贴近大学生的思想实际，达到逻辑性与通俗性的有机统一。理论教学既然要强化理论思维，必然要求教学的逻辑性、严密性和层次性，但同时也要考虑到接受对象的情况，应该具有生动性、通俗易懂。为此，有一个"由浅入深"的教学理念问题，这就是说，教师在设计教案时要充分考虑到学生的认知要求，通过浅显的事例，以小见大、浅入深出、由浅入深地说明深刻的道理，启发学生深刻的感悟能力和对理论的认同感。一是保持教学内容常备常新。钻研教材，吃透教材，破其卷，将全国"一本通"的教材体系转化为具有特色的教学体系，而教学体系的设计要切合时代要求、学校特色、专业特点、学生需求，增强教学的针对性、时效性、理论前沿性。二是探索有效的教学方法和考核方式。提倡启发式、参与式、研究式教学，运用专题讲授、案例教学、辩论赛、演讲比赛等方法，激发学生的学习兴趣。三是利用网络载体开展教育教学。充分利用新媒体即时性、移动性、互动性的传播优势，创新思政课教学载体和方式。运用新的教学策略，采用"慕课"、颠倒课堂、微课、微视频等形式开展教学。融入学生喜爱的网络媒体，积极开设个人博客、微博、QQ群、微信群等，开拓思政课教育教学的时间和空间。在各种社会思潮、价值观激烈交锋的网络时代中，大胆发声，传播真、善、美和正能量，使网络成为思政课教书育人的新阵地。

二、推进线上线下混合式教学模式改革

线上线下教学模式主要由"线上网络教学"和"线下辅助教学"两大部分组成。线上线下混合式教学模式是指利用信息网络技术，依托网络平台，把互联网丰富的教学资源与先进学习工具和课堂教学有效结合起来，从而达到提升教学效果、实现育人目的的一种新型混合教学模式。对于思想政治理论课课堂而言，这种模式具有较高的运用价值。本文以马克思主义学院思想政治理论课混合式教学改革为例，调查混合式教学模式下如何提升大学生对思想政治理论课的满意度。

（一）提升混合式教学模式在思政课教学改革中满意度研究

在国家"互联网+"政策的引导下，各行各业都掀起了一股寻求本行业与互联网行业相融合的热潮。在线学习作为教育行业与互联网行业融合的典型代表，在这股热潮中应运而生，并且很快在互联网教育市场占据大量份额。各大高校也纷纷引进、开发在线学习。在线学习作为一种新型的学习模式，充分地发挥了网络传播范围广、信息更新迅速等优势，实现了优质学习资源的共享，满足了学习者随时随地的学习需求。同时国家政策对建设在线开放课程、建立学习型社会的支持，使得各类在线教育平台不断涌现。尤其在目前新型冠状病毒疫情全球肆虐的至暗时刻，全世界大中小学都将学习模式被迫转化为线上教学。大学生学习满意度是衡量高等教育组织和管理的重要指标之一，对大学期间学生的受教育质量产生很大影响。在线教育教学活动中，学生的学习态度、学习

行为等与学生的学习满意度密切相关。由于学习满意度能够直接反映大学生在进行网络课程学习时的身心体验，能够直观表现出大学生的自我评价。学习满意度作为衡量在线课程学习质量的重要指标，研究大学生在线学习满意度具有重要的现实意义。

（二）思想政治理论课混合式教学模式改革的概况

为进一步提升思想政治理论课的教学效果、丰富教学形式和提升学生思想政治理论课的获得感，近几年来，各个学在推进混合式教学改革过程中多借助智慧树、学习通、蓝墨云等教学 APP 来开设线上课程。教学模式主要由"线上网络教学"和"线下辅助教学"两大部分组成。因新型冠状病毒的影响，自 2020 年春季学期开始，混合式教学的尝试越来越多，形式也越来越灵活。在使用过程中，发现学习通比智慧树教学平台在师生互动环节功能要强大许多，智慧树平台侧重点在给学生提供优质视频资料，尽管这两年智慧树平台也在尽力开发平台的师生互动功能，但主要还是局限在签到、群聊等功能。而学习通平台在师生互动功能方面要丰富得多，并且它还提供了学生在参与答疑过程中的积分功能，学生抢答一次、参加一次主题讨论和参与问卷调查等活动都已经完成积分，所以即便疫情结束，教师在线下授课过程中依然可以用手机和学生互动，笔者觉得学习通就像教师的网上教学秘书，可以帮老师解决很多问题，让教学活动更智能，同时也会活跃课堂氛围。由于线上的学习数据的可收集性和可分析性，一方面，学生网上学习效果与学生获得的课程成绩密切挂钩，有利于学生参与教师的互动，即刻就可以增加自己的学习积分，这种即时反馈，也会激发学生的学习热情和积极性。另一方面，授课教师可以根据数据分析结果，掌握学生对知识点的掌握程度，做到有的放矢；如何将线上课程和线下课程有机结合，提升思想政治理论课的教学实效性，本专科《思想道德修养与法律基础》课选用上海复旦大学高国玺教授团队的线上课程、专科《毛泽东思想和中国特色社会主义理论体系概论》选用的是中国人民大学秦宣教授团队的线上视频课程。线上线下教学改革实施一段时间以来，笔者心中存在一些疑问和困惑：这些中国著名高校的教师的线上视频课程，到底是不是同样适合我们三本院校基础的学生，学生到底能吸收多少知识，是否会出现水土不服的症状；课本上的知识点学生课下在视频上学习过了，我们线下教师课堂上的角色是什么，是根据视频上的内容进行拓展还是仅仅辅助学生巩固视频上的内容，线下教师是课堂上的主导者还是辅助者；要求学生课下看的视频，学生是怎么看的，是自己认真观看还是仅完成了进度条上的数据；本来线上线下结合是为了提升思想政治理论课的教学效果，落实高校"立德树人"的任务，如果线下老师以为学生都已经利用课下时间把视频认真学习过了，线下教师只是辅导答疑，会不会是本末倒置了。相关调查表明学习者与教师之间的交互是预测在线学习满意度的最重要指标，智慧树平台上仅仅是视频内容的学习，没有设置任何形式的互动，我们线下部分的教学内容、目前疫情期间暂时转移到线上答疑的内容，是不是主要完成师生互动的环节。

（三）学生对思想政治理论课混合式教学模式满意度调查

1．提出假设

通过文献研究发现，大学生线上学习满意度可能与外在学习动机、课程因素和平台因素、学习者自我管理能、线下教师角色转变四个因素有关，为确定这四个因素是否对大学生在线学习满意度有影响，共提出四个假设：外在诱因是提升在线课程学习满意度的动力；优化课程和平台设计是提升在线课程学习满意度的根本；学生自我管理能力是提升在线课程学习满意度的基础；教师角色转变是提升在线课程学习满意度的保障。

2．调查设计

调查对象：某校 2019 级大学一年级学生。

调查过程：第一部分，对大学一年级第二学期学生的问卷调查主要采用超星学习通教学软件班级活动中的问卷项目进行问卷调查，通过超星学习通教学软件问卷分析功能进行结果分析。第二部分，思想政治理论课在线课程学习满意度影响因素访谈提纲：第一个问题：在学习网络课程的过程中，对自我管理能力的评价（包括制定计划、调整进度、寻求指导和反思总结等），认为在线课程学习最大的困难是什么？第二个问题：对线上教师、课程和平台的总体评价，对在线课程是否满意，是否达到了预期的目标等。

访谈活动是通过志愿者学生通过学习通班级群聊的私信功能完成的线上访谈活动。

3．验证假设与分析

第一部分问卷调查分析：本次问卷调查共发出问卷 55 份，问卷有效率为97％。因为是在上网课时发放的电子问卷，除了 3 名请假的同学，剩下的同学都提交了。

满意度涉及大学生们是否会继续选择在线学习平台进行学习。问卷第 2 题，75.4％的同学选择了如果不是为了完成课时学分，还会利用课余时间继续学习思想政治理论课的在线视频课程，说明学生对智慧树上的视频课程还比较满意；大学生在未来是否会选择在线学习可以从侧面反映大学生在线学习的满意度，也可以对在线学习未来的发展趋势做出预估。问卷第 13 题，您认为未来线上课与线下课的发展趋势，100％的同学认为以线下课为主，线下课与线上课相互补充；在线学习意味着学习者有更多的自由，因此，个人的自我管理和自我监控能力显得至关重要。学习者如果不能有效控制自身行为，将不能完全投入在线课程学习中，最终导致学习者对在线学习满意度降低。学生自我管理能力会影响在线学习满意度。在问卷中的第 7 题，喜欢线上课的理由 60.7% 的同学都选择了，线上课能自由安排时间；在问卷调查的第 14 题提升线上课程效果最重要的方法，同学根据自身因素，给出了自己的答案。23.9% 的同学选择学校的重视程度这种外在因数最重要。2.5% 的同学认为优化线上平台和课程内容最重要；33.3% 的同学认为提升自我管理能力是提升在线课学习效果最重要的因素。20.3% 的同学认为线下教师的帮助是提升在线课学习效果最重要的因素。

第二部分访谈结果分析：学生普遍认为更喜欢在教室上课，认为线下教师上课学习氛围比较好；更容易和老师、同学的互动；网上视频课内容记不住，老师讲的知识点掌握起来不如教室上课效果好。

（四）提高思想政治理论课混合式教学模式满意度的路径分析

1. 加强在线课的外在推动力

（1）政府强大的政策性的推动力。政府对建设数字化教育环境的重视，对建设开放课程的支持和投入，充分地体现了网络学习资源和在线学习平台对实现教育改革的重要意义。同时，这一政策导向也强有力地驱动着高校对在线教育和在线学习的研究和推动，还催生了一大批服务于大中小学的在线教育平台。使得 2020 年这次新型冠状病毒肆虐时期，不同层次、不同类型的学校真正可以做到"停课不停学"。现将政府近十年对数字化教育的推动政策梳理如下：2010 年中共中央和国务院印发了《国家中长期教育改革和发展规划纲要（2010—2020 年）》，这是我国进入 21 世纪以来的第一个中长期教育改革和发展的规划，也是往后十年内指导教育改革与发展的纲领性文件。这一文件肯定了信息技术对教育发展的革命性影响，要求加快教育信息化基础设施建设并加强优质教育资源的开发和应用；为贯彻和落实"基本建成人人可享有优质教育资源的信息化学习环境"的发展目标，2012 年 3 月教育部又印发了关于《教育信息化十年发展规划（2011—2020 年）》的通知，大力投入数字教育资源环境的建设，通过政府购买基础性优质数字教育资源的方式，引领资源的开发和应用，并动员企业和其他社会力量提供个性化服务，发挥多方优势，以缩小数字鸿沟，使社会各类学习者都能享有优质的教育资源；2013 年《中共中央关于全面深化改革若干重大问题的决定》再次重申了深化教育领域综合改革的重要决定，重启教育改革新议程。这一决定把促进教育公平放在重要的位置，主张通过构建利用信息化手段扩大优质教育资源覆盖面的有效机制，以逐步缩小区域、城乡和校际差距；

2015年，教育部印发的《关于加强高等学校在线开放课程建设应用与管理的意见》则提出要建设一批以大规模在线开放课程为代表、课程应用与教学服务相融通的优质在线开放课程，允许民间平台运营方共同参与高校大规模在线开放课程的设计、建构和推广，从而构建有中国特色的在线开放课程体系和公共服务平台；教育部办公厅又正式印发了《2017年教育信息化工作要点》，文件鼓励高校要建设一批在线开放课程，促进信息技术与教育教学的融合。

（2）对混合教学模式中线上教学的推动。

①学校有专门的线上教学推动单位；为适应混合式教学改革的进行，教务处多次召开混合式教学模式研讨会、组织教师进行线上教学能力提升的培训、组织针对混合式教学模式的教改课题，提升教师对混合式教学模式的认识和重视程度。

②学校提供统一的授课平台，近几年来，学校积极与线上教育平台合作，如智慧树、对分易、雨课堂，为确保2020年新型冠状病毒疫情下，正常开设线上课程，学校2020年春季学期开学前，与学习通教学平台合作，全体教师利用寒假备课、建课。全校2019—2020学年共开出公共选修课程72门，线上40门课程在智慧树和尔雅平台均可按时开出，线下32门课程中4门因实践性较强，无法线上建课，其余课程均在尔雅平台建课。满足全校本科1－3年级，专科1－2年级共11 505名学生需要在线学习。

③有相应的课程网站建设规范，使得学生们在一个规范性的网上学习环境中学习。教务处实时对教师上课情况进行调查，并根据后台监控数据进行日报、周报、月报，规范线上教学活动。

2. 优化在线课程内容及平台功能设计

（1）保障课程内容实用性与丰富性。课程丰富性方面，大学生的满意度并没有很高。智慧树平台提供的线上课程仅有教师录好的讲课视频，没有课前、课后练习，也没有课后拓展等内容。在线学习课程给老师提供了更多可以把各类学习资源集中起来的可能性。因此，老师和在线学习平台应该协同合作、精心组织在线学习活动，把与课程有关的内容按照重要和相关顺序分门别类进行进一步整理，保证在线课程内容的丰富性，帮助学生更好地进行在线学习。

（2）增加在线学习平台多功能的设计。智慧树平台视频学习过程中仅提供讲课视频，表现为教师把线下讲课直接搬到网络授课，纯知识讲授，没有实现师生互动功能。经调查发现，在线学习的平台设计与大学生在线学习满意度呈正相关，在线平台设计优劣在很大程度上决定大学生在线学习满意度高低。在线学习平台设计包括学习导航界面设计和课程界面设计。学习导航界面各设计栏目贯穿学生在线学习的各个阶段，它不仅可以在课程学习开始之前给学生发送课程提醒，监督学生进行在线学习，还可以帮助学生更快地熟悉在线学习平台的操作，找到自己所需要的内容，减少进入学习耗时。课程界面设计则囊括整个课程学习过程中能会运用的各种学习模块，满足学生预习、学习、复习、检查、反思、答疑等各个方面的需求，为学生学习过程中遇到的各类问题提供直接的支持服务。

3. 提升学生在混合式教学模式中的学习能力

（1）提升学生自身信息素养。在线学习这种新的学习方式是信息化时代的产物，它的出现对传统的学习方式提出了挑战。信息素养高，能够利用网络准确地找到自己所需要的信息进行自主学习的大学生显然能够更快地掌握这种学习方法，并且运用自如，学生之间的差距由此拉开。因此，现代大学生需要不断地加强自身的信息素养。一方面，学生积极参与学校、社会等各种渠道提供的信息素养教育课程；学会使用手机、电脑等智能工具及相应软件；并逐步提升准确获取、分析、加工信息的能力，为顺利进行在线学习提供技术保障。另一方面，学生应以开放的心态，勇于尝试信息技术给我们的生活、专业学习带来的改变；勇于尝试在线学习，在线学习过程中积极参与老师、同学发起的讨论，完成老师布置的各项任务。

（2）突出学生的自我效能感，养成自主学习的能力。相对于传统学习，在线学习给予了大学生更大的自由度，大学生可以不受时间、空间、地域的限制自由地学习，甚至可以不遵守传统课堂上我们应该遵守的纪律，大学生学习灵活性得到了很大的提升。但是，大学生自主学习的能力却并没有与之匹配。首先，大学生要加深对自己的认识，了解自己在学习上的薄弱环节，同时也了解自己在学习习惯上的不足。其次，根据自身的学习需求和不足制定学习计划。再次，大学生要努力提高总结和反思能力，根据自己制定的学习计划定期检查、总结、评价、反思自己的学习成绩和学习习惯，并根据实际情况不断调整在线学习的学习计划，确保在线学习的有效性。

4. 提升教师在混合式教学模式中教学能力

（1）教师角色的转变。

①教师成为学生在线学习部分的协助者：教师在与大学一年级学生线下面对面沟通的时候，首先要给学生说清楚课程的学习方式，解释学分和课时的分配情况，告诉学生如何在手机和电脑上下载安装线上学习 APP，如何注册，做好学生线上学习部分的协助者，接下来就是如何有效安排教师线下部分的教学内容，如何将线下教师的教学活动与线上学生视频学习的内容有机结合，达到事半功倍的效果。

②教师成为帮助学生建立学习目标、制定学习计划的规划者：没有目标和

计划的学习是被动的活动，没有办法激发主动积极性。教师在帮助学习者确定学习目标时，既要注意一般的学习目标如提高专业水平、成为优秀的学生外，更要根据学习者的具体情况确立特殊的学习目标。特殊的学习目标拥有具体化、可量化、近期可见的特性，调查结果表明为了选修学分的学习者其学习满意度越高，像这种特殊性的目标就象征着可以即时获取收益，可以唤起学习者的潜在动力。一般来说，目标越具体可见，价值越高，那么学习者的兴趣就会越浓厚。确定学习目标之后，还要指导学生选择实现目标的方式，根据自己的需要和实际情况制定一份学习计划，并帮助学生科学合理地安排时间。

③教师成为学生在线学习的支持者：教师的鼓励对学习者来说是非常振奋人心的，很多教师，尤其是高校教师在课程上都以传授知识为主，而忽略了对学生的鼓励和支持。调查结果证明了教师对学生进行鼓励和支持有助于学习者提高学习满意度。比如设置课程奖学金、评选积极参与者、表扬讨论区积极发言的人等。但是也不能回避批评，比如没有在规定时间打卡的学习者就要扣掉一些积分，如果学习者学习有进步，则在最后的评价上加上一部分附加分，通过以上这些方法，学习者的自我效能感可以得到加强，努力实现将外部动机转化为积极深入学习的动力。

④教师成为学生在线学习问题的解决者：老师更应该以学习陪伴者或者学习帮助者等平等或者辅助的身份出现。在恰当的时候给予学生一定的学习引导、学习帮助和学习反馈，在学生需要的时候陪伴其完成整个学习过程；并且帮助其发现问题、认识问题、解决问题，提高学生自主学习能力。另一方面，老师应该不断强化自身素质，发挥更具影响力的"隐性"作用。即准备更加实用、丰富的课程内容和课程资源，更好地组织课前、课中和课后学习；引导学生利用各类学习资源，设计更加合理、有趣的交互活动等。以此来加快自身角色的转换，提高学生自主学习能力，帮助学生更快地适应在线学习这种学习方式。

（2）教师教学方式的转变。

①不断与学生探讨线上学习规律，指导学生"学会"线上学习。使得学生尽快熟悉线上教学流程，教师线上授课有一套有效且规范的流程，网上教学活动依然是有学习纪律的活动，授课时应该关注"同步时间段"的教学组织与管理，规范有序的网上学习，会对提升学习效果起到保障作用。此外，教师不要一次课使用多个教学平台，走马观花式的乱作一团。

②不论是线上教学还是线下教学，都应以"内容为王"，为学生提供有价值的教学内容，有特色的教学内容，多样化的内容链接。线上教学应该更加注重学生在线课的获得感，因为学生如果对这门在线课没有获得感，上课时注意力不集中，授课教师无法像在线下上课时随时进行调整。

③在线课应更加注重师生、生生之间的互动。快速回应学生需求，尤其是针对学生学习过程中的问题答疑，在线答疑课中鼓励同学之间的互动，一个同学提出问题，鼓励其他同学给予解答，一方面可以缓解教师在线答疑课的压力。另一方面同学朋辈之间的相互碰撞，可能会收到意想不到的效果，使得课堂内容更加丰富多彩。

④在线教学应更加注重教学内容的逻辑性，最好的逻辑是一层层问题的"攻关"，每章节的学习，都要围绕着让学生解决什么问题。"问题链式"教学设计，可以使学生一直紧跟教师的思路，环环相扣直到问题解决。

⑤教师应该博览网上内容，并对这些内容进行筛选，挑出最适宜学生扩展视野的链接的内容供学生学习。同时，教师应有自己独立思考得出的见解，并与学生一起探讨，在信息大爆炸时代，培养学生独立思考并形成自己独特见解的能力。

三、充分发挥教育教学类 APP 的有效作用

大学生利用学习 APP 学习状况探究身处互联网时代，学生获取知识的途径更为便捷，传统的授课模式不能适应现阶段学生对知识的储备需求，而教育教育类 APP 不仅学习时间自主、学习内容更加丰富，还能及时检测知识点掌握情况，操作方便，同时还能走进课堂，辅助教学，有助于教师通过数据监测和分析，了解学生的学习情况，从而进行有针对性的授课和辅导。但是从另一方面来讲，由于大学生自控力不强，一些弊端已经暴露出来，课堂上手机泛滥，低头族甚多，聊天、玩游戏、看电子书、追剧、浏览八卦新闻，课下依赖百度、APP 完成作业，这些不仅极大影响了课堂秩序和教学效果，也不利于学生的成长，不符合国家人才的培养目标。

基于此，笔者采取网上问卷调查和访谈相结合的办法，分别对的老师和同学们进行调查，为保障调查的数据真实合理，学生涉及大一至大三，老师涉及学校各二级学院的专职教师。共发放问卷调查 500 份，其中教师 100 份，回收 480 份，有效问卷 480 份。问卷调查和访谈所得数据通过 Excel、SPSS 等相关软件进行统计分析处理，就相关数据结合研究过程中观察、了解到的情况进行综合分析。

1. 教育教学类 APP 的使用现状

回收的问卷调查中，大学生性别分别为男生 189 份，女生 211 份。大一学生人数，占总数的，大二学生人数，占总数的，大三学生人数，占总数的。调查研究主要涉及的内容包括：APP 下载种类和下载量、使用频率、其提供的学习资源利用率、能否从中了解新型学习理论、技术，通过教育教学类 APP 学习后学生的学习能力是否有所提高。通过了解这些内容，对比教育教学类 APP 与

其他学习方式的差异，为教育的改革提供依据，更为 APP 创设计新提供理论依据。

（1）学习时间和环境。从调研结果来看，98%的学生手机、平板下载 APP 种类很多，其中教育教学类 APP 占了较大部分。对于教育教学类 APP，其中 30% 的学生处于偶尔使用状态，48%的学生处于经常使用状态，每天使用的学生只有 22%。一天之中，65%的学生利用 APP 学习 2 小时以内，30%的学生利用 APP 学习 2－4 小时，5%的学生利用 APP 学习 4－6 小时。在参与本次调查的 400 位同学中，有同学主要在考试前（57%）和无聊时（19%）才会进行移动学习，仅有 7%的同学表示睡觉前会使用手机 APP 学习。这表示：同学运用教育教学类 APP 学习，缺乏一定的计划，比较盲目，仅仅在某些考试前使用频率较高。

同时，在本次调查当中发现，经常借助教育教学类 APP 进行同步学习的学生和偏向于传统教学的学生人数旗鼓相当。可见，从外部的学习环境来说，虽然仍然有一些的教师偏向于使用传统的教学模式，但是从整个纵向的发展趋势来说，手机 APP 在大学生课堂当中的应用发展趋势越来越理想。绝大部分的学生倾向于在课外进行开放式自主学习的时候使用教育教学类 APP，因为这样的一种方式能够让他们对枯燥乏味的学习状态进行转变，只有 48 名学生喜欢在课堂内使用教育教学类 APP 进行学习，因为他们认为这样的方式可以及时查漏补缺，不断牢固自我的知识体系建设。65%以上的学生认为在通过教育教学类 APP 进行学习的时候，需要在社交圈当中进行分享和交流，因为这种沟通交流方式能够检查自己的学习情况，查漏补缺，相互监督和鼓励，提高学习的耐性和趣味程度。有 49 名学生认为是否在社交圈当中进行分享和交流是无关紧要的，可以相互分享，同时也可以不开展交流。剩下的 15 名学生认为，不需要在社交群体当中进行交流和分享，只要自己努力即可。有 37%的学生希望通过线上和线下相互结合的模式，开展综合性的学习与交流，只有 8%的学生，希望在实际的生活当中和学习伙伴开展线下交流。总的来说，在关于手机 APP 的使用环境，倾向于在线上和线下相结合的两种形式。

（2）学习功能。学生在使用手机 APP 学习的过程中，大部分学生是用在非专业领域的学习当中，但适合用于专业学习领域当中的学生数据差异不明显，二者的使用人群数量旗鼓相当。绝大部分的学生是在非兴趣的原因作用下使用移动手机 APP，例如在教师的任务布置下或者为了作业的完成使用教育教学类 APP，只有少数学生是在自己的兴趣引导之下，使用学习 APP 开展学习。

在大学生所使用的教育教学类 APP 中，几乎涉及所学的每一门课程，下载量最多的是语言学习类 APP 和单词翻译类 APP，其次是运动健身类 APP，公共课指定的学习 APP，最后是专业相关的学习 APP。学生下载教育教学类 APP，主要是用来学习更加优质的课程资源，以及辅助课堂教学。课堂上，利用教学类 APP 可以提前签到，发布讨论话题，进行投票，完成授课内容题目的练习、情境的体验或者问题的思考。课下，还可以浏览、围观热门话题的讨论，搜索感兴趣的知识点，扩充自己的知识面，对于不懂之处随时和老师、同学联系讨论问题。

结合数据可以发现，教育教学类 APP 运用的范围较广，专业性和非专业性的学习差距不大，也就是说学生们可以利用这些 APP 了解更多的知识，同时在老师和同学的帮助下，可以加深理解。但是，大多数学生在教育教学类 APP 的使用功能方面比较单一，主要倾向于通过 APP 帮助自己达成一定的目的，完成学习任务。

（3）对教育教学类 APP 学习的态度和效果。教育教学类 APP 在大学生学习当中的作用和效果决定着教育教学类 APP 在学习领域当中的发展前景。在调查过程当中发现，绝大部分的学生认为在课堂内结合教育教学类 APP 进行学习的帮助是比较大的，有 28 名学生认为，在课堂内结合使用教育教学类 APP 进行学习，不是特别方便，对于学习方面的帮助也不显著，而有 37 名学生不喜欢在课堂当中使用教育教学类 APP 进行学习。在调查当中发现，有 51% 的学生认为使用教育教学类 APP 开展自主学习的效果是很好的，有 49% 的学生认为效果一般，只有一名学生认为学习的效果比较差，由此可以发现，从总体的角度来说，教育教学类 APP 在这种学习当中的效果还是获得了学生的认可。

在学生本人利用教育教学类 APP 开展学习的总体效果方面，有一半的学生认为整体的效果比较好，自身的学习进步比较大，但是也有将近一半的学生认为这种学习方式对于学习效果的呈现是比较一般的，和其他的学习方式区别并不是特别大，有 4 名学生认为使用教育教学类 APP 的总体学习效果比较差。

在关于教育教学类 APP 的发展趋势当中，有 41% 的学生认为，在学习当中，教育教学类 APP 学习模式的重要性越来越明显，甚至能够取代一些传统的学习方式。在调查当中，25% 的学生认为利用教育教学类 APP 学习的方式会在未来的发展中更具有广泛性，并且会越来越完善；有 19% 的学生认为，该学习模式仅仅是一种学习方面的方法，并不能够对传统的教学进行取代，没有学生认为这种学习方法会被许新兴的学习工具取代。总的来说，绝大部分的学生对于教育教学类 APP 学习模式的发展前景是比较认可的，甚至认为这种方法可以取代传统的教学。

在关于手机 APP 学习模式的不足调查当中，89% 的学生认为当前大学生群体对于手机的依赖性过强，用手机的过程当中，容易分散学习的注意力，没有关注手机的学习功能，过多关注娱乐功能，反而影响了学习。有 58.5% 的学生认为，在手机 APP 学习当中，可以获取丰富的学习资源，但是资源的真实性有待商榷，因此信息的真实性不强。超过一半的学生对于手机 APP 的担忧体现在对于视力的影响方面。50%的学生认为如今学习类 APP 越来越多，这些 APP 科学性还没有得到验证，对于学生存在着一定的误导性。有 41%的学生认为该学习模式对于学习习惯的培养不利，容易纵容学生走捷径的不良习惯，忽略了传统学习方式对于人思维能力的培养。

2. 学生、教师在使用教育教学类 APP 过程中存在的问题：未充分合理使用

（1）教育教学类 APP 的学习功能。根据调查发现，大学生在手机 APP 学习功能的利用方面不够合理和充分。虽然在大学生当中，绝大部分的学生会使用手机 APP 进行学习，但是和其他功能比起来，这部分功能的使用只是凤毛麟角。无论是手机 APP 的使用功能分布方面，还是学习 APP 的充分使用方面，大学生还需要进行进一步的成长。尽管在手机学习 APP 的使用当中，和运动健身美妆等一些倾向于娱乐化的学习 APP 比起来，学生更倾向于选择考证和翻译方面的 APP，看起来这是一个比较理想的学习状态，但是从客观的角度来说，出现这种现象的原因在于考证和英语等级的考试是学生比较急需的，因此他们会在一段时间当中集中使用这类型的 APP，但考试结束或者考证结束，这些 APP 往往就被打入冷宫，而运动健身美妆类的学习 APP，通常情况下会在学习类 APP 当中的占有时间会更长，因此，这在一定程度上也表现出大学生手机 APP 学习功能的利用不够充分和合理，把部分学习 APP 当成了功利性的工具，没有能够从长远的角度进行手机学习 APP 功能的利用。在对教师进行访谈的过程当中，大部分的教师认为，从长远的角度来说，使用手机 APP 学习对于大学生的身心发展是有利的，但是这基于非常重要的两个前提，第一个前提是大学生本身对于手机 APP 的使用具有较强的控制能力和自我管理，第二个方面的前提是我国对手机 APP 辅助学习的发展有比较科学的规划和规范化的管理。教师之所以有这样的观点和担忧，也是因为学生在手机 APP 的学习功能利用方面，并不是特别的合理和充分，很多学生的自我控制能力比较差。

（2）外部学习环境不够优化。虽然外部的学习环境和过去比起来，更有利于手机 APP 学习作用的发挥，同时也有利于大学生使用手机学习 APP 进行学习。但是从客观的角度来说，外部的学习环境还需要得到进一步的优化。在调查当中发现，依然有一半的教师偏向于使用传统教学，在日常的课堂当中没有使用移动学习 APP 辅助教学的经历。结合过去的教学经验，可以得知传统教学模式存在着一定的弊端，例如课堂氛围过于沉闷，忽略了学生的主体性地位等等，如果教师不能够认识到传统教学模式的弊端，合理使用移动学习 APP 辅助教学，就不利于学生学习效果的进一步提升。在所调查的学生当中，依然有 30%左右的学生对于手机 APP 学习在社交群体当中的分享交流持不认可或者不关心的态度，这种情况的存在，不利于手机 APP 学习的进一步发展，同时也不利于手机 APP 学习优势的发挥。学生倾向于在网络上使用手机 APP 的社交功能进行交流，同时使用线上线下相结合的学习方式，但是依然存在一部分的学生更倾向于在实际的生活当中和学习伙伴开展线下的交流学习，可见这部分学生对于手机 APP 的网络功能没有给予认可的态度。尽管这些不理想的态度所占的人群比例比较少，但是这对于外部学习环境也会产生直接的影响，不利于教学的进一步统一调整，和手机 APP 学习模式的进一步全面普及，更不利于手机 APP 学习模式的合理使用和发展。

（3）对教育教学类 APP 的认知和使用存在差异。手机 APP 学习的功能和价值十分突出，但是结合本次问卷调查的结果可以发现，学生对于手机 APP 的功能认知不是特别全面，未体验手机 APP 学习的优势。该问题主要体现在大学生认为通过手机 APP 开展学习，可以获取更多的资源和提高学习的效率，但是却忽略了手机 APP 可以与时俱进，促进自主创新学习习惯的养成。学生对于手机 APP 学习的优势认识主要呈现在一些直接呈现的效果方面，或者呈现在与自身利益直接相关方面，对于手机 APP 学习的远期功能和价值，缺乏了对这方面的关注，因此在手机 APP 学习优势的发挥当中，也容易出现功能发挥或者价值发挥不充分的情况。尽管在调查当中，有 135 名学生认为手机 APP 学习对于自身的学习作用十分明显，能够在学习当中发挥着非常积极的帮助作用，但是在学生关于手机 APP 学习和传统学习方式相比的优点调查当中，学生的关注力度集中在学习资源、学习效率、学习时间和资料查询方面，主要集中在关注手机 APP 学习方式的便利性和快捷性，对于其他优势和价值的关注程度并不高，甚至更多的学生只是把手机 APP 学习作为一种便利的学习工具，无法真正发手机 APP 学习模式的特点和优势，对自己的各方面能力进行培养，例如发现和提出问题的能力。针对"您觉得在课堂教学中结合手机 APP 进行教学重要吗"这个问题对教师进行访谈，几乎被调查的教师都认为，在课堂当中结合手机 APP 实施教学是不正当的，这仅仅是教学当中的一种辅助性的手段，最关键的还是教师在教学当中的讲解作用和对学生的引导、教育作用。从这个调查的结果可以发现，对于手机 APP 学习优势认识不足的现象，不仅出现在学生群体当中，同时也出现在教师群体当中，当然形成这种现象的原因是多样化的，有学生方面的因素，也有一些政策和制度方面的因素。大部分的教师在调查的过程当中认为，学生在课堂外使用手机 APP 进行学习的效果会比课堂当中的使用效果更加理想，因为课堂当中使用手机 APP 容易出现思想开小差的现象，影响了学生本身的学习情况，但是在课外当中使用手机 APP 学习，能够弥补当前大学生课外不学习的问题。因此综合访谈的结果可以发现，手机 APP 学习的优势在教师和学生群体当中都没有得到足够的认识，因此，这在一定程度上对手机 APP 辅助教学的应用产生了阻碍。

3. 提升大学生使用教育教学类 APP 学习效果的有效途径

（1）提高教育教学类 APP 的易用性和有用性。信息技术的出现，在很大程度上便利了人们的生活，因此这也是信息技术产品受到人们欢迎的重要原因。同样的，如果手机 APP 在学生的学习当中，能够呈现出易用性和便利性，那么学生自然会倾向于使用手机 APP 进行学习。在科学研究领域当中，存在着这样的观点，新事物的出现是为了让人们享受"懒惰"。虽然这样的观点存在着一定的不合理因素，但是在一定程度上反映了，人们对于新事物的追求，在很大程度上是为了便利自己。作为手机 APP 的开发者要从学生的角度进行思考，在手机 APP 本身所凸现出来的跨越时空和空间的基础上，要切实结合学习的使用需求提升设计的便利性和易用性。在手机 APP 的设计过程当中，尽量让操作的界面变得更加简洁，避免出现操作界面过于复杂，导致学生无法找到操作按钮的情况。此外，对于与学习相关的信息和资源，可以充分利用大数据的手段，了解学生的偏好，进行针对性的推广和信息供给。如果从手机 APP 的开发者层面，能够在 APP 的设计当中体现出易用性，那么学生对于手机 APP 的使用感和体验感就能够得到增强，他们能够感受到手机 APP 在他们学习当中的帮助和便利。决定手机 APP 使用易用性效果的因素除了是 APP 开发者之外，学校也是其中非常重要的一个因素。从客观的角度来说，生的个体之间存在着差异性，但是手机 APP 的设计是针对一个群体的，不能够根据每个人的需求来进行设计，因此对于不同的人来说，同样的一个手机 APP 既有设计合理的地方，也有设计不合理的地方。此时学校在其中发挥的调油剂作用十分关键，学校需要加强对教师的培训工作，确保教师在教学开展的过程当中，尽量在教学当中渗透手机 APP 使用便利性的地方，能够让学生在这个过程当中体验到手机 APP 用于学习的易用性。例如：在《职业生涯规划》课程当中，在针对该课程的手机学习 APP 当中，设计了职业生涯规划的知识库、优秀规划案例分析、理论知识讲解和职业匹配测试等等。对于学生而言，知识库和理论知识实际上都是日常课程会接触的内容，如果教师在课堂当中要写生，使用这个手机 APP 进行理论知识的学习，那么不仅不能够让学生感受到该手机 APP 的优越性，甚至会产生抵触的情绪。反过来，在日常的学习当中，虽然也会引导学生去对一些优秀的案例进行分析，并且开展职业匹配测试，但是由于课程时间的限制，教师无法对每一个学生都完成职业匹配测试和指导，此时如果教师引导学生使用手机 APP 进行测试，不仅能够让每一个学生都体验测试的过程，同时还能够利用手机 APP 当中所设定的程序，直接给出匹配测试的结果，这样的一种方式就能够让学生感受到手机学习 APP 的易用性，最终能够改变学生的使用信念，能够让他们从主观能动性的角度倾向于使用 APP，并且能够具备正确的使用方法。

学生的学习过程实际上是一个主观能动性发挥主要作用的过程，如果学生本身对于手机 APP 的使用能够给予肯定的评价，那么他们在日常的行为当中，也会倾向于使用手机 APP 开展学习。根据前文的模型分析可以发现，大学生对于手机 APP 的使用评价呈现了他们认为该学习模式能够在学习方面产生辅助的作用，因此，在大学生使用手机 APP 开展学习的过程当中，教师要采取有效的措施，提高学生的体验感，让他们感知到手机 APP 在学习当中的有用性。例如：教师在日常的教学当中，除了让学生在手机平台上进行有效的预习之外，还可以在课堂的最后五分钟当中，让学生登录手机 APP 学习平台，完成课程知识的自我检测。以英语课程的学习为例，在每一节课的最后五分钟教室，都可以让学生在手机 APP 上进行本节课所学单词的默写，这样的一种方式，不仅能够尽快对学生的学习情况进行评价，同时也能够让老师通过学生的测验成绩，对自己的教学情况进行反思，并且能够减少教师的工作量，让学生实时掌握自己的学习成绩。如果采取日常的教学模式，学生的学习热度减退之后，才知道了自己的学习成绩，此时他们就容易把这种成绩放在放置不顾的状态当中，反过来如果能够趁热打铁，让他们发现自己的学习情况，就能够使得学生针对性进行学习的补充。在这样的模式之下，大部分学生的学习成绩可以得到提升，那么他们就会认为手机 APP 在学习当中的运动是比较有效的，能够感受到这种学习模式的有用性，并且会把这样的行为和思想迁移到其他方面的学习当中，形成手机 APP 在大学生学习当中的应用的有效和良性循环。

（2）营造良好的外部学习环境。根据模型的分析，可以发现社会影响在大学生手机 APP 移动学习的使用意愿当中所产生的影响因子也是比较高的，因此学校在推动手机 APP 学习项目开展的过程当中，需要注意社会影响在其中的重要性和作用。在实际操作的过程当中，学校可以先选择一部分信息素养比较高的学生，率先体验移动学习的项目，同时尽量选择一部分具有前沿性，能够和市场同步的教学内容放入到手机 APP 的学习平台当中，通过这样的方式提高学生的学习兴趣。如果这部分学生的学习兴趣得到有效的提高，那么他们就会乐于把手机 APP 学习的方式推荐给身边的人，形成相互之间的影响，最终形成了社会方面的影响。实际上，大学生周围的老师、家人、朋友和同学的态度对于他们是否使用手机 APP 开展移动学习都会带来影响，因此学校要重视这一个因素的掌握和使用，不断扩大社会的影响，让信息水平低的学生也能够慢慢进入到手机 APP 的学习当中。除此之外，学校还要注重教育者本身的影响，需要加强对教师的教育和培训工作，确保教师能够对新技术和方法开展恰当的引导工作，同时建立有效的鼓励和评价机制，确保手机 APP 在大学生学习当中得到广泛的开展。

结合问卷的调查结果可以发现，虽然外部环境对于手机 APP 学习作用的发挥，就有着一定的推动作用，但是部分教师依然处在传统的教学理念当中排斥手机 APP 在学习当中的应用，而这种态度也会直接影响着学生对于手机 APP 的使用信念。基于此，学校要对教师进行有效的教育，采取合理的手段通过有效的案例教学，让教师能够认识到传统教学模式适当加入手机 APP 学习模式的优势，并且尝试使用手机 APP 实施教学，对学生开展正确的引导，形成良好的社会影响，促进手机 APP 学习模式的合理使用和发展。除此之外，学校也要提高教师对于手机 APP 学习使用发展前景的认识程度，能够了解当前的市场走向，并且用发展的眼光看待问题，能够用好 APP 辅助教学并且建设良好的社会影响而不是做"反动者"。

（3）校企联合提升教育教学类 APP 产品质量。教育教学类 APP 的形式虽然多样化，但是对于不同的学生，在使用的过程当中，依然会存在一定的不匹配现象。无论是从问卷的调查结果还是模型的分析结果都可以发现，手机 APP 的多元化影响着学生使用观念的因素有易用性、有用性和社会影响，基于此，学校可以通过开发校本手机教育教学类 APP，使得这三个影响因素得到有效的统一。这就需要学校和企业联合，在教育教学类 APP 开发的过程当中，一方面能够结合学校学生的学习需求和情况进行内容和界面的设计，设计者能够和使用者开展充分的沟通，从整体的交互性体验角度，使得学生在教育教学类 APP 使用过程当中的易用性得到提升。此外，加强教育教学类 APP 的开发，能够使教师更好地服务于教学，通常情况下，教师的教学和学生的考试有着直接的联系，而学生如果能够通过指定的教育教学 APP 进行学习，实现了知识的增长和考试成绩的提升，那么他们对于手机使用的有用性体验就会增强，最终能够使得教育教学类 APP 在应用性和实用性方面得到学生的认可，在同学群体当中形成相互的社会影响。另一方面，加强教育教学类 APP 的研发，还可以减少学生、教师的负担。调查发现学生无论是自愿还是被迫，手机里下载的 APP 五花八门，信息多而不精，不仅占用内存、费流量，还容易影响学习的专注度。如果校企合作，研发一款集多种学科、资源丰富、功能齐全、操作简单的教育教学 APP，想必能够受到师生的极大欢迎，也能提升"教与学"的效果，减轻双方的压力。形成一个二者之间的良性循环。

第三节　整体推进思想建设，拓展教育载体

时代背景下大学生思想行为的引导可以整体建构、协同推进，从加强思想政治教育工作入手，着重推进社会主义核心理论观点教育，提高高校学生思想政治理论水平，发挥社会主义核心价值观和马克思主义理论在社会思潮中的引领作用，加强舆论环境建设等，避免大学生的价值观走上错误的道路，提升大学生行为引导成效。

一、在多元文化冲击下不断加强大学生马克思主义信仰重构

（一）多元文化对大学生马克思主义科学信仰的冲击

结合本书第二章内容，我们可以看到，世界的迅速发展带来了文化的交融，新媒体的不断发展更带来了文化的多元发展。多元文化如今越来越成为当代世界文化发展的重要组成部分，呈现出包容性和开放性的特点，并随着我国改革开放和社会主义建设事业的蓬勃发展而越发冲击着我国的社会文化。这一方面给我国教育带来了先进的发展理念，但同时也给政治信仰教育带来了严峻的挑战。多元文化也对当代大学生产生了广泛而深远的影响，多元文化间的相互激荡尤其给大学生的思想观念、思维方式、行为方式和价值趋向等带来极大的冲击，这种冲击主要表现在以下几个方面：

1. 多元文化冲击着大学生政治信仰教育的内容

在多元文化的影响下，一些大学生倾向于与西方资本主义自由与民主思潮，转而对马克思主义作为指导思想的地位产生不同程度的怀疑，这是导致马克思主义的信仰危机的一大诱因。信息技术的大发展，尤其是网络空间的不断开拓，给大学生提供了更多的途径交流思想。而网络信息的烦冗复杂也使得大学生对政治信仰的认知不再像以前一样局限于马克思主义理论和中国特色社会主义理论，这在一定程度上削弱了高校马克思主义信仰的主流意识，并导致大学生取向的模糊及政治信仰的迷茫。

2. 多元文化冲击着大学生政治信仰教育的方式

现今高校对大学生进行政治信仰教育主要还是通过"两颗"的途径，而在教学方式上采取的主要是"灌输"式教学，即主要通过教师的知识传授，以教师的权威性为主要特征。而在多元文化的冲击下，大学生的理论认同逐渐上升到理论意志的层面，他们不再单纯地接受知识，而更多的是通过知识的体系来

比较和判断不同的价值，最后真正到达信仰层面，从而指导自身行为。而目前高校的这种教育方式显然不能达到理想的效果，因为它过多地注重社会主义核心价值观的引导，已经沦为带有浓厚意识形态灌输的教条式教育，当然会激发学生更深的逆反心理。

3．多元文化冲击着大学生政治信仰教育的目的

当前高校对大学生政治信仰教育的直接目的是将大学生培养成马克思主义和中国特色社会主义理论的忠实信仰者，要使其从思想上内化社会主义的核心价值观。但是伴随多元文化的不断交融，以及各种社会思潮的不断传播与冲击，再加上大学生政治参与意识的逐步觉醒，大学生对自身政治信仰的选择也开始出现多元化趋势，很多学生开始对是否应当接受马克思主义理论产生疑虑。这个时候，如果有其他的思想贴近大学生的信仰需求，政治信仰教育的目的就会被立刻改变。

（二）重构高校大学生马克思主义信仰的特殊性及必要性

（1）当代大学生在多元文化的影响下，他们当中有不少学生本来就有很深的宗教信仰或者民间信仰的背景；另外，在民族主义思潮的影响下，尤其是近年来个别地区激进分子猖獗活动的负面影响，使得较以往来说，高校中大学生马克思主义信仰重构面临更多的危机。

（2）随着我国市场经济的不断繁荣和公民意识的觉醒，一些高校的大学生逐渐开始强调自己的"消费者权益"。很多学生认为自己是花钱受教育来的，完全把自己摆在了享受服务的"消费者"一方。同时，他们往往认为马克思主义信仰教育跟他们以后的就业不存在直接关联，所以马克思主义信仰教育也不受重视。

总体来看，高校大学生的主流表现出一种积极进取、奋发向上的态势。但他们的马克思主义科学信仰在现今经济全球化、文化多元化和生活多样化的冲击下更容易受到影响。尤其是多元文化给整个社会生活的不同领域同时树立了多个价值标准，这更容易冲击和削弱本就不是很坚固的高校大学生的马克思主义科学信仰。

（三）重构高校大学生马克思主义信仰的路径选择

（1）联系学生实际情况，注重理论教育的方式。马克思主义科学信仰的重构应该面向高校大学生实际情况，着重解决大学生信仰的现实需求，尤其是对少数民族学生，不可强行以统一的政治信仰灌输取代其原本的民族宗教信仰，二应该注重马克思主义理论教育的方式，用一种大肚能容的气度将两者关系平衡地发展，保证大学生政治信仰教育的目的顺利实现。

（2）加强学生实践环节教育，提高学生的政治认识。高校马克思主义科学信仰的重构，必须增添市场经济和现代社会发展紧密联系的新内容，加强学生

实践环节的教育，使学生在实践过程中深入了解和体会马克思主义信仰的科学性，增进学生对马克思主义理论的理解和认同，解决大学生思想上出现的对马克思主义信仰的动摇和疑惑，从而从根本上提高学生的政治认识。

（3）将校园文化建设与政治教育结合起来，增进大学生的政治情感。高校马克思主义科学信仰的重构方式应当更加注重以人为本，要将与大学生的实际生活和政治认知相联系，将校园文化建设与政治教育结合起来，增进大学生的政治情感。使大学生由最初的知识认同，通过不断的情感体验，最终上升到意志层面，形成较为稳定的马克思主义科学信仰。

（4）加强学校政治环境建设，营造良好的校园氛围。学校的整体校园环境是大学生日常生活的重要领域，和大学生的认知行为密不可分，良好的校园环境能够对大学生的健康成长起到积极的作用。因而，积极加强校园和谐环境的建设有利于提高学生的思想政治意识，培养学生健康的政治人格，塑造积极向上的马克思主义科学信仰。

（5）加强大学生组织建设，发挥学生党员的模范带头作用。学生党员的模范带头作用对于高校马克思主义科学信仰的重构有着不容忽视的作用。要加强大学生的组织建设，充分发挥学生党员的模范带头作用，提升大学生的自我教育。大学生党员是加强和改进大学生政治教育的重要依靠力量，应该在学校党委的指导下，针对当代高校大学生，开展生动有效的政治教育活动，把广大学生紧密团结在党的周围，使他们在大学生马克思主义信仰重构中发挥好桥梁和纽带作用。

二、在新媒体环境下不断加强大学生思想政治教育

（一）新媒体环境概念的界定

在综合现有研究的基础之上，笔者提出自身对这一概念的理解：首先，在本文中，所谓的新媒体主要是用来同传统媒体相区别的一个概念，强调的是较为新颖的传播方式、传播范围和传播载体等方面；其次，这里所讲的新媒体在一定程度上是一个时间的概念，其强调的是在某个具体的时间段内表达了这一时间段的所谓的新媒体，这是个相对意义上的概念，可能随着时间的推移，任何新媒体技术都会最终演变成落伍的旧媒体，此时适应新时间段的新媒体技术会再一次应运而生；最后，这里所提到的所谓的新媒体技术也是一个不断更新与发展的过程，它不局限于现阶段业已存在的形式，同时也不止步于未来的某一具体形式，其处于一个不断发展和创新的过程中。

同传统媒体相比较，现阶段新媒体主要存在如下特征：

第一是从信息传播的途径和方式角度而言，传统的传播方式中，从信息的发送者到信息的接收者是一个单向的传递过程，往往呈现出不可逆性；而新媒体的传播则在很大程度上改善了这一局面，以新媒体技术作为传播媒介，使得

不论是信息的发出者还是信息的接受者都有可能成为信息再次传播的介质和途径，在很大程度上使信息传播表现出去中心化的特征。

第二是从传播的内容和数量的角度来说，相对于传统的信息传播方式，新媒体传播很大程度上是一个巨大的信息库，数量巨大，内容更是丰富多彩；除此之外，由于这些信息在很大程度上具有突发性和容易扩散的特点，尤其是针对一些紧急突发事件发生时，各种信息需求者对新媒体技术的需求量会呈现出爆炸式增长的态势。

最后从时空的角度而言，现阶段新媒体技术改变了原来传统媒体的直线式的传播方式，更多地呈现出由点到面的辐射状的传播方式，同时新媒体技术的传播在很大程度上不再受制于时空的限制，可以实现在同一时间段满足各种人群对信息要求的及时性。

（二）新媒体环境下高校思想政治工作的新变化

正如上文所述，新媒体的出现，在很大程度上弥补了传统媒体方式中的多缺陷和不足，在很大程度上推动了各种信息的传播和发展，同样，新媒体技术的不断发展，新媒体环境下我国高等院校的思想政治工作也出现了一些新的变化和发展，主要体现在以下几个方面：

（1）新媒体环境在一定程度上创新了宣传教育的载体，推动了思想政治工作管理的高效性和便捷性。

在传统的媒体形势下，我国高校思想政治工作实效性不强是很长时间以来不容易解决的一个问题。比如说，发展党员的过程中，大学生主要是通过比较传统的上党课、学习党章以及各种党团活动等形式进行学习和教育，由于受到场地、时间和设备等因素的限制，这样的宣传教育活动往往显得非常的单调和乏味，在很大程度上难以充分吸引学生的注意力，最终使得宣传教育收效甚微；而在新媒体环境下则在很大程度上改变了这一现状。如上文所述，新媒体技术在一定程度上突破了传统媒体的时空限制，使得各种新鲜及时的教育资讯和资源可以通过广大学生喜闻乐见的形式，如微博、微信等各种公共平台得以传播，在很大程度上弥补了传统方式在时间和空间上的不足和限制，推动了我国高校思想政治教育宣传教育载体的丰富和创新，推动了高校思想政治工作管理的高效性和便捷性；除此之外，各种新型传播媒介的出现，也在很大程度上丰富了高校思想政治建设的方式和方法，现阶段各种 QQ 群、微信群、公众号的建立，在很大程度上便利了对思想政治教育工作的建设和管理。

（2）新媒体环境在一定程度上促使大学生的公平对话意识不断增强，政治参与的积极主动性不断提升。

众所周知，相对于传统媒体的单一性和直线式的传播方式，新媒体在很大程度上具有平等性和互动性的特点，这一特点使得思想政治教育工作者和普通大学生可以在很大程度上实现平等对话，一方面学生是各种信息的被动接受者；另一方面，学生也可以成为各种信息的主动传播者，特别是在互联网不断发展的时代，QQ和微信早已成为当前广大学生同教育工作者进行沟通的重要平台之一，在很大程度上满足了广大学生要求平等对话的权利。一方面，从心理学的角度而言，各种新媒体技术的出现有助于消除传统媒体形式下单一式和直面式可能给学生造成的一定程度上的心理压力和负担，使得学生能够真正地各抒己见、畅所欲言，可以通过各种新媒体技术说出自己内心的真实想法以及对思想政治教育工作的建议和看法。除此之外，在思想政治教育的过程中，各级组织也可以利用各种新媒体平台对大学生的思想动态等方面进行系统的把握和分析，进而可以对大学生的表现做出正确的判断和评价；从另一方面来看，新媒体技术和环境在很大程度上扩展了广大在校大学生关注时事热点的渠道和方式，学生可以就自身关心的各种时政问题，通过各种新媒体技术同教育工作者进行沟通和交流。

（3）新媒体环境可以推动高校的思想政治教育工作不断地公开化和透明化，在很大程度上推动高校民主政治工作的不断发展，从而反向推动思想政治教育工作不断向好发展。

以发展党员为例，目前积极分子主要是通过集中上党课的方式来进行系统学习，而在预备党员阶段以及正式党员的教育方面往往只是流于形式，这样的现状使得特别是预备党员转正征求广大学生意见时，很多学生显得比较茫然无措，这样的状况在很大程度上引起了大学生对思想政治教育工作的误解；而新媒体环境的出现则在很大程度上改变了这一现状，通过各种新媒体技术和平台，广大学生获得了一种更为便捷的途径和方式来参与到民主政治的讨论和建言献策中，同时也使得高校民主政治工作的透明度得以不断提升，在很大程度上推动了我国高等院校思想政治教育工作的不断发展。

（三）新媒体环境下高校思想政治教育工作创新的缺陷和不足

1. 传统观念根深蒂固，对新媒体的重视程度不够

现阶段中，关于思想政治教育的主流媒体形式仍然是学校网站专栏的形式，诚然这种形式的作用不容忽视，但是在新媒体环境下，各种新媒体方式的运用显得非常不足：一方面，很多高校的管理层对于思想政治教育工作缺乏系统全面的规划和统筹，不论是从人力、物力或是财力的角度而言对新媒体技术的投入相对欠缺，很多高校思想政治教育工作的公众号建立后往往存在着无人管理、更新不及时等中多问题；另一方面，很多高校的思想政治教育工作管理者和建设者对新媒体技术和环境认识存在着很大的缺陷，特别是对于一些专业技术和名称

认识不够，在很大程度上阻碍了新媒体技术在高校思想政治教育工作中的运用。

2.缺乏系统专业的技术型人才，在很大程度上阻碍了新媒体技术在高校思想政治教育工作中的运用

在一定程度上来讲，高校思想政治教育工作运用新媒体技术能力的强弱直接影响了高校思想政治教育工作的效果。但是，现阶段就我国高校思想政治教育工作的现实情况来看，形势不容乐观。

一方面，很多的高校思想政治教育工作者接受和使用新媒体技术的水平远远落后于各种新媒体技术的更新换代速度，对于一些工作时间比较长的老一辈工作人员来说，其相对而言具有较强的认真工作的态度，但是由于其在接受新媒体和新技术方面往往存在着一定的困难，导致整体速度相对滞后；而对于一些较为年轻的工作人员来讲，其接受新技术新媒体的能力和速度较强，但是其在一定程度上存在着比较散漫的状况，所以最终结果也造成整体速度的滞后。

另一方面来看，现阶段在已经接受新媒体技术的高等院校中，各种新媒体技术往往只是应用于一些最为基础和简单的信息发布等环节，并未进行更深层次的运用和开放，一定程度上造成了各种新媒体技术的浪费。

3.新媒体环境下并未真正调动学生的主体意识，最终导致高校的思想政治教育缺乏连续性

一方面，现阶段我国高校思想政治教育的工作人员在对学生进行相关党的教育过程中，往往还是习惯于简单的单向灌输，这不仅不能充分调动广大学生学习的积极性和主动性，甚至会在很大程度上造成学生的反感，引起学生的逆反心理，造成得不偿失的结果。另一方面，就大学生这一主体而言，现阶段，虽然高校有各种座谈会等形式，但是这些会谈在一定程度上都存在着流于形式的状况，很难充分调动大学生的积极性和主动性。而这样的现状也在很大程度上导致了我国高校的思想政治教育无法保持连续性。

（四）新媒体环境下推动高校思想政治教育工作创新的举措

1.要不断增强高校各管理层的新媒体思想政治教育管理意识，不断创新高校思想政治教育的体制

一方面，各个高等院校必须不断扭转传统观念和意识，梳理统筹规划的理念，要充分认识到新媒体技术对于高校思想政治教育的重要意义和作用，将新媒体环境下高校思想政治教育的建设纳入到整个高校的系统规划之中，不断地解放思想，不断推动新媒体环境下高校思想政治教育工作的体制机制创新；另一方面，要不断加大对新媒体技术和新媒体思想政治教育工作的投入，建立完善的新媒体环境下高校思想政治教育工作的财力支撑和保证体制，同时必须建立专门的组织结构监督相关经费的支出，尽量避免资金的不合理运用和浪费。

2．要不断地加强高校思想政治教育工作的发展，不断推动高校思想政治教育内容和形式的不断创新发展

要想实现高校思想政治教育的不断发展，一方面要不断地加强技术性高校思想政治教育队伍建设，不断提高高校思想政治教育工作人员的专业技能和技术性水平，不断提升其接受和运用新媒体技术的速度和能力水平；另一方面，要不断加强与各种社会组织和机构的合作，不断丰富和创新思想政治教育的内容和形式，高校可以针对自身学校的特点，通过媒体工作室来制作真正适合自身状况的宣传各项方针、政策以及各种时政热点话题的视频，通过多样的方式可以充分调动广大高校学生的积极性和主动性，推动大学生加深对相关知识和政策的理解和感悟。

3．在新媒体环境下要不断增强大学生的主体意识，充分调动其积极性

一方面，要不断加强大学生新媒体账号的建设，使其真正成为传播思想政治教育理念和各种时政热点的重要平台，要使其真正发挥自身的作用。另一方面，要不断提升大学生有效运用新媒体资源的技术和能力，使其充分发挥自身的话语权，能够真正参与到话题中去，这样才能不断增强大学生的主体意识，充分调动其主动性和积极性。

综上所述，我们认为推动新媒体下高校思想政治教育工作的创新是一个任重而道远的过程，只有充分调动高校、大学生等各方面的力量才能最终展现较好的成绩。

三、疫情常态化趋势下做好高校思想政治理论课在线教学探究

作为新中国成立以来在我国发生的传播速度最快、感染范围最广、防控难度最大的一次重大突发公共卫生事件，新冠肺炎疫情突如其来，给高校教学带来严重挑战。近三年，随着疫情常态化以及疫情多点散发的情况增多，线上教学的地位越来越重要，在日常教学中的比重也越来越大。因而，疫情常态化趋势下，有必要做好新冠疫情发生以来线上教学的反思与总结，为高校思政理论课在线教学实效性的提升做好基础分析与数据支持。

（一）疫情防控期间高校思想政治理论课在线教学探究

2020年1月27日，教育部做出《关于2020年春季学期延期开学的通知》。1月29日，教育部有关负责人在接受采访时表示，防控新型冠状病毒感染是当

前头等重要的大事，各级教育部门正按教育部和当地党委政府统一部署要求，全力防控，坚决防止疫情在学校蔓延，延期开学是其中的一项重要举措。与此同时，各地教育部门也为服务保障防控疫情期间中小学校"停课不停教、不停学"做了大量工作。2月4日，教育部印发《关于在疫情防控期间做好普通高等学校在线教学组织与管理工作的指导意见》，要求采取政府主导、高校主体、社会参与的方式，共同实施并保障高校在疫情防控期间的在线教学，实现"停课不停教、停课不停学"。2月5日，根据学校要求，马克思主义学院召开会议，传达"停课不停教、停课不停学"精神并部署建设思想政治理论课在线课程。2月13日，教育部社科司《关于加强新冠肺炎疫情防控期间高校思政课教学组织工作的通知》发布，如火如荼[1]的思想政治理论课在线课程建设戛然而止，按照要求分别选择了智慧树平台上中国人民大学秦宣教授主持的《毛泽东思想和中国特色社会主义理论体系概论》课（以下简称"《概论》课"）本科版和专科版，供学校2018级本科、2019级专科学生学习使用，同时以超星学习通平台作为辅助教学平台，按照2月24日原定开学时间开始在线教学。

根据教育部发布的数据显示，本学期参加在线学习的大学生达11.8亿人次，涉及普通高校共计1454所，95万余名教师，94.2万门、713.3万门次在线课程。可见，高等教育"学习革命"深入推进，本次在线教学实践，规模之大、范围之广、程度之深，前所未有，不仅是世界高等教育史上的首次探索，也是全球范围内的重要实验。这说明，"互联网+教育、智能+教育"优势凸显，现代信息技术全面进入教与学过程，改变了教师的"教"，改变了学生的"学"，改变了学校的"管"，改变了教育的"形态"。

本学期"《概论》课"共4171名学生参加学习（不包括已经登记"因网络原因"或者"其他原因"不能正常参加学习的学生[2]），其中本科生2341名，专科生1830名，涉及教师16名，均为中级以上职称。据此，认真分析总结思想政治理论课在线教学，对于提高思想政治理论课教学质量，切实落实立德树人，具有重要意义。对学校《毛泽东思想和中国特色社会主义理论体系概论》课学生进行了问卷调研，设计了《疫情防控期间大学生思想政治理论课网课调查》问卷，设置题目18个，含1个开放性问题，同时利用QQ和微信对部分学生进行了深度访谈。

---

[1] 按照学校教务处2月16日《关于疫情防控期间教学工作安排的补充通知》显示，"目前，学校近700名教师在建线上课程14572门次，本专科所有学生信息已经全部导入尔雅平台，教师建课参与度高。"（教务处《关于疫情防控期间教学工作安排的补充通知》2020年2月16日）.

[2] 登记报备不能参加学习的33名学生（据《马克思主义学院学生无法线上学习统计一览表——概论》），但是在实际学习中，已经登记的部分学生参加了学习，从后台数据看，进度很难跟进.

1. 新冠肺炎疫情防控期间思想政治理论课在线教学现状扫描

本次调查于采用线上方式，即借助"问卷星"网站进行问卷调查。调查对象为全校学习《概论》课"的全体本专科学生，考虑到学生的情况，为保证数据的有效性和真实情，本次调查采用非实名制。共 847 名学生参与了调查，占开课学生总人的 20.31%，其中 2018 级本科 682 人，占参与调查学生人数的 80.52%，占本门课本科学习人数的 29.13%；2019 级专科 121 人，占参与调查学生人数的 14.29%，占本门课专科学习人数的 6.61%；其他 41 人，为在线旁听或者重修学生，占 5.20%。参与调查学生中，男生 237 人，占参与调查人数的 27.98%，女生 610 人，占 72.02%。数据具有代表性，能够反映学生对本门课学习的基本情况。具体调查情况主要集中在以下几个方面。

（1）学习方式和学习状态。

学习方式对学生学习效果有着决定性影响，对"您在家使用什么方式上网课"，问卷设置了"手机""电脑""手机、电脑两者结合"和"其他"选项，选择使用手机的学生 524 人，占 61.87%，选择使用电脑的学生仅 5 人，占 0.47%，选择"手机、电脑两者结合"的学生 315 人，占 37.19%，其他 4 人（2 人回答无效），占 0.47%，其中 1 人使用平板，1 人使用平板和手机。

学习的心理状态对学习效果有重要影响，问卷设置了"在得知要上网课时，您的心理状态是"的问题，选项有"很开心可以学习了""没有上课的氛围，很难集中精力学习""没必要，网络教学没有用处"和"可以水课了"4 个。调查结果显示：363 名学生的心态是"很开心可以学习了"，占 42.86%；450 名学生的心态是"没有上课的氛围，很难集中精力学习"，占 53.13%；29 名学生抱着"没必要，网络教学没有用处"的心态，占 3.42%；有 5 名学生则是觉得"可以水课了"，占 0.59%。

首因效应的作用在在线学习中同样十分重要，据此问卷设置了"您对线上教学的看法"问题，选项有"有兴趣""无兴趣""抵触""无所谓"4 个。就调查结果看，对在线学习"有兴趣"的学生为 481 人，占 56.79%；"无兴趣"186 人，占 21.96%，表示对在线学习"抵触"的 41 人，占 4.84%，"无所谓"139 人，占 16.41%。

（2）学习效果和影响因素。

为了了解学生在线学习效果，问卷设置了"上网课时的状态"问题，选项有"按时上课，认真记笔记""只关心打卡，质量不能保证""无法及时打开网页，错过课程"和"其他"4 个选项。问卷结果显示，能够"按时上课，认真记笔记"的学生 632 人，占 74.62%；"只关心打卡，质量不能保证"的学生 151人，占 17.83%；有 46 名学生表示"无法及时打开网页，错过课程"，占 5.43%，

18 人选择"其他（请说明）"（6 人回答无效），占 2.13%，主要问题有："网络卡顿""家中干扰大无法集中学习""专业课能够认真学，其他课则不然"。

在线课程学习效果受到多方面的影响，问卷设置了"疫情期间影响您接受在线教育的问题"的半开放式排序多选题，共有"网速慢，易卡""自身缺乏自主性""无法与老师和同学进行顺畅交流""教师教学方式的效果不佳""居住环境缺乏学校氛围""线上教育平台不稳定"和"其他（请说明）"7 个选项。调查结果按照排序显示，608 人认为第一个影响因素是"网速慢，易卡"，占 71.78%；434 人认为第二个影响因素是"线上教育平台不稳定"，占 51.24%；397 人认为第三个因素是"居住环境缺乏学校氛围"，占 46.87%；其余依次是"自身缺乏自主性""无法与老师和同学进行顺畅交流""教师教学方式的效果不佳"和"其他（请说明）"，分别为 357 人、340 人、149 人、22 人，占比分别为 42.15%、40.14%、17.59%、2.60%。

为进一步探究影响在线学习的影响因素，问卷设置了"您认为网课效率不高的原因有哪些"的半开放式排序多选题，选项有"教师教学内容枯燥""自控能力差""课程内容有录播或有回放""师生互动不畅，解决问题效率低"和"其他（请说明）"5 个。调查结果显示，199 人认为"教师教学内容枯燥"，占 23.49%；557 人认为"自控能力差"，占 65.76%；185 人认为"课程内容有录播或有回放"，占 21.84%；386 人认为"师生互动不畅，解决问题效率低"，占 45.57%，还有 61 人选择了"其他（请说明）"，占 7.2%。

（3）学习偏好和学习期。

学生的学习偏好对于进一步改进在线教学有重要价值，问卷设置了"您最喜欢的网课教学模式是"的多项半开放式排序题，可供学生选择的在线教学模式有"录播""录播+PPT""直播""直播+回放""其他（请说明）"5 个。调查结果排序显示，最喜欢"录播+PPT"教学模式的学生 520 人，占 61.39%；喜欢程度次之的方式是"直播+回放"，440 人，占 51.95%；对"直播"教学模式的喜欢程度排第三，有 277 人选择，占 32.7%；211 人选择"录播"模式，占 24.91%，22 人才选择了"其他（请说明）"，占 2.60%。

针对学生对教学模式的喜好程度，问卷设置了"您比较喜欢哪种教学模式"的问题，供选择的模式为"线上网络教学""线下课堂教学""线上线下二者相结合"3 种。统计结果显示，喜欢"线上网络教学"的学生 87 人，占 10.27%；喜欢"线下课堂教学""二者相结合"的学生人均为 380 人，各占 44.86%。

为了解学生对在线学习的接受度，比较在线学习和线下传统课堂教学，问卷设置了"您认为哪种教学模式学习负担更重"问题，选项有"线上网络教学""线下课堂教学"2 个。调查结果显示，687 人认为"线上网络教学"学习负担更重，占81.11%；160人认为"线下课堂教学"学习负担更重，占18.89%。

（4）学生互动情况和教师教学方式。

为了了解教师教学情况，问卷设置了"您的老师在教学中采取的教学方式有哪些"的问题（多选），选项根据实际情况设置了"教师在群里发布相关学习资料，学生自学""教师在平台直播授课""教师播放录屏、录播视频授课""教师播放他人的教学视频"和"其他（请说明）"5个。问卷结果显示，713名学生表示"教师在群里发布相关学习资料，学生自学"，占84.18%；674名学生表示"教师在平台直播授课"，占79.57%；622名学生表示"教师播放录屏、录播视频授课"，占73.44%；440名学生表示"教师播放他人的教学视频"，占51.95%；18名学生选择了"其他（请说明）"（16人回答无效，与前面选项重合），占2.13%，有学生表示教师使用视频电话和学生沟通教学内容。

教学在互动中才能提升效果，问卷设置了"您是否会参加网课中师生线上互动"单选题，选项有"每次互动都会认真参加""只参加感兴趣内容的互动""只参加必须回答的环节"和"从不"4个选项。调查结果显示，63.75%的学生"每次互动都会认真参加"，为540人；23.73%的学生"只参加感兴趣内容的互动"，为201人；11.92%的学生"只参加必须回答的环节"，为101人。有5名学生表示自己"从不"参与互动，占0.59%。

（5）教学改进意见和建议。

为了征求学生对教学改进意见和建议，问卷设置了"您希望任课教师在在线授课中注意什么"的半开放式多选题。选项有"提高课程趣味性""课程容量适中，适当安排作业""根据网课特点适当调整课程难度""把握好教学时长，不早退不延时""加强与学生的交流互动"和"其他（请说明）"6个。调查结果显示，学生最大的希望是"提高课程趣味性"，有554人选择，占65.41；其次是"课程容量适中，适当安排作业"，有471人选择，占55.61%；再次是"根据网课特点适当调整课程难度""把握好教学时长，不早退不延时"两个选项并列，均有358人选择，占42.27%；选择其余选项的学生分别为349人、17人，占比分别为41.20%、2.01%；在"其他（请说明）"选项中，有3名学生希望"少布置点作业"。

为了提高学生在线学习的注意力，问卷设置了"您认为提高网课注意力的办法有什么"的多项选择题，选项有"随机点名抽人回答问题""将课堂参与度纳入平时分""教师提高教学水平""没有办法"和"其他（请说明）"。调查结果显示，311名学生认为提高网课注意力的办法是"随机点名抽人回答问题"，占36.72%；424名学生认为办法是"将课堂参与度纳入平时分"，占50.06%；学生321名学生认为办法是"教师提高教学水平"，占37.90%；还有148名学生认为"没有办法"，占 17.47%；选择"其他（请说明）"的学生有 41 人（15 人回答无效），占 4.84%。选择"其他（请说明）"的学生希望"增加互动""多举例子吸引人""增强学生自主性"。

2. 新冠肺炎疫情防控期间思想政治理论课在线教学现状分析

本次大规模在线教学，是我国高等教育一次重大考验，也将是一次改革的重大机遇。在不到 12 小时的时间，学习"《概论》课"的 4171 名学生有 847 名学生参与了调查，占 20.31%，体现了学生的积极响应，因发放问卷时间在课余，部分学生可能没有及时查看到消息。参与学生中，本科生占 80.52%，专科生占 14.29%，可以看出本科生参与的积极性明显大于专科生；因主要涉及专业为教育学类、医学类和财务管理类，所以女生所占比重大，为 72.02%，男生相对少，为 27.98%，与专业性质和学校基本情况吻合。通过对数据的简单分析[3]

（1）学习工具集中，学习态度比较端正，学习主体性显现。

根据调查，手机成为学生在线学习的最主要工具，61.87% 的学生使用手机在线学习，37.19% 的学生"手机、电脑两者结合"，而使用平板、同时使用平板和手机学习的学生仅各 1 人。手机成为日常生活中使用最广的通信工具，但是作为学习工具，尤其是较长时间、交大强度的学习，受限于屏幕大小、存储电量等的影响，会对学习效果和学习体验有影响。这是喜欢"线上网络教学"的学生占 10.27%，而喜欢"线下课堂教学""二者相结合"的学生人均各占 44.86% 的一个主要原因。从学习的态度上看，56.79% 的学生对在线学习"有兴趣"，21.96% 的学生"无兴趣"，有 4.84% 的学生表示对在线学习"抵触"，而 16.41% 选择了"无所谓"，74.62% 的学生能够"按时上课，认真记笔记"。可以看出学生对思想政治理论课的重要性认识有所上升，但是还有很大提升空间。另一个数据是学生对在线学习的心态，42.86% 的学生认为"很开心可以学习了"，53.13% 的学生感觉到"没有上课的氛围，很难集中精力学习"。56.79% 的学生对在线学习表示"有兴趣"，21.96% 的学生表示对在线学习"无兴趣"，16.41% 的学生表示"无所谓"，4.84% 的学生则表现出对在线学习的"抵触"。学生学习中的自我意识明显增强，65.76% 的学生认为"自控能力差"影响到学习效率，42.15% 的学生还认识到"自身缺乏自主性"也影响了学习效果。

上述数据分析可以看出，在线教学使得学生主体性得以充分显现。一方面对于教学设计不严谨、资源提供不适切、教师讲授没水平的在线教学，学生感觉很不好。另一方面，在线教学是以文字、图片、音频、视频、动画等多媒体方式作为重要载体，学学生对信息的选择、获取、评判等具有了更加丰富的选

---

[3] 由于使用问卷星调查，未能使用 SPSS 统计，所以分析相对简单、直观.

择性和主动性，教师提供的资源不是越多越好，少而精、不以增加学生认知负荷的资源供给，更能调动学生学习的主动性。再者，在线教学脱离了师生、学生之间的面对面沟通与情感交互，也使得学生脱离了教师的直接"管控"或提醒，学生个体的学习自觉性、对学习的主体性要求，将极大影响在线教学的质量。

（2）学习效果影响因素增多且更加不可控，学习的联通性增强。

按照联通主义学习理论的观点，在线教学过程中的教学交互，不仅体现在教师与学生的个体交互上，而且有着人与资源、人与技术、人与人（师生、生生）的广泛交互[4]。也就是说，在线学习效果受到更多因素的影响，而且不可控性增强，也就是学习的联通性不断增强。互联网是在线教学的最基本依托，在线教学就是基于互联网应运而生的，调查中，71.78%的学生认为"网速慢，易卡"是第一个影响学习效果的因素，由此关联到第二个因素，即51.24%的学生认为"线上教育平台不稳定"，影响了学习效果。学习氛围对学生在线学习影响很大，46.87%的学生认为"居住环境缺乏学校氛围"是第三个影响因素。40.14%的学生因"无法与老师和同学进行顺畅交流"影响到学习效果，而认为"教师教学方式的效果不佳"影响学习效果的为17.59%，这与传统线下课程相比，改变令人惊讶。对影响在线学习效率的影响因素，45.57%的学生认为"师生互动不畅，解决问题效率低"，23.49%的学生认为"教师教学内容枯燥"，21.84%的学生认为"课程内容有录播或有回放"。

在线教学对联通主义教学交互规律的研究是当前国际教育科学的前沿课题，也是当前教育改革的热点、难点。上述数据分析印证了在线教学的联通性，是学生个体学习向集体学习转化的重要媒介，是保证在线教学取得成功的关键要素。由此，网络虚拟与物理实体空间、人、技术、资源等在联通主义视角下构成了相互交互、相互作用的学生学习环境，完全以学生个体为核心要求的学习环境将迭代升级，正如联合国教科文组织在2016年发布的《反思教育：向"全球共同利益"的理念转变？》报告中所提出的那样，学习将是由环境决定的多方面现实存在[5]。

（3）学习偏好和学习期待趋于分散，在线教学的复杂性日益突出。

学生的学习偏好对于进一步改进在线教学有重要价值，根据调查数据排序，61.39%的学生最喜欢"录播+PPT"教学模式，喜欢程度次之的方式是"直播+回放"，占51.95%；32.7%的学生则喜欢"直播"教学模式，24.91%的学生喜欢

---

[4] 联通主义学习理论是近十几年来伴随在线教育而生而实践发展且不断被完善的理论，形成了较为系统的哲学取向、知识观、学习观、学习环境观以及教学交互观。参见王志军，陈丽. 联通主义学习的教学交互理论模型建构研究［J］. 开放教育研究，2015（10）：25-34.

[5] 联合国教科文组织. 反思教育：向"全球共同利益"的理念转变［M］. 北京：教育科学出版社，2016.

"录播"模式。尽管在线教学发展势头强劲，但对于此次突如其来的大规模在线教学，学生的反馈多少有些令人吃惊。10.27%的学生表示喜欢"线上网络教学"，而喜欢"线下课堂教学""二者相结合"的学生各占44.86%。与线下传统教学相比，谁的负担更重的问题，81.11%的学生认为"线上网络教学"学习负担更重，只有18.89%的学生认为"线下课堂教学"学习负担更重。

有人设想，若干年后，在线教学对于学校教育将具有极大的普遍性，而对于当代的教师和学生，依然具有相当程度的复杂性。一是网络与技术环境的复杂性，使得在线教学环境不稳定，导致教学以及信息传输的中断、延迟，极差的体验感迫使人们放弃这种教学方式。二是教学实践过程的复杂性。在线教学要始终贯彻以学习者为中心的思想，但由于理论尚不完善、实践尚不系统，且教师要面对多样的技术、资源、工具的选择，往往顾此失彼，使得教学过程不完整、不系统。三是教师群体的复杂性，教师的学科专业化水平、信息素养与能力、教学能力等将成为制约在线教学质量保证的重要因素。

3. 新冠肺炎疫情防控期间思想政治理论课在线教学对策探究

（1）及时调整案例，增强在线教学课程属性和解释力、吸引力。内容为王，重在案例。新冠肺炎疫情突如其来，使得"《概论》课"教学受到很大挑战，但也提供了许多鲜活的例子。教学中要及时调整案例，找准结合点，通过讲清楚打赢疫情防控阻击战最大优势是中国特色社会主义制度优势，讲清楚打赢疫情防控阻击战的强大保障是国家治理体系和治理能力现代化，讲清楚防范和化解重大危机亟待全面推进国家治理体系和治理能力现代化，来增强这门课在线教育的解释力和吸引力。

第一，讲清楚打赢疫情防控阻击战最大优势是中国特色社会主义制度优势。疫情防控阻击战凸显党的集中统一领导的显著优势，确保疫情防控阻击战始终沿着社会主义方向前进；凸显人民当家做主的显著优势，团结和依靠人民统筹疫情防控和经济社会发展。凸显全面依法治国显著优势，切实保障社会公平正义和人民权利；凸显全国一盘棋的显著优势，调动一切积极因素集中力量办大事。把以习近平同志为核心的党中央领导全国人民打赢疫情防控阻击战的活生生的事例融入教学中，通过事理讲清楚学理，讲透彻政理。

第二，讲清楚打赢疫情防控阻击战的强大保障是国家治理体系和治理能力现代化。"战胜前进道路上的各种风险挑战，必须在坚持和完善中国特色社会主义制度、推进国家治理体系和治理能力现代化上下更大功夫。"[6]疫情阻击战是对

---

6 中共中央关于坚持和完善中国特色社会主义制度、推进国家治理体系和治理能力现代化若干重大问题的决定[N]. 人民日报,2019-11-6（1）.

我国制度优势能否转换为治理效能的一次重大考验。在疫情防控治理体系中，系统治理、依法治理、综合治理和源头治理得到有效体现，疫情阻击战的制度顶层设计很好地落地落实，制度效能较好发挥，共同推进疫情防控形势积极向好。"《概论》课"要讲清楚、讲透彻国家治理体系和治理能力现代化成为打赢疫情防控阻击战的强大保障。

第三，讲清楚防范和化解重大危机亟待全面推进国家治理体系和治理能力现代化。防范和化解重大危机，是全面推进国家治理体系和治理能力现代化的重要组成部分。疫情防控阻击战充分体现了新中国成立以来我国防范化解重大危机，抗击重大灾害能力有了很大提高，国家治理能力不断增强，也暴露了某些弱项、短板，如党的领导制度体系仍需不断完善，国家公共卫生应急管理体系仍要不断健全，地方治理体系制度合力仍应不断增强，社区专业化防控能力仍当不断加强等。"《概论》课"要讲清楚防范和化解重大危机亟待全面推进国家治理体系和治理能力现代化。

（2）把握原则方法，确保在线教学质量不断巩固、稳步提升。在线教学要把握好组织管理化原则、要互动及时化原则、资源系统化原则，才能让学生易于接受本就不太好接受和理解的内容，确保在线教学质量不断巩固、稳步提升。

第一，在线教学要组织管理化。在线教学的组织管理体现在课程内容、教学计划、教学过程、学习效果等多个方面。课程内容的选择，不仅指文字、图片、音视频等碎片化资源的选择，而且在此过程中，根据在线学习的特点给学生提供体系化的对内容再组织以及对活动再管理的课程化资源，帮助学生建立系统化的认知结构。在确定课程内容基础上，应制定较为严格的教学计划，将内容、进度与目标、要求等融为一体。没有课程内容和教学计划的在线教学，是难以保证质量的。

第二，在线教学要互动及时化。与传统线下教学不同，在线教学时时发生交互，特别是作为在线教学的主体，将面临多方面的交互需求，教师也要对学生发生的交互给予反馈、评判，以保证在线教学的顺利实施。交互的及时化、有效性，是保证学生具有学习良好体验感的前提，是在线教学成功的保证。在学生与资源、技术的交互过程中，以简洁、高效为出发点，以数据反馈为基础，及时给予每一位学生以反馈，让学生虽不能跟教师进行面对面的情感互动，但时刻可以感受到教师对其的关注。在学生与教师、学生与学生的交互过程中，最重要的是教师要有教学临场感，即让学生感受到教师就在身旁。首先，教师要做到指令清晰。其次，要在教学交互过程中不断使用过渡性语言。第三，在在线教学交互过程中多用鼓励、表扬性语言，强化对学生以正向激励为主，激发学生的学习状态。

第三，资源系统化。在线教学不是一次性的专家讲座，也不是简单的线下教学的补充，需要对原有的离散化资源建设进行系统化调整。所谓离散化资源，就是教学课件、PPT、教学设计、学案、作业、测验等资源的离散建设，既没有在线的统一标准指导，没有形成在线教学的课程化资源。面对纷繁多样的资源，教师不知从何找，学生不知从何查。另外，对资源的调取、使用，特别是在在线教学过程中的流通，没有统计分析，无法有效支撑在线教学实施。

（3）重构在线教学过程中师生关系，在线上教学相长中提升师生获得感。

一是平台的使用受到相关条件的限制，既有设备和网络条件方面的问题，也有平台系统在运行过程中出现经常性崩溃的问题，还有初次使用该应用平台因熟练程度不够导致的问题；二是教学工作中形式主义大量出现：部分教师在课程设置环节存在应付的消极态度；教学过程中的灵活性不足，参与度低；部分教师对课后作业放任不管。

这些问题与初期显示的效果是对应的，即在当下的在线教学过程中，只有少量学生能够自主学习，师生关系无法有效建立，教学效果难以最大程度呈现。这些问题的产生，源自在线教学得以展开的两个潜在的前提性假设：一是依托于平台软硬件的物质基础；二是更加强调学生自主性的价值基础。前者目前已经达到一定的条件，且作为客观存在，是可以逐步改进的，因此这里主要考虑后者。学生学习的自主性以前者为基础，但在实际运用中，网络技术的既有优势没有发挥出来，反而是在线教学的弱势得以凸显。后者更强调学生的自主性，甚至完全依靠学生的自主性，而忽视了教学活动中另一个主体即教师的自主性。这具体分为两个方面：

第一，教师的管理职能与监督功能弱化。由于是以应用平台作为师生关系建构的主要途径，教师与学生并不处于实体空间中，因此教师对学生的学习状态和行为是基本上不了解的，也就无法进行有效管理与监督，更谈不上指导。相比线下课堂，师生处于同一间教室，上课期间总是面对面，教师对于学生的上课过程中学习状态和行为，可谓是一目了然。如一位教师所讲："哪些学生在认真听，哪些在贪玩，哪些在自我学习，我都心底有数。"缺乏实体教学环境，完全依靠学生自主学习，并不具有实际意义。

第二，教师对学生的消极态度无能为力。在实体课堂中，面对学生的消极态度，教师可以运用各种方式与方法，既能调动学生的积极性与能动性，还可有效抑制学生的消极甚至破坏行为，大多数学生都能够按照教师的方法与要求，充分发挥自己的主动性，同时自我规范和约束自己的行为。而在在线教学中，一切凭借学生的自主性和能动性，教师无法有效运用既有的方式与方法，调动学生的积极性与主动性。

因此，在线教学活动消解了师生关系的建构，其中既有教师的主导作用遭到弱化，也有学生的主动作用不足，最终极易走向"教师放任不管，学生自我放逐"的形式主义。在疫情背景下，在线教学是目前最重要的甚至是最好的学习途径。要想发挥在线教学的优势，除了技术的不断开发和及时更新，更关键还在于重建正确的师生关系，也就是教师主导与学生主动。

所谓教师主导，就是说教师起着主要的、引导性的作用。这不仅表现在精选课程、日常的沟通与答疑解惑上，还表现在课后作业的监督与检查等学习过程的方方面面和各个阶段。这需要众多教师的付出与坚守，同时需要发挥他们的智慧与能量。所谓学生主动，就是说学生在学习过程中要发挥自身的积极主动性。这表现在积极参与教师的教学活动，完成各种作业，同时还能自主进行拓展学习。这个仅仅依靠学生自身是不够的，还需要家庭的耐心指导和有效监督，甚至是社会力量的参与。

综上所述，要提升在线教学实效性，既要进一步激发老师主导学生主动的作用，同时还需要家庭乃至社会力量的积极参与；要通过各方的合力，构筑及时沟通与交流的机制，采取不同于线下课堂的各种有效方法与方式，重建师生关系，最终降低疫情的影响，最大限度实现"停课不停学"的目标。

参 考 文 献

[1] 张式谷. 再论东方社会发展道路[J]. 中国特色社会主义研究，1996.

[2] 江丹林. 东方复兴之路[J]. 广州：广东教育出版社，1996.

[3] 刘启良. 马克思东方社会理论[M]. 上海：学林出版社，1994.

[4] 谢霖. 东方社会之路[M]. 北京：中国社会科学出版社，1992.

[5] 朱坚劲. 东方社会往何处去[M]. 上海：上海社会科学出版社，1996.

[6] 习近平·习近平谈治国理政第 1 卷[M]. 北京：外文出版社，2018.

[7] 习近平实现中华民族伟大复兴是中华民族近代以来最伟大的梦想[A]习近平谈治国理政第 1 卷[C]. 北京：外文出版社，2018.

[8] 习近平实现中国梦不仅造福于中国人民，而且造福世界人民》，《习近平谈治国理政》第 1 卷，外文出版社 2018.

[9] 中共中央马克思恩格斯列宁斯大林著作编译局. 列宁全集（第六卷）[M]. 北京：人民出版社 1986：36.

[10] 中共中央马克思恩格斯列宁斯大林著作编译局. 马克思恩格斯全集（第 26 卷）[M]. 北京：人民出版社 2017：500.

[11] 潘明芸. 大学生生命观调查及对高校大学生生命教育的思考[J]. 思想政治教育研究，2010（2）：129-133.

[12] 梅萍. 从当代大学生的人生困惑看信仰教育[J]. 思想政治教育研究，2011（6）：102-105.

[13] 列宁. 列宁选集（第 3 卷）[M]. 北京：人民出版社，1995：381.

[14] 习近平. 党中央全国高校思想政治工作会议重要讲话[N]. 新华网，2016-12-7/8.

[15] 习近平. 青年要自觉践行社会主义核心价值观——在北京大学师生座谈上的讲话[N]. 人民日报，2014-5-5.

[16] 杨敏. 微信对大学生思想政治教育的挑战及应对策略[J]. 思想理论教育，2012（6）.

[17] 冯刚. 高校思想政治教育创新发展研究[C]. 中国人民大学出版社，

2009.

[18] 张再兴等. 网络思想政治教育研究[M]，经济科学出版社，2009.

[19] 马克思，恩格斯. 马克思恩格斯选集（第一卷）[M]. 北京：人民出版社，1995.

[20] 马克思，恩格斯. 马克思恩格斯选集（第三卷）[M]. 北京：人民出版社，1995.

[21] 辞海[M]. 上海：上海辞书出版社，2002.

[22] 马克思. 1844 年经济学——哲学手稿[M]. 北京：人民出版社，1979.

[23] 张澜，张雪薇. 高校大学生生命意识缺失原因及对策研究[J]. 世纪桥，2018（09）：91-92.

[24] 高文文. 大学生思想政治教育中的生命教育探析[J]. 哈尔滨职业技术学院学报，2017（03）：76-78.

[25] 盖世洲，李蔚娅，王倩. 当代大学生生命意识缺失现象与对策探析[J]. 思想理论教育导刊，2016（06）：127-129.

[26] 郑晓绵. "90 后"大学生生命教育的过程设计[J]. 思想教育研究 2016（05）：105-108.

[27] 谭敏、张宁. 大学生生命意识缺失的原因探析[J]. 高等教育，2016(05)：36-37.

[28] 张树辉. 当代大学生政治冷漠现象探析[J]. 中国青年政治学院学报. 2013（6）.

[29] 谢俊红. 我国人大代表选举中高校学生政治冷漠的成因与对策[J]. 中共四川省委党校学报. 2012（1）.

[30] 陈金圣. 关于在校大学生政治参与状况的调查研究[J]. 河北青年管理干部学院学报. 2012（6）.

[31] 《中国大百科全书·政治学》. 中国大百科全书出版社. 1992.

[32] 托克维尔. 论美国政治[M]. 王合等屏. 商务印书馆. 1981.

[33] 彼德·布劳. 社会生活中的交换与权力[M]. 孙菲等译. 北京：华夏出版社，1988.

[34] 托克维尔. 论美国的民主[M]. 王合等译，北京：商务印书馆. 1981.

[35] 亚里士多德. 政治学[M]，吴寿彭译. 北京：商务印书馆. 1996.

[36] 卢梭. 社会契约论[M]. 何兆武译. 北京：商务印书馆. 1980.

[37] 亨廷顿. 民主的危机[M]. 马殿军等译. 北京：北京求实出版社. 1989.

[38] 阿尔蒙德. 比较政治学：体系、过程和政策[M]. 曹沛霖等译. 上海译文出版社. 1987.

[39] 施雪华. 政治科学原理[M]. 中山大学出版社. 2001.

[40] 习近平. 中国共产党第十九次全国代表大会上的讲话[N]. 人民日报，2017-10-18.

[41] 蒋涛，吴维维. 思想政治教育"灌输论"的当下实践——以价值评价思维为导向，中学思想政治教学参考[J]. 2018（3）.

[42] 李春明，张玉梅. 当代中国的法治认同：意义、内容及形成机制，山东大学学报哲学社会科学版[J]. 2007（5）.

[43] 赵沁平. 教育规律究竟有哪些[J]. 中国高等教育. 2012（18）.

[44] 邓小平. 邓小平文选：第3卷[M]. 北京：人民出版社，1993.

[45] 罗伯特·德里本. 学校教育对学生规范的贡献[J]. 哈佛教育评论. 1967.

[46] 林崇德. 中国学生核心素养研究. 心理与行为研究 2017（2）.

[47] 樊富珉. 我国团体心理咨询的发展[J]. 清华大学学报（哲学社会科学版），2005（6）.

[48] 郝芙含，钱淼华. 试论大学体验式生命教育课程的实施[J]. 读与写，2017（5）.

[49] 张小燕. 核心素养视域下的科学教学，江西教育 2018（10）.

[50] 上海市桃李园实验学校体验式教育课题组《体验式教育的力量》. 东南大学出版社，2017（4）.

[51] 姚本先. 大学生心理健康就业[M]. 北京：北京师范大学出版集团，2013.

[52] 秦在东，高晨光. 历史虚无主义对大学生主流意识形态认同的影响及应对[J]. 学校党建与思想教育，2017（17）.

[53] 刘世华. 社会思潮影响思政课教师的问题意识与方法创新［J］思想理论教育导刊，2014年第7期.

[54] 佘双好. 当代社会思潮对高校师生的影响及对策[M]. 中央编译出版社，2012年3月.

[55] 马立诚. 最近四十年中国社会思潮[M]. 东方出版社，2015年5月.

[56] 中共中央宣传部. 习近平新时代中国特色社会主义思想三十讲[M]. 北京：学习出版社，2018.

[57] 刘文革. 思想政治理论课教学实效性的含义初探[J]. 思想理论教育导刊，2013（2）：88-91.

[58] 盛湘鄂. 高校思想政治理论课教学实效性及其评价[J]. 思想理论教育导刊，2009（1）：75-78.

[59] 郑蕊. 高校思想政治理论课教学实效性内容的界定[J]. 沈阳航空工业学院学报，2006（6）：144-146.

[60] 林春逸. 高校思政课教学实效性的提升理念、策略与方法[J]. 学校党建与思想教育，2012（9）：42-45.

[61] . 宋进，王玲. 高校思想政治理论课教学实效性的教学理念和建设路径[J]. 思想政治教育研究，2007（1）：10-13.

[62] 林榕. 增强高校"思政课"实践教学实效性的若干思考[J]. 呼伦贝尔学院学报，2017，25（3）：127-130.

[63] 唐云红，宋建丽. 优化教师实践教学涵养提升思想政治理论课实践教学实效性[J]. 衡阳师范学院学报，2015，36（1）：157-159.

[64] 徐积林. 信息化环境下教学方式转变的实践研究[D]. 济南：山东师范大学，2018：29-31.

[65] 毕重增，彭香萍.（2005）. 拖延：时间管理倾向量表的区分效度. 西南大学学报（社会科学版），31（6），10-13.

[66] 曹枫林，苏林雁，高雪屏，刘军.（2006）. 中学生互联网过度使用与时间管理倾向的关系. 中国心理卫生杂志，20（7），441-443.

[67] 陈本友，张锋，邹枝玲，杨勋，黄希庭.（2005）. 大学生时间管理倾向与焦虑的相关研究. 中国临床心理学杂志，13（3），307-308.

[68] 陈小莉，戴晓阳，董琴.（2008）. Aitken 拖延问卷在大学生中的应用研究. 中国临床心理学杂志，16（1），22-23.

[69] 陈俊，易晓文.（2009）. 拖延行为个体对人格特征词、拖延词的注意偏向. 心理科学（2），316-319.

[70] 程素萍，李敏，张皖.（2010）. 大学生拖延行为与元认知和情绪的关系. 中国临床心理学杂志，18（2），238-240.

[71] 曾庆巍，刘爱书，栗诗羽.（2015）.儿童期心理虐待对特质抑郁的影响：反刍思维和创伤后认知改变的链式中介作用.中国临床心理学杂志，23（4），665-669.

[72] 崔丽霞，罗小婧，肖晶.（2011）.儿童期创伤对特质抑郁和特质焦虑的影响：图式中介特异性研究[J].心理学报，43（10），1163-1174.

[73] 翘楚，肖蓉，林倩.（2010）.大学生拖延行为状况与特点研究[J].中国健康心理学杂志，18（8），970-972.

[74] 邓云龙，潘辰，唐秋萍，袁秀洪，肖长根.（2007）.儿童心理虐待与忽视量表的初步编制[J].中华行为医学与脑科学杂志，16（2），175-177.

[75] 杜刚，徐莹，赵馨，刁绵君.（2014）.大学生手机成瘾倾向与生活事件、社会支持的关系[J].中国健康心理学杂志（12），1896-1898.

[76] 狄敏，黄希庭，张永红.（2004）.大学生时间管理倾向和 a 型人格的关系研究[J].中国临床心理学杂志，12（2），154-155.

[77] 范翠英，孙晓军，刘华山.（2012）.大学生的时间管理倾向与主观幸福感[J].心理发展与教育，V28（1），99-104.

[78] 甘良梅.（2007）.大学生拖延与人格、学业成绩的相关研究[J].（硕士论文，南京师范大学）.

[79] 郭芳，齐晓栋，王晓磊.（2013）.高职大学生时间管理倾向与自我效能感的关系[J].中国健康心理学杂志，21（5），754-757.

[80] 侯杰泰，温忠麟，成子娟.（2004）.结构方程模型及其应用[M].北京：经济科学出版社.

[81] 黄希庭，张志杰.（2001）.论个人的时间管理倾向[J].心理科学，24（5），516-518.

[82] 黄希庭，张志杰.（2001）.青少年时间管理倾向量表的编制[J].心理学报，33（4），338-343.

[83] 黄桂仙，宋娜，郭馨忆.（2014）.大学生学业拖延现状及其与人格的相关研究[J].社会心理科学（z1），17-20.

[84] 纪芳.（2013）.大学生拖延行为的影响因素分析[J].社会心理科学（1），49-50.

[85] 廖婷婷，林川.（2011）.大学生时间管理倾向与网络成瘾的关系[J].现

代预防医学, 38 (21), 4419-4420.

[86] 吕卫华. (2007). 时间管理倾向与青少年成长[J]. 当代青年研究 (7), 75-80.

[87] 李宗波, 梁音, 王婷婷. (2017). 大学生手机依赖、自我控制对拖延行为的影响[J]. 心理研究 (2), 90-96.

[88] 刘明珠, 陆桂芝. (2011). Aitken 拖延问卷在中学生中的信效度[J]. 中国心理卫生杂志, 25 (5), 380-384.

[89] 刘勤学, 杨燕, 林悦, 余思, 周宗奎. (2017). 智能手机成瘾：概念、测量及影响因素[J]. 中国临床心理学杂志, 25 (1), 82-87.

[90] 林琳, 白新文. (2014). 基于计划行为理论的大学生学业拖延行为研究[J]. 中国临床心理学杂志, 22 (5), 855-859.

[91] 蒙茜, 郑涌. (2006). 拖延研究述评[J]. 西南大学学报 (社会科学版), 32 (4), 9-12.

[92] 马欣仪, 凌辉, 张建人, 熊恋, 李新利. (2011). 大学生拖延行为与父母教养方式的关系研究[J]. 中国临床心理学杂志, 19 (5), 675-676.

[93] 马明胜. (2005). 拖沓习惯实证研究的回顾[J]. 中国临床康复, 9 (24), 134-135.

[94] 庞维国. (2010). 大学生学习拖延研究综述[J]. 心理科学 (1), 147-150.

[95] 秦启文, 张志杰. (2002). 时间管理倾向与心理健康关系的相关研究[J]. 心理科学, 25 (3), 360-360.

[96] 曲星羽, 陆爱桃, 宋萍芳, 蓝伊琳, 蔡润杨. (2017). 手机成瘾对学习倦怠的影响：以学业拖延为中介[J]. 应用心理学, 23 (1), 49-57.

[97] 阮昆良. (2004). 中学生心理控制源和时间管理倾向的相关研究[J]. 中国临床心理学杂志, 12 (2), 147-148.

[98] 苏双, 潘婷婷, 刘勤学, 陈潇雯, 王宇静, 李明月. (2014). 大学生智能手机成瘾量表的初步编制[J]. 中国心理卫生杂志, 28 (5), 392-397.

[99] 宋梅歌, 苏缇, 冯廷勇. (2015). 拖延行为的时间取向模型[J]. 心理科学进展, 23 (7), 1216-1225.

[100] 师建国. (2009). 手机依赖综合征[J]. 临床精神医学杂志, 19 (2), 138-139.

[101] 史桂蓉，金胜姬，徐鑫鑫，李海涛.（2016）.大学生手机依赖与冲动行为、拖延行为的相关性[J].中国健康心理学杂志，24（6），916-919.

[102] 涂阳军，郭永玉.（2010）.创伤后成长：概念、影响因素、与心理健康的关系[J].心理科学进展，18（1），114-122.

[103] 田芊，邓士昌.（2011）.积极完美主义对拖延行为的影响：自我效能感的中介作用[J].中国临床心理学杂志，19（2），221-224.

[104] 王孟成，杨忍，戴晓阳.（2009）.大学生拖延行为倾向与时间透视的相关分析[J].中国临床心理学杂志，17（5），617-619.

[105] 温忠麟，侯杰泰，马什赫伯特.（2004）.结构方程模型检验：拟合指数与卡方准则.心理学报，36（2），186-194.

[106] 温忠麟，张雷，侯杰泰，刘红云.（2004）.中介效应检验程序及其应用[J].心理学报，36（5），614-620.

[107] 向秀英，邓云龙.（2008）.国外儿童心理虐待研究[J].中国临床心理学杂志，16（1），43-45.

[108] 许燕.（2003）.当代人格心理学的发展趋势[J].心理学探新，23（3），15-19.

[109] 肖蓉，骆云锋，林倩，翘楚.（2010）.大学生拖延行为与大五人格的关系研究[J].中华行为医学与脑科学杂志，19（6），550-552.

[110] 熊红星，张璟，叶宝娟，郑雪，孙配贞.（2012）.共同方法变异的影响及其统计控制途径的模型分析[J].心理科学进展，20（5），757-769.

[111] 阎燕燕，孟宪璋.（2005）.童年创伤和虐待与成年精神障碍[J].中国临床心理学杂志，13（2），208-209.

[112] 杨玲，曹华，马雪，耿银凤，徐景，付亚楠.（2016）.大学生童年创伤与网络成瘾的关系：应对方式的中介作用[J].心理技术与应用，4（12），732-737.

[113] 杨芙蓉.（2011）.大学生自我同一性、时间管理倾向和网络成瘾的相关关系研究[J].中国心理学会成立 90 周年纪念大会暨全国心理学学术会议（Vol. 20，pp. 284-286）.

[114] 张兴贵，郑雪.（2002）.人格心理学研究的新进展与问题[J].心理科学，25（6），744-745.

[115] 张璐，刘丽红，金童林，贾彦茹.（2017）.大学生特质愤怒在儿童期心理虐待和网络攻击行为关系中的中介作用[J]. 中国心理卫生杂志，31（8），659-664.

[116] 张萌萌，郑林科.（2013）.大学生拖延行为相关因素综述[J]. 今日中国论坛（21）.

[117] 张志杰，黄希庭，凤四海，邓麟.（2001）. 青少年时间管理倾向相关因素的研究[J]. 心理科学，24（6），649-653.

[118] 张永红.（2003）.大学生心理控制源和时间管理倾向的相关研究[J].心理科学，26（3），568-568.

[119] 张红梅，张志杰.（2007）.Tuckman 拖延量表在中国大学生中试用结果分析[J]. 中国临床心理学杂志，15（1），10-12.

[120] 朱传文.（2014）.大学生压力、时间管理倾向与网络成瘾的关系研究[D].（硕士论文，中南大学）.

[121] 朱枫，丁亚萍.（2017）.本科生拖延行为与自我效能感现状及相关性研究[J]. 中华现代护理杂志，23（9），1305-1310.

[122] 朱晨海.（2003）. 人格特质模型与特质进化观的研究[J]. 心理科学，26（4），753-754.

[123] 章群，龚俊，李艳，章雪颖，史碧君.（2016）.大学生智能手机成瘾倾向影响因素调查[J]. 中国学校卫生，37（1），142-144.

[124] 仲妍.（2015）.高校学生孤独感、时间管理倾向与网络成瘾之间的关系研究[C]. 全国大学生心理健康教育与咨询学术交流会.

[125] 周浩，龙立荣.（2004）.共同方法偏差的统计检验与控制方法. 心理科学进展，12（6），942-950.

[126] 周永红.（2016）.童年创伤经历与研究生主观幸福感的关系：应对方式的中介作用. 中国临床心理学杂志，24（3），509-513.

[127] 何克抗.迎接教育信息化发展新阶段的挑战[J]. 中国电化教育. 2006（08）：5-11.

[128] 文静.大学生学习满意度实证研究[M]. 北京：教育科学出版社. 2015.

[129] 胡勇，赵凤梅.在线学习成效的理论分析模型及测量[J]. 电化教育研究. 2015（10）：37-1145.

[130] 常志鹏，卞良．在线课程平台移动端ＡＰＰ的设计与实现[J]．黑龙江科技信息．2016（21）：171．

[131] 马克思，恩格斯．马克思恩格斯选集（第一卷）[M]．北京：人民出版社，1995．

[132] 马克思，恩格斯．马克思恩格斯选集（第三卷）[M]．北京：人民出版社，1995．

[133] 辞海[M]．上海：上海辞书出版社，2002．

[134] 马克思．1844年经济学—哲学手稿[M]．北京：人民出版社，1979．

[135] 张澜，张雪薇．高校大学生生命意识缺失原因及对策研究[J]．世纪桥，2018（09）：91-92．

[136] 高文文．大学生思想政治教育中的生命教育探析[J]．哈尔滨职业技术学院学报，2017（03）：76-78．

[137] 盖世洲，李蔚娅，王倩．当代大学生生命意识缺失现象与对策探析[J]．思想理论教育导刊，2016（06）：127-129．

[138] 郑晓绵．"90后"大学生生命教育的过程设计[J]．思想教育研究2016（05）：105-108．

[139] 谭敏、张宁．大学生生命意识缺失的原因探析[J]．高等教育，2016（05）：36-37．

[140] 潘明芸．大学生生命观调查及对高校大学生生命教育的思考[J]．思想政治教育研究，2010（2）：129-133．

[141] 梅萍．从当代大学生的人生困惑看信仰教育[J]．思想政治教育研究，2011（6）：102-105．

[142] 列宁．列宁选集（第3卷）[M]．北京：人民出版社，1995：381．

[143] 曹凤才、田维飞．新媒体时代高校学生德育工作的思考[J]．中北大学学报（社会科学版），2008（06）：14-16．

[144] 张由菊．"Ｅ时代"大学生网络心理健康教育模式研究[J]．价值工程，2011（08）．

[145] 郑海斌，苗军芙大学生网络心理健康教育模式的建构[J]．当代教育科学，2012（06）．

[146] 叶金勇．大学生网络心理健康教育模式研究[J]．淮海工学院学报（人

文社会科学版），2015（09）.

[147] 杜晓娟. 新媒体时代高校心理健康教育路径研究[D]. 黑龙江大学，2017.

[148] 陈燕妮. 高校网络心理健康教育体系的构建——以湖南工艺美术职业学院为例[J]. 科技资讯，2019，17（24）：240-241.

[149] 张树辉. 当代大学生政治冷漠现象探析[J]. 中国青年政治学院学报. 2013（6）.

[150] 谢俊红. 我国人大代表选举中高校学生政治冷漠的成因与对策[J]. 中共四川省委党校学报. 2012（1）.

[151] 陈金圣. 关于在校大学生政治参与状况的调查研究[J]. 河北青年管理干部学院学报. 2012（6）.

[152] 亨廷顿民主的危机[M]. 马殿军等译. 北京求实出版社. 1989.

[153] 阿尔蒙德. 比较政治学：体系、过程和政策[M]. 曹沛霖等译. 上海译文出版社. 1987.

[154] 施雪华. 政治科学原理[M]. 中山大学出版社. 2001.

[155] 付晓丽. 大学生消费行为的社会学研究[J]. 中国青年研究，2009（09）：73-77.

[156] 顾天竹，余庆哲. 大学生电商消费信贷行为研究[J]. 常州信息职业技术学院学报，2016（02）：70-73.

[157] 江鸿. 大学生消费行为与消费心理解读[J]. 当代青年研究，2006（06）：6-9.

[158] 林江，赵靖平. 当代大学生消费问题——基于相关研究文献的视角[J]. 中国青年政治学院学报，2012（05）：29-34.

[159] 刘喜怀. 当代大学生消费行为特征及市场开发[J]. 学术交流，2013（03）：216-219.

[160] 王晓焘风笑天. 城乡差异与大学生消费——独生子女与非独生子女的比较[J]. 南方人口，2012（06）：51-59.

[161] 习近平. 决胜全面建成小康社会夺取时代背景下中国特色社会主义伟大胜利[M]. 北京：人民出版社，2017.

[162] 崔蝶. 当代大学生消费观存在的问题及对策研究[J]. 市场周刊，2018

（8）：137-138.

[163] 胡平，孟昭兰．依恋研究的新进展．心理学动态，2000（2）．

[164] 侯静，陈会昌．依恋研究方法述评．心理发展与教育，2002（3）．

[165] 陈会昌，梁兰芝．亲子依恋研究的进展．心理学动态，2000（1）．

[166] Clarke，K. A. &Hevey，C. M. Longitudinal. relations in Repeated Observations of Mother-child Interactions from 1-1. 5 Years． Development Psychology， 1981（17）.

[167] 宋海荣，陈国鹏．关于儿童依恋影响因素的研究述评．心理科学，2003（1）.

[168] Calkings，S. D. &Fox. N. A. The relations among infant temprament，security of attachment，and behavioral inhibition at twenty-four months. Child development，1992（63）.

[169] 弗洛伊德著．高觉敷译．精神分析引论．北京：商务印书馆，1984.

[170] 阿德勒著．陈太胜，陈文颖译．理解人性．北京：国际文化公司，2000.

[171] 王国芳．试析对象关系学派的精神分析思想．心理学探新，2001（3）.

[172] 霍妮著．冯川译．我们时代的神经症人格．贵阳：贵州人民出版社，1988.

[173] 樊富珉，魏续臻．当前大学生恋爱问题[J].浅析高教战线，1985（09）：28.

[174] 刘一达．"90后"大学生爱情观现状分析及对策研究——以辽宁省锦州市三所高校为例[J].渤海大学，2013.

[175] 高校"性教育"课都在教什么 http：//www. myzaker. Com／article／577494191bc8e07c5800001b.

[176] 项久雨．以人为本：思想政治教育主客体关系的马克思主义人学之维[J].教学与研究，2016（02）.

[177] 杨晓慧，任志锋．论提升大学生思想政治教育质量的"时、度、效"[J].思想理论教育．2015（07）.

[178] 张式谷．再论东方社会发展道路[J].中国特色社会主义研究．1996.

[179] 江丹林．东方复兴之路[M].广东教育出版社，1996.

[180] 刘启良．马克思东方社会理论[M].学林出版社，1994.

[181] 谢霖. 东方社会之路[M]. 中国社会科学出版社，1992.

[182] 朱坚劲. 东方社会往何处去[M]. 上海社会科学出版社，1996.

[183] 习近平. 习近平谈治国理政[M]. 外文出版社，2018.

[184] 高翠莲. 试论中华民族多元一体格局发展的阶段划分[J]. 中南民族大学学报（人文社会科学版），2004（04）：55-60.

[185] （英）汤林森著，冯建三译. 文化帝国主义[M]. 上海人民出版社，1999.

[186] 孙立平. 我们在开始面对一个断裂的社会[J]. 战略与管理，2002（02）：9-15.

[187] 吴宗友. 文化断裂中的中国社会转型[J]. 江淮论坛，2017（01）：132-139.

[188] 刘包产，杜会平. 当代中国转型社会新生代大学生价值认同状况分析——网络庸俗文化狂欢的心态解读[J]. 赤峰学院学报（汉文哲学社会科学版）2012（12）：251-253.

[189] 习近平. 承前启后继往开来，朝着中华民族伟大复兴目标奋勇前进[N]. 人民日报，2012-11-30.

[190] 韩庆祥. 十八大以来治国理政思路—学习习近平总书记重要讲话精神[J]. 宣传教育参考，2015（06）：1-15.

[191] P. Kotler. Marketing places，quoted from Ingeborg As-trid Kleppe，Country Images in Marketing Strategies：Conceptual Issues and Experiential Asian illustrations[J]. Journal of Brand Management，2002（10）：42.

[192] 半殖民地的余毒仍在影响国人自信[N]. 环球时报 2013-5-20.

[193] 习近平. 在第十二届全国人民代表大会第一次会议上的讲话[N]. 人民日报，2013-03-18.

[194] 习近平. 在同各界优秀青年代表座谈时的讲话[N]. 人民日报，2013-05-05.

[195] 习近平：在第十二届全国人民代表大会第一次会议上的讲话[N]. 人民日报，2013-03-18.

[196] 习近平. 在同各界优秀青年代表座谈时的讲话[N]. 人民日报，2013-05-05.

[197] 殷冬水. 论国家认同的四个维度[J]. 南京社会科学, 2016（05）: 53-61.

[198] 李雪, 李江源. 中国梦与中国共产党执政话语体系新的内涵[J]. 理论导报 2013（11）: 8-9.

[199] 王学俭, 刘强. 新媒体与高校思想政治教育[M]. 人民出版社, 2012.

[200] 王虹, 刘智. 新媒体时代高校思想政治教育创新研究[M]. 中国社会科学出版社, 2012.

[201] 郑元景. 新媒体环境下高校思想政治教育实效性探析[J]. 思想理论教育导刊, 2011（11）.

[202] 禹规娥. 议程设置: 新媒体环境下大学生思想政治教育有效性探析[J]. 广西师范大学学报（哲学社会科学版）, 2011（5）.

[203] 汪馨兰, 戴钢书. 创新与发展: 新媒体环境视域下的高校思想政治教育[J]. 思想教育研究, 2013（2）.

[204] 杨富民. 新媒体时代的高校思想政治教育探析[J]. 教育教学论坛, 2011（3）.

[205] 张冠文, 于健. 浅论媒介素养教育[J]. 中国远程教育, 2003,（13）: 69-71.

[206] 中共中央国务院关于进一步加强和改进大学生思想政治教育的意见（中发[2004] 16 号文）. http: //szw. jxcb. com/lkjs/200903/23-627. html.

[207] 刘文革. 思想政治理论课教学实效性的含义初探[J]. 思想理论教育导刊, 2013（2）: 88-91.

[208] 盛湘鄂. 高校思想政治理论课教学实效性及其评价[J]. 思想理论教育导刊, 2009（1）: 75-78.

[209] 郑蕊. 高校思想政治理论课教学实效性内容的界定[J]. 沈阳航空工业学院学报, 2006（6）: 144-146.

[210] 林春逸. 高校思政课教学实效性的提升理念、策略与方法[J]. 学校党建与思想教育, 2012（9）: 42-45.

[211] 宋进, 王玲. 高校思想政治理论课教学实效性的教学理念和建设路径[J]. 思想政治教育研究, 2007（1）: 10-13.

[212] 林榕. 增强高校"思政课"实践教学实效性的若干思考[J]. 呼伦贝尔学院学报, 2017, 25（3）: 127-130.

[213] 唐云红，宋建丽. 优化教师实践教学涵养提升思想政治理论课实践教学实效性[J]. 衡阳师范学院学报，2015，36（1）：157-159.

[214] 徐积林. 信息化环境下教学方式转变的实践研究[D]. 济南：山东师范大学，2018：29-31.

[215] 谢幼如，邱艺，黄瑜玲，王芹磊. 疫情防控期间"停课不停学"在线教学方式的特征、问题与创新[J]. 电化教育研究，2020（3）.

[216] 丁书林. 疫情防控期间学校在线教学的主要原则及实施[J]. 实验教学与仪器，2020（3）.

[217] 杨海军，张惠萍，程鹏. 新冠肺炎疫情期间高校在线教学探析[J]. 中国多媒体与网络教学学报，2020（4）.

[218] 教育部. 关于在疫情防控期间做好普通高等学校在线教学组织与管理工作的指导意见，教育部网站.

[219] 中共中央关于坚持和完善中国特色社会主义制度、推进国家治理体系和治理能力现代化若干重大问题的决定[N]. 人民日报，2019-11-6.

[220] 王志军，陈丽. 联通主义学习的教学交互理论模型建构研究[J]. 开放教育研究，2015（10）.